Anna Bauer

Stricken

MIT FARBE & PHANTASIE

Improvisiere Dein persönliches Statement Piece

NEUE Modelle zur Hönsestrik-Bewegung

CV

In den Anleitungen werden folgende Abkürzungen verwendet:
M = Masche(n)
wdh = wiederholen
Rd = Runde(n)

Originalausgabe unter dem Titel *Hönsestrick forever* erschienen bei: © 2020 Roos & Tegnér, France

© 2020 Anna Bauer (Text, Fotografien und Musterbibliothek)

Für die deutsche Ausgabe:
Verantwortlich: Helgrid van Impelen
Übersetzung: Britta Bettendorf
Lektorat: Stephanie van der Linden
Produktmanagement und Satz: VerlagsService Dietmar Schmitz GmbH
Umschlag: Kathleen Baumann, Andreas Kersten
Herstellung: Kathleen Baumann
Printed in Poland by Dimograf

★★★★★

Sind Sie mit diesem Titel zufrieden? Dann würden wir uns über Ihre Weiterempfehlung freuen. Erzählen Sie es im Freundeskreis, berichten Sie Ihrem Buchhändler oder bewerten Sie beim Onlinekauf.
Und wenn Sie Kritik, Korrekturen oder Aktualisierungen haben, freuen wir uns über Ihre Nachricht an Christophorus Verlag, Postfach 40 02 09, D-80702 München oder per E-Mail an lektorat@verlagshaus.de.

Unser komplettes Programm finden Sie unter

www.christophorus-verlag.de

Die Deutsche Nationalbibliothek verzeichnet diese Publikation in der Deutschen Nationalbibliografie; detaillierte bibliografische Daten sind im Internet über http://www.dnb.de abrufbar.

ISBN 978-3-8410-6648-0

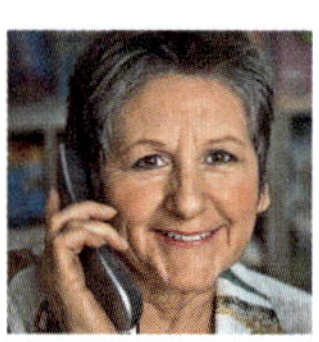

Kreativ-Service

Sie haben Fragen zu den Büchern und Materialien? Frau Erika Noll ist für Sie da und berät Sie rund um alle Kreativthemen. Rufen Sie an! Wir interessieren uns auch für Ihre eigenen Ideen und Anregungen. Sie erreichen Frau Noll per E-Mail: **mail@kreativ-service.info** oder Tel.: **+49 - 0(89) - 1306 99 - 577.**

Besuchen Sie uns im Internet: www.christophorus-verlag.de & www.selbstgemacht.de

Inhalt

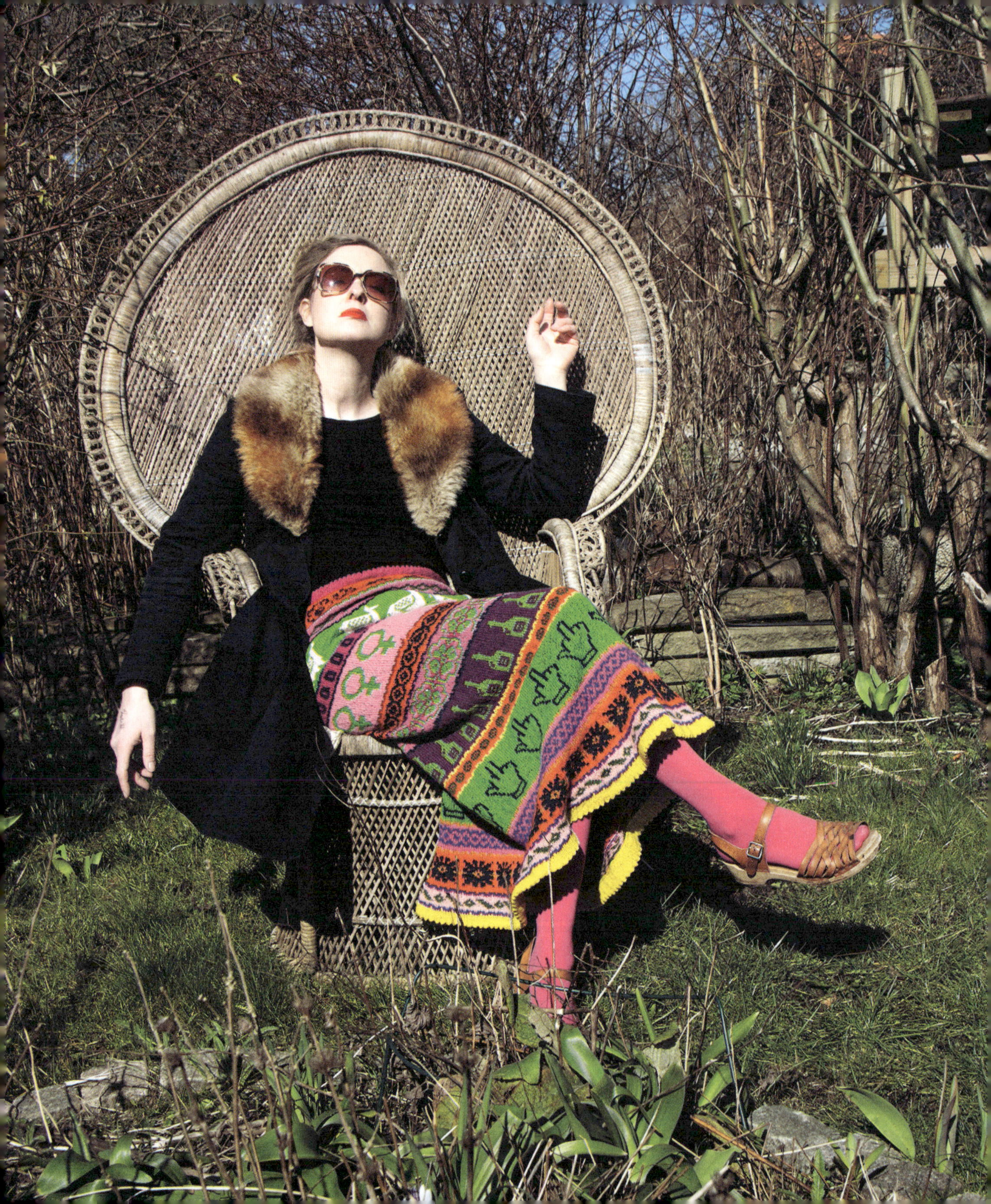

Tradition, Schwesterlichkeit & Handwerk

Ich möchte mich zunächst bei allen bedanken, die mein letztes Buch gelesen und daraus gestrickt haben. All die lieben Worte haben mich mindestens so sehr gewärmt wie der beste Islandpullover, und es ist wahrhaftig eine Freude, dem Hashtag #hönsestrikalovestory auf Instagram zu folgen und sehen zu dürfen, was alle so stricken. Wunderbar! Im Augenblick ist die Strickwelt wirklich ein guter Ort: Sie ist inkludierend und warm, und sie bietet Raum für Gespräche, Gemeinschaft und Kreativität. Dort können wir sowohl Traditionen pflegen als auch einander zu neuen Ausdrucksformen inspirieren.

Von ein paar Ausnahmen (Schneidern, Hutmachern, Perlenstickern und noch einigen anderen) abgesehen, gehörte textiles Handwerk historisch betrachtet meist zu den weiblichen Tätigkeiten. Ich stelle mir vor, dass das Textilhandwerk zu allen Zeiten ein Platz für Begegnungen und Gemeinschaft unter Frauen war, dass sie bei einer Handarbeit zusammensaßen, sich in Ruhe miteinander unterhalten und gleichzeitig eine wichtige Arbeit verrichten konnten. Zudem stellte das Textilhandwerk für Frauen eine Einkommensquelle dar und bot ihnen gleichzeitig die Möglichkeit sich auszudrücken – manchmal wenigstens, denn auf jeden Handschuh mit prachtvoller Stickerei und flauschiger Fransenborte kamen wohl einigermaßen viele notwendige dicke graue Socken.

In Zeiten, in denen von den Frauen des Bürgertums erwartet wurde, dass sie still saßen und stickten anstatt zu lernen und zu protestieren, fühlten sich die textilen Traditionen und die Anforderungen an ein perfektes Strickstück vermutlich erdrückend an. So wurde das entsprechende Handwerk ganz bestimmt sowohl als Gefängnis als auch als ein Ort der Freiheit erlebt.

In den 1970er-Jahren war der Eifer innerhalb der Frauenbewegung groß, aufzuholen und, mit dem Ziel einer gleichberechtigteren Gesellschaft vor Augen, Männerdomänen zu erobern. Manche empfanden das textile Handwerk als rückwärtsgewandt und wollten es auf demselben Scheiterhaufen verbrennen wie den BH. Langweiliges und traditionelles Handarbeiten erhielt als »vergeudete Frauenpower« einen schlechten Ruf. Andere erkannten die Möglichkeiten darin und verwendeten das Handwerk als Mittel zum Zweck. So wurde es zunächst in allen Lagern als sehr provokant angesehen, das Venussymbol mit der geballten Faust in der Mitte zu sticken oder zu stricken, was man sich inzwischen kaum mehr vorstellen kann.

Heutzutage erlebe ich, dass das Handwerk im Allgemeinen einen Aufschwung erlebt und an Status gewinnt, doch gleichzeitig sind schrille Stimmen zu hören, die erreichen wollen, dass in den Schulen Handarbeiten und Werken nicht mehr Teil des Unterrichts sind. Sie haben nichts verstanden. In der digitalen Welt von heute brauchen wir das Handwerk mehr denn je.

Wage es, dich auf deine Kreativität und das, was deine Hände leisten, zu verlassen! Es muss nicht immer alles perfekt werden, wichtig ist, dass du etwas zum Ausdruck bringst! Es gibt da so einen Künstler (ich will nichts weiter dazu sagen), der manchmal etwas falsch singt, es aber dennoch schafft, Gefühle zum Ausdruck zu bringen, Stimmungen einzufangen und ganze Stadien zu füllen. Das Wichtigste ist nicht, dass es perfekt wird, ganz im Gegenteil – eine kleine Dissonanz kann die Ausdruckskraft sogar verstärken!

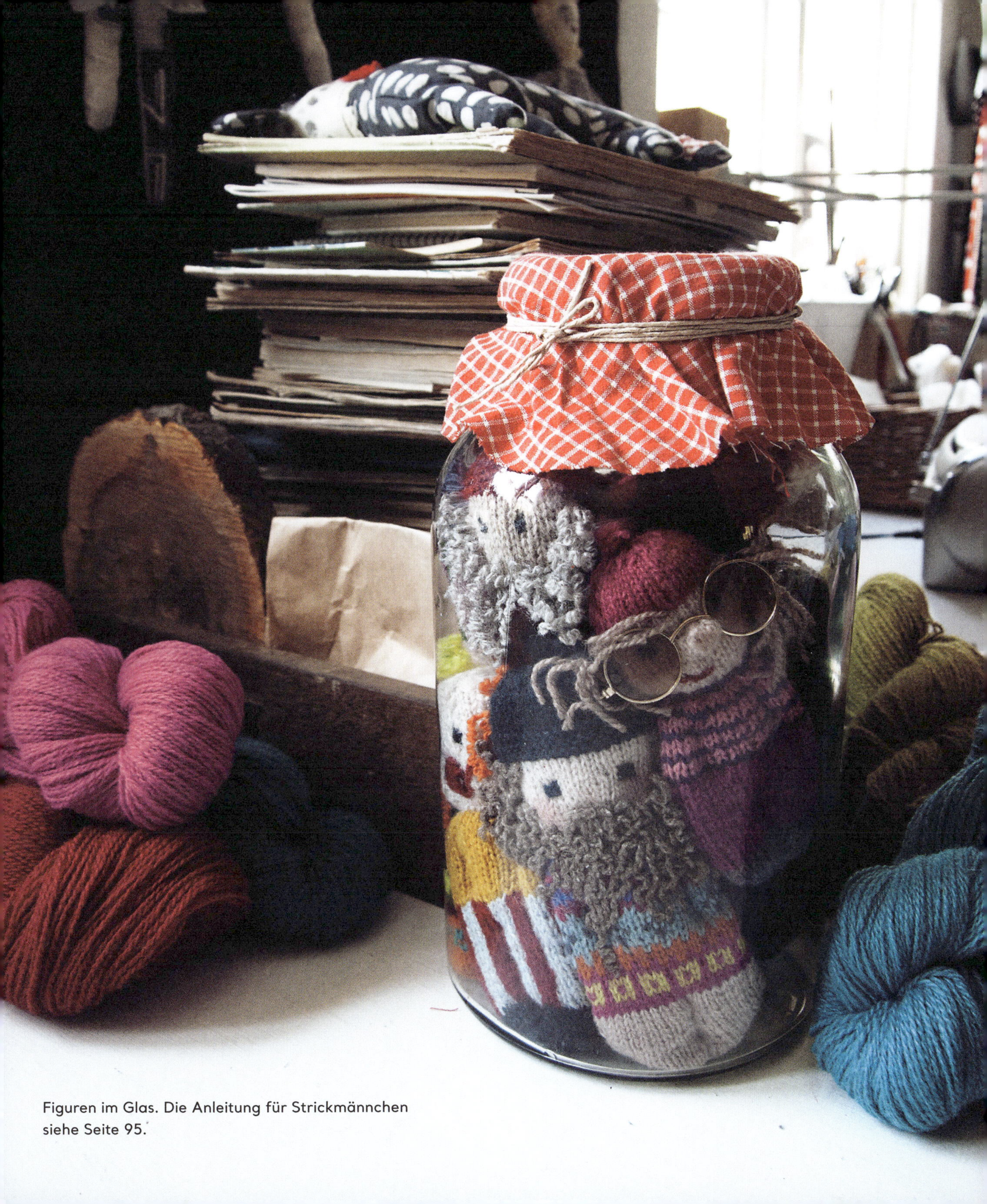

Figuren im Glas. Die Anleitung für Strickmännchen siehe Seite 95.

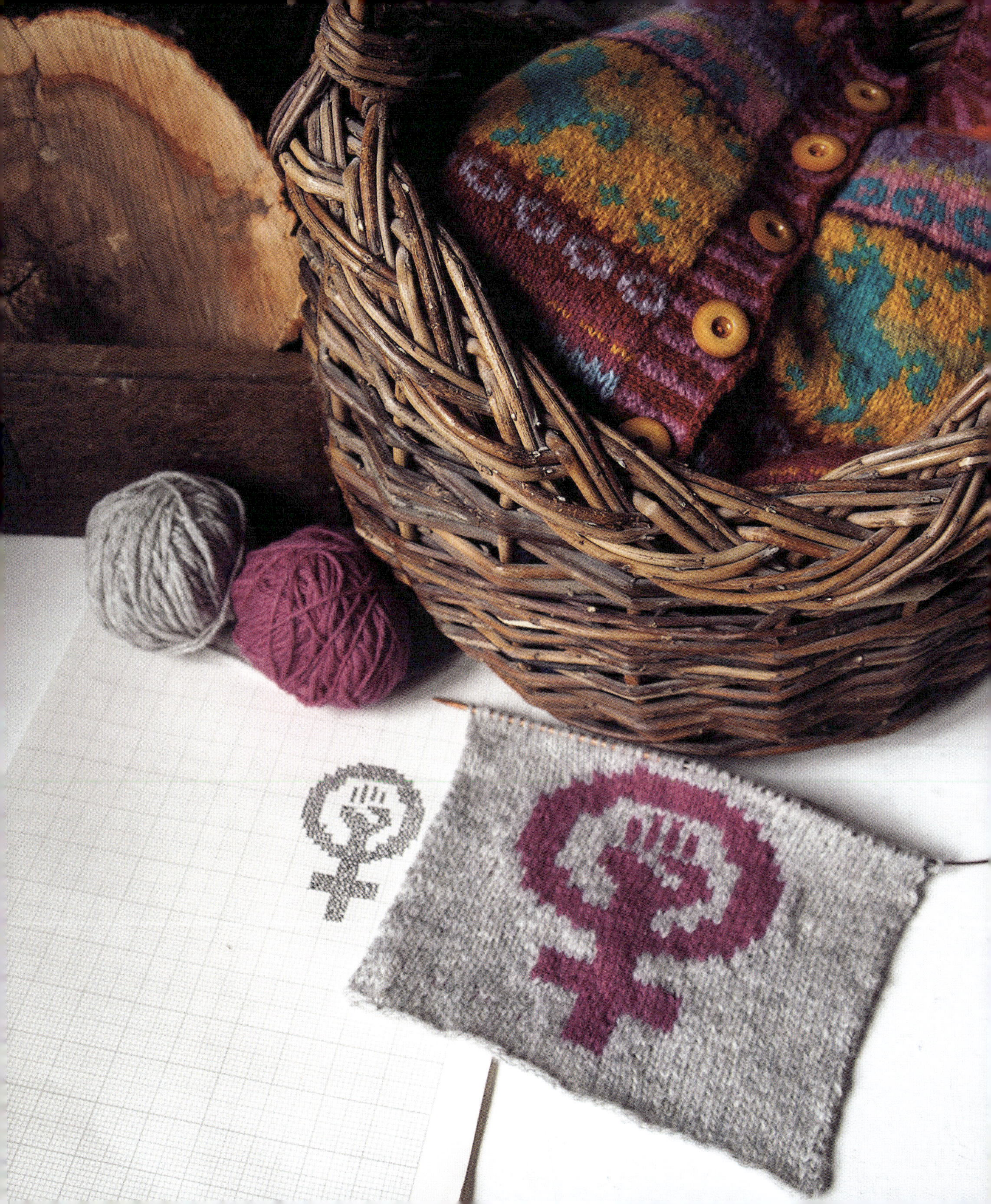

Muster & Geschichten

Nachdem der Ursprung des Strickstils namens Hönsestrik mit seinen eingearbeiteten Symbolen und Statements in der Politik begründet liegt, ist es nicht weiter verwunderlich, dass gerade seine Botschaft seit dem Beginn der 1970er-Jahre eine zentrale Rolle spielt. Aussagen werden verstärkt, wenn man sie auf dem Körper trägt. Durch das Einstricken von Texten, Symbolen und Motiven, die etwas zu sagen haben, wird dein Kleidungsstück zu einem Manifest voller Meinungen und Wünsche, die für alle deutlich erkennbar, subtil oder auch streng geheim sein können. Dass politische Symbole wirkungsvoll sind, liegt ja in der Natur der Sache, doch einer Menge anderer Muster, die zum Beispiel altem Volksglauben, Aberglauben oder moderner Symbolik entstammen, liegen ebenfalls Bedeutungen zugrunde.

Venussymbol mit der geballten Faust (1)

Dieses Symbol ist ein richtiger Klassiker innerhalb des Hönsestrik und allen anderen Guerilla-Handwerkstechniken. Was mich betrifft, steht das Venussymbol mit der geballten Faust für Handlungskraft, Stärke und Schwesterlichkeit.

Sonnenrad (2)

Viele traditionelle Muster wie zum Beispiel das gotländische Sonnenrad, das als Glücksbringer galt, sind mit einer magischen Bedeutung aufgeladen, die in altem Volksglauben wurzelt. Trug man Muster, die sich entgegen der Sonne drehten, war man in Teilen Schwedens der Ansicht, dass das Pech brächte und verhinderte, dass der Träger in den Himmel kam.

Katzenpfoten (3)

Die niedlichen Katzenpfötchen sind ein traditionelles Muster von den Färöer-Inseln, das sogar das Herz von Menschen zum Schmelzen bringt, die Katzen nicht mögen. Wer möchte schließlich nicht hie und da heimlich kleine Katzenpfötchen in seiner Strickarbeit unterbringen?

Spinnrad (4)

Das Spinnrad ist ebenfalls ein traditionelles Muster von den Färöern. Es ist perfekt für alle Woll-Nerds, die sogar ihr eigenes Garn spinnen.

Weibsbildborte (5)

Ein sehr altes traditionelles norwegisches Muster ist die sogenannte Weibsbildborte, ein lustiges Muster, das aus wild tanzenden Damen besteht. Die Weibsbildborte wurde von Kirsten Hofstätter, der Begründerin des Hönsestrik, wieder aufgenommen und dem Hönsestrik als ein typisches Element einverleibt. Interessanterweise hat ja die Bedeutung der schwedischen Musterbezeichnung »kärringbården« eine Wandlung erlebt: Von der ursprünglichen Bedeutung der »Liebsten« wurde sie zum alten Weib hin verschoben ...

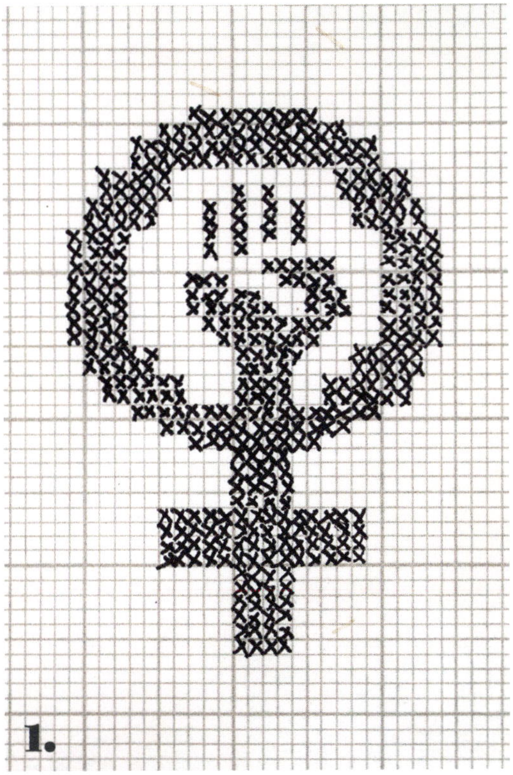
1.

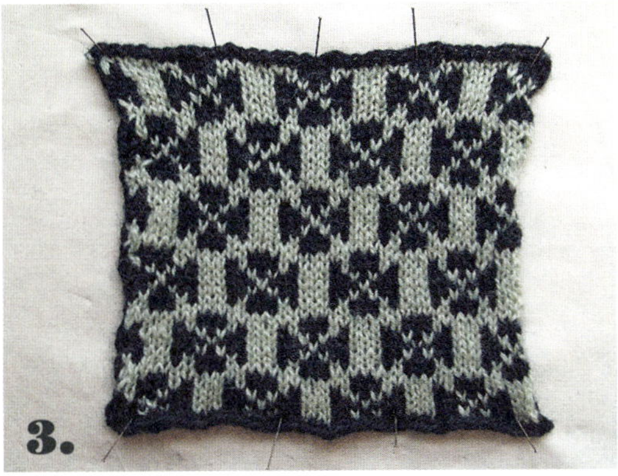
3.

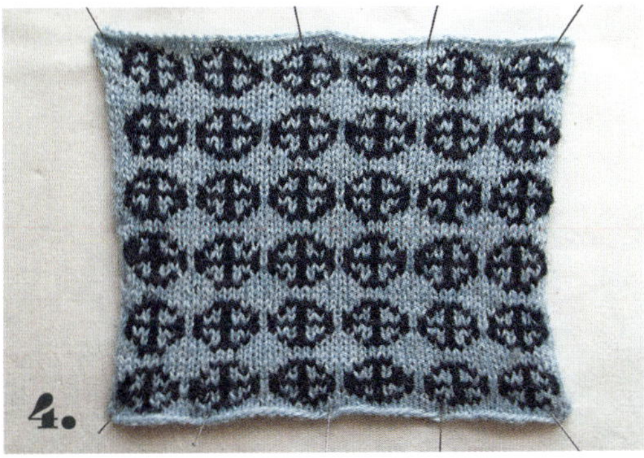
4.

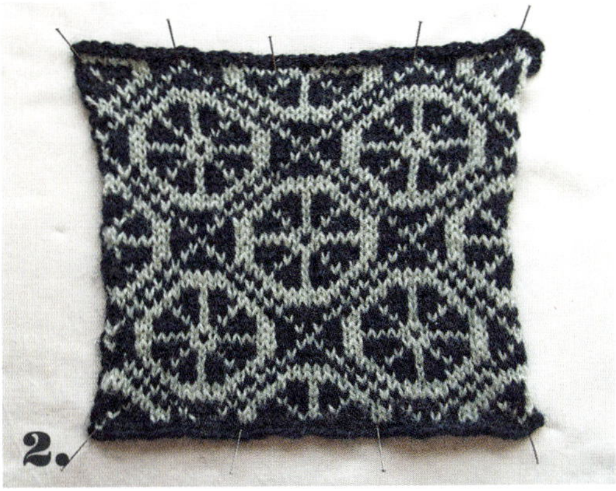
2.

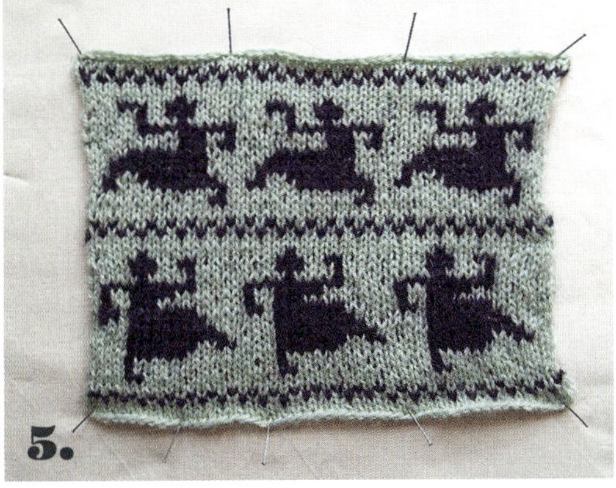
5.

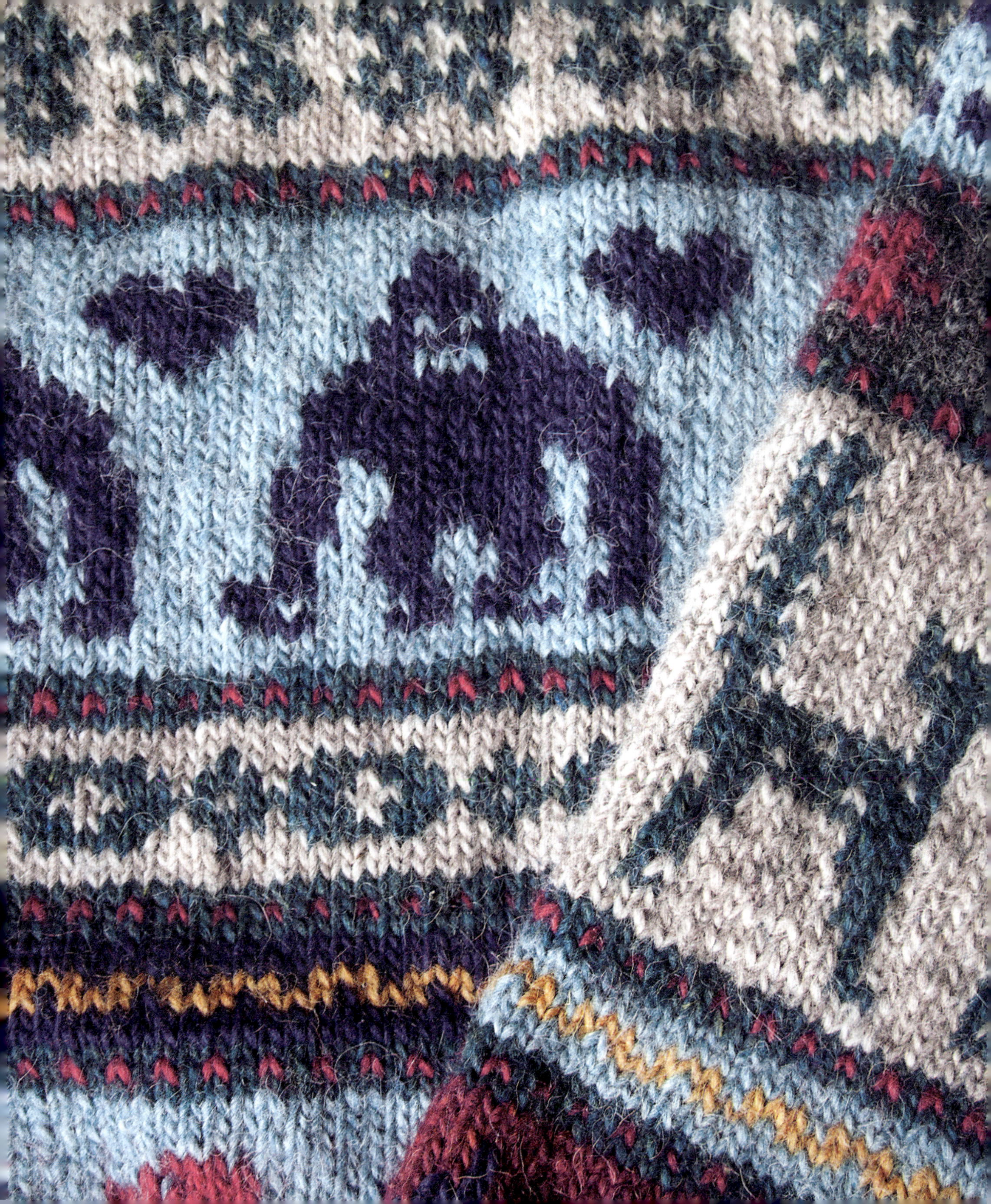

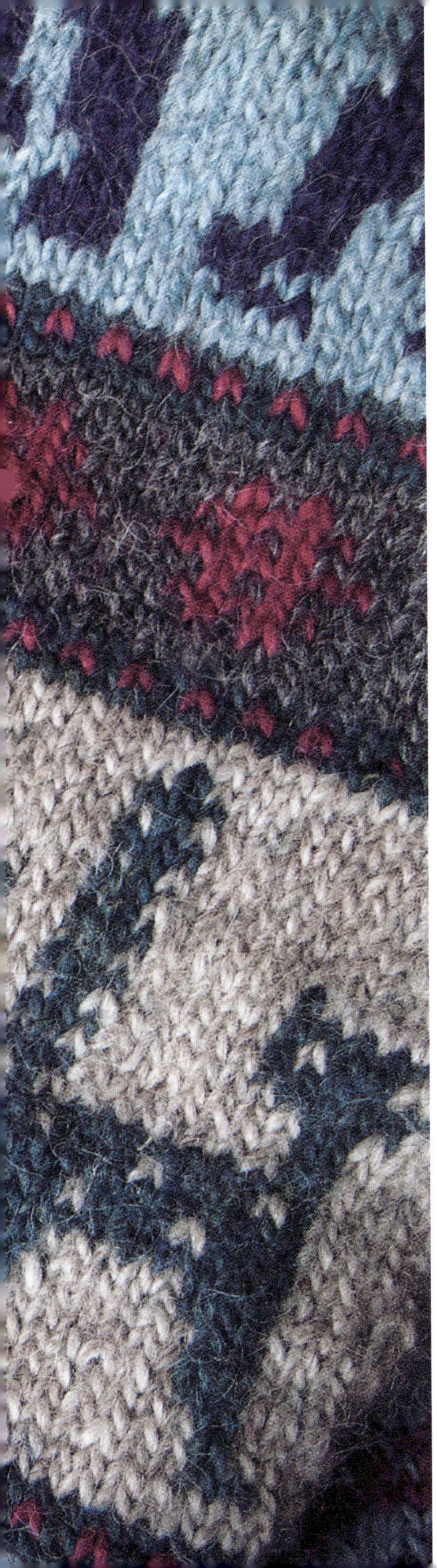

Katze mit Flaschenbürstenschwanz

Diese Katze ist ein persönlicher Favorit aus *Iduns Märkbok* (Iduns Motivbuch) von Kerstin Gavler aus dem Jahr 1945. Es macht mich jedes Mal gleichermaßen froh, sie anzusehen, sie ist einfach genial! Und sie ist in der Musterbibliothek unter den Mustern zu finden, die einen Rapport von 16 Maschen haben.

Gorilla

Was unterhaltsame Gestaltung von Tieren nach Kreuzstichart betrifft, teilt sich dieser gebückte Gorilla aus *Korsstygn på kläder* (Kreuzstich für Kleidung) von Kerstin Lokrantz den 1. Platz mit der Katze. Ich habe ihn ein wenig umgezeichnet, aber versucht, seinen Ausdruck beizubehalten. In der Musterbibliothek findet er sich unter den Mustern, die einen Rapport von 22 Maschen haben.

Farbenlehre für Hönsestriker*innen

Farbe macht Spaß – zum Glück, kann man wohl sagen, denn Farben sind ein weites Feld, in dem unglaublich viele Parameter zusammenspielen. Viele haben bereits versucht, Ordnung in die Sache zu bringen und zu erklären, wie Farben funktionieren, indem sie verschiedene Arten von Farbkreisen konstruiert haben und die Farben selbst in Primär-, Sekundär- und Komplementärfarben aufgeteilt haben. Wir wollen das hier nicht vertiefen.

Wichtig ist der Kontrast

Hast du schon einmal eine Bordüre gestrickt, bei der das Motiv sich plötzlich im Hintergrund versteckt hat? Tust du dich schwer damit, Farben auszusuchen, oder sind sie in Kombination ganz einfach hässlich? Farben zusammenzustellen, die gut miteinander funktionieren, kann als schwierig empfunden werden, doch das Einzige, was man tatsächlich im Blick behalten muss, ist der Kontrast zwischen den Farben. Alles andere ist eine Frage von Vorlieben und Geschmack.

Ist der Kontrast zwischen Haupt- und Kontrastfarbe nicht ausreichend groß, wird das Motiv nicht deutlich hervortreten, die beiden dürfen einander einfach nicht zu ähnlich sein.

Der Kontrast beruht auf dem Wert, also der Lichtstärke, der Farben. Liegen diese auf derselben Ebene, ergibt dies keinen guten Kontrast, auch wenn die Knäuel schöner nicht sein könnten, wenn sie nebeneinander liegen. So kön-

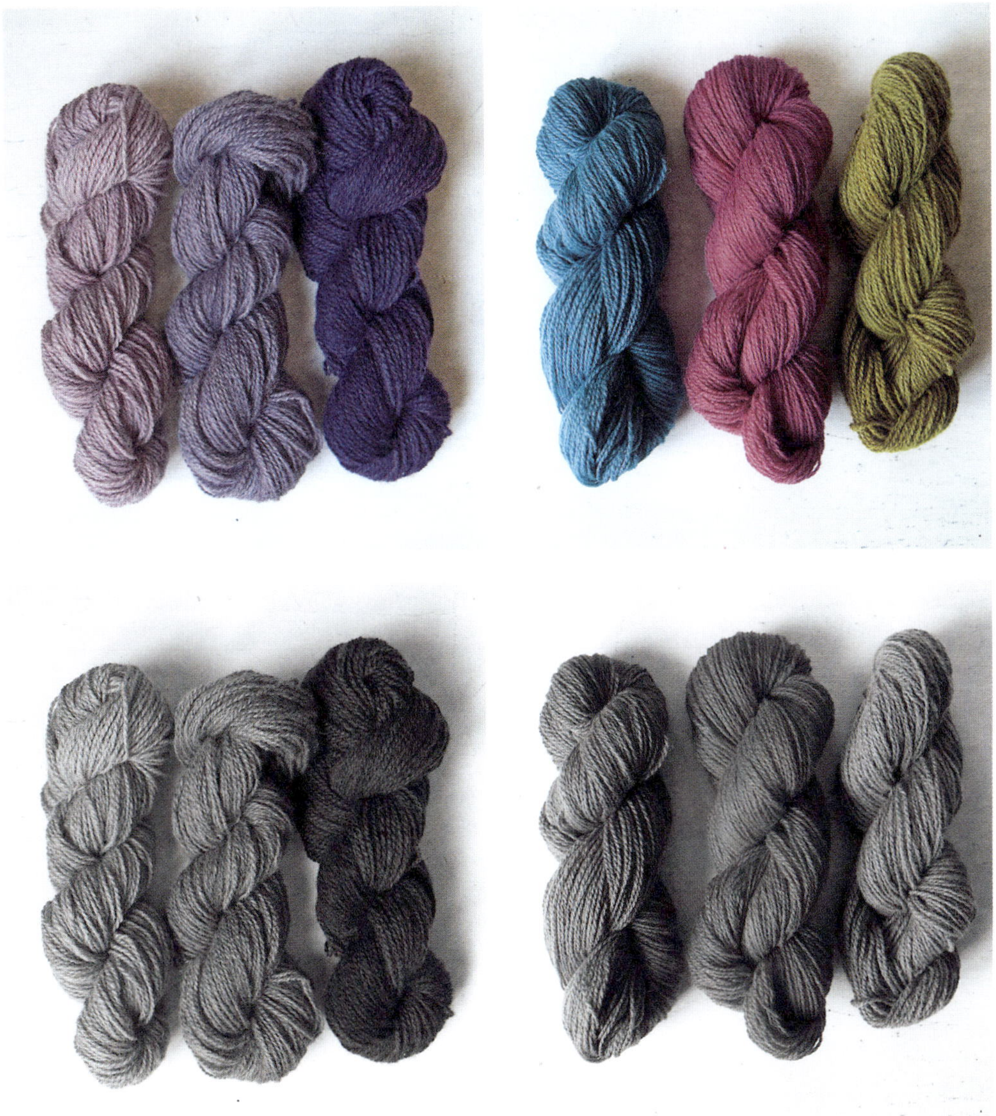

Oben links drei lilafarbene Stränge unterschiedlicher Lichtstärke. Auf dem Bild in Schwarz-Weiß darunter ist zu sehen, wie der dunkelste Ton zu den helleren Tönen im Farbverlauf einen Kontrast bildet.
Oben rechts drei Stränge in unterschiedlichen Farben, aber mit derselben Lichtstärke. In Schwarz-Weiß zeigt sich, wie sie beim Stricken von Mustern miteinander verschmolzen wären.

nen ein Rot- und ein Grünton einander absorbieren, obwohl es sich um zwei unterschiedliche Farben handelt, während zwei Blautöne einen guten Kontrast zueinander haben können. Bei Farben hängt alles von der Lichtstärke ab. In Farbgeschäften, in denen Malerfarbe verkauft wird, gibt es oft Fächer mit unterschiedlichen Farbnuancen von hell bis dunkel. Stell dir die Farbe Blau vor, mit der Nummer 10 als dem dunkelsten Mitternachtsblau und der hellsten Nuance von Taubenblau als Nummer 1. Würdest du nun das Blau mit der Nummer 5 mit der Nummer 5 aus einer grünen Farbskala kombinieren, würde das keinen nennenswerten Kontrast ergeben. Um einen solchen zu erreichen, sind schon ein paar Sprünge zwischen den Nuancen nötig.

Wenn du unsicher bist, ob der Kontrast zwischen den Farben deiner Garne ausreicht, kannst du die beiden Garnenden zusammenbinden, damit du leichter sehen kannst, ob der Kontrast gut oder schlecht ist. Oder mache ein Schwarz-Weiß-Foto mit deinem Handy: Sind alle Farben grau, lässt sich deutlich erkennen, welche Lichtstärke sie haben.

Farben dürfen sich wiederholen

Beim Hönsestrik sind alle Farben willkommen, aber manchmal kann es trotzdem schwierig sein, sie zum Schwingen zu bringen. Noch mal: Mein bester Tipp ist, in Kontrasten zu denken, nicht nur zwischen hellen und dunklen Farben, sondern auch zwischen hübsch und hässlich. Eine triste, muffige und unbestimmte Farbe erlaubt es tatsächlich einer lebendigen Farbe, sich abzuheben und noch ein bisschen mehr in den Vordergrund zu treten, während zwei gleichermaßen frohe Farben möglicherweise um die Aufmerksamkeit streiten, sodass keine von ihnen richtig zur Geltung kommt. Ein kleiner Schuss eigenartige Farbe kann also die mittelmäßigste Strickarbeit zum Glänzen bringen.

Bist du bei der dritten Reihe deines Hönsestrik-Projektes angekommen, passiert es auffallend oft, dass es sich hässlich und unordentlich anfühlt. Es ist schwierig, die Farben in Einklang zu bringen. Verfalle nicht in Panik, das ist ganz normal, und es gibt ein paar Kniffe, die man nutzen kann. Mein bester Tipp ist, eine Farbe, die du bereits verwendet hast, in der nächsten Bordüre wiederkehren zu lassen, dies schafft sozusagen eine Verbindung innerhalb der Farbpalette. Beim Hönsestrik kann man so viele Farben verwenden, wie man möchte, aber es ist sinnvoll, wenn alle Farben sich an irgendeiner Stelle wiederholen. Ein anderer Tipp ist, zwischen breiten und schmalen Bordüren abzuwechseln, um ein Ungleichgewicht innerhalb der Anarchie zu vermeiden.

Farbverläufe spielen die zweite Geige

Wenn du den Kontrast zwischen Haupt- und Kontrastfarbe im Griff hast, kannst du endlich anfangen, die Regeln zu brechen. Die Garnknäuel entsprechend ihrer Farbnuancen Ton in Ton aufzureihen, ist immer eine Freude, so hat man alle beieinander. Mein Tipp ist, die Farben, die am engsten miteinander verwandt sind, ihr Ding im Hintergrund machen zu lassen. Graduelle Übergänge zwischen den Kontrastfarben können eine weitere Dimension schaffen. Dieser Kniff ist eines der typischen Kennzeichen des Fair-Isle-Strickens. Zu beachten ist dabei, dass die Hauptfarbe einen guten Kontrast zum Hintergrund bilden soll.

»Farbwechselbordüren«

Zwischen einzelnen Farbpartien mithilfe einer kleinen schmalen Bordüre zu wechseln, ist eine Möglichkeit, wenn die Übergänge aufeinandertreffen und miteinander verzahnt werden sollen. Sie sorgt für etwas mehr Stil und Finesse. In der Musterbibliothek gibt es eine Seite mit schmalen Bordüren, wie ich sie gerne verwende.

Technik

Zurückstricken – so geht's

Ich habe gelernt zu stricken, als ich sieben Jahre alt war. Anleitungen zu folgen, gelang mir nie, aber das war nicht so schlimm, weil ich es immer am schönsten fand, mir selbst etwas auszudenken. Erst im Erwachsenenalter begriff ich, dass ich ein grundlegendes Detail beim Stricken, nämlich das Wenden der Strickarbeit, wenn man am Ende der Reihe angekommen ist, völlig verpasst hatte. Ich hatte immer wie eine Strickmaschine vor- und zurückgestrickt. Da war es natürlich nicht so verwunderlich, dass es mit dem Stricken nach Anleitung nie geklappt hat!

Dieses Missverständnis hat trotzdem seine Vorteile: Du musst nie linke Maschen stricken, die Vorderseite zeigt immer zu dir hin, und du kannst eine Jacke in Hin- und Rückreihen anstelle von Runden stricken, die du dann aufschneiden musst.

So geht's: Mit Jackenstricknadeln oder einer Rundstricknadel in Hin- und Rückreihen stricken. Deine M anschlagen.

1. Reihe: Rechte M, so wie sonst auch.

2. Reihe: Die Strickarbeit nicht wenden. Die erste M auf die linke Nadel heben. Den Faden auf deinen rechten Zeigefinger legen oder wie du eben vorziehst, ihn zu halten. In die hinteren Maschenglieder einstechen und M rechts stricken.

3. Reihe: Rechte M »in der normalen Richtung« stricken. Immer über das hintere Maschenglied stricken. Fühlt sich das zu Beginn ungewohnt an, ist es vielleicht hilfreich, mit nur einer Farbe zu beginnen und mit den Mustern dann weiterzumachen, wenn du den Dreh raushast.

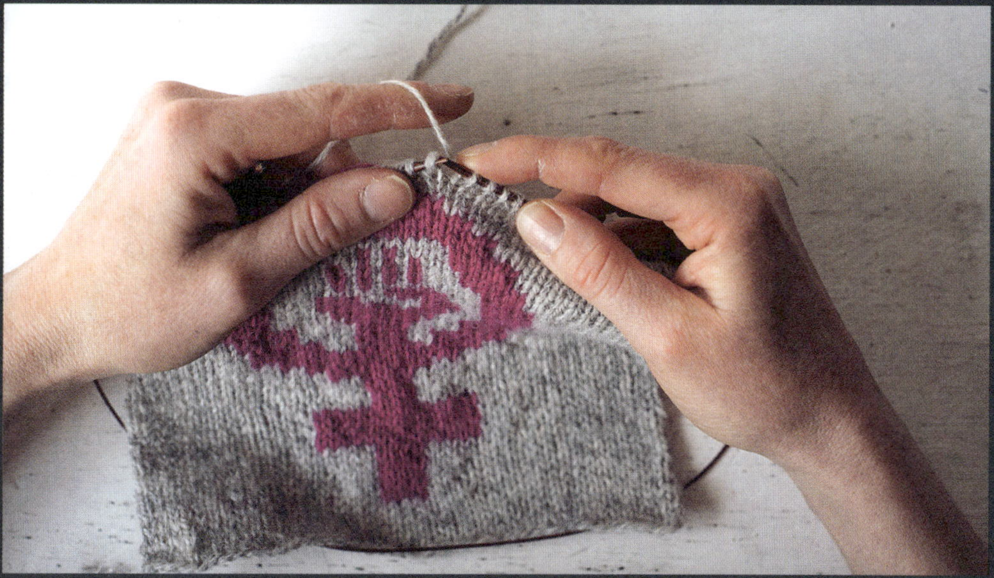

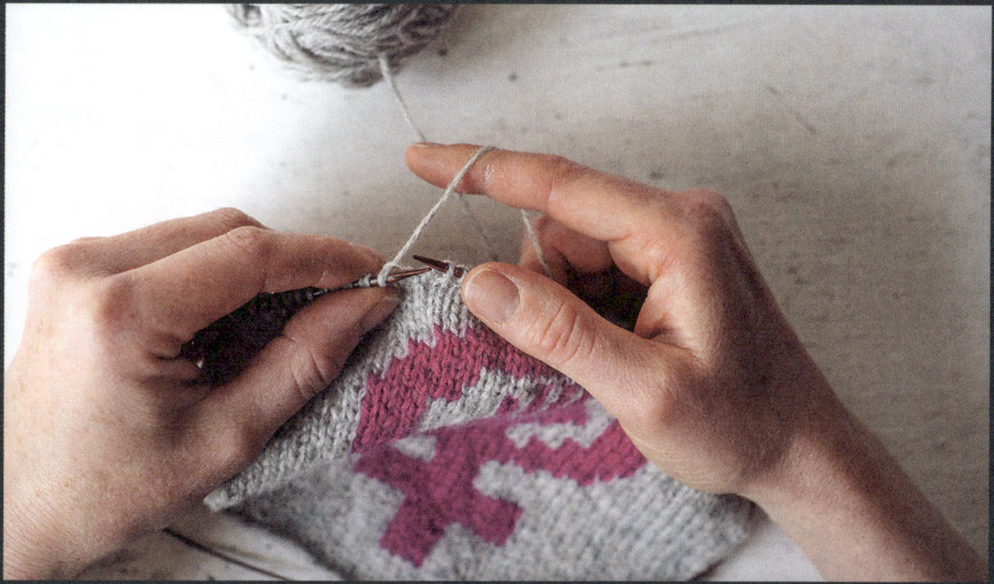

Die Vorderseite weist zu dir hin. Stricke über das hintere Maschenglied. Stricke die Reihen abwechselnd wie ein Rechtshänder (oben) und wie ein Linkshänder (unten).

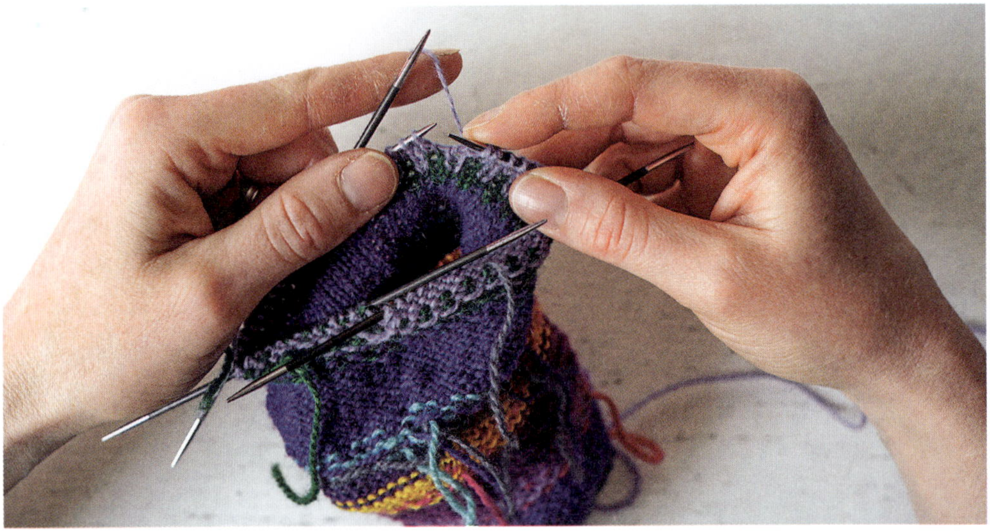

Wenn deine Strickmuster sich zusammenziehen, kannst du versuchen, die Strickarbeit von innen nach außen zu kehren und von der Innenseite aus zu stricken.

Tipps zur Fadenspannung

Kennst du das Problem, dass die Strickarbeit sich zusammenzieht, wenn du Muster strickst? Dann versuche es mit diesem Trick, den ich von einer meiner Kursteilnehmer*innen gelernt habe: Er funktioniert am besten bei Strickprojekten mit kleinerem Durchmesser, wie etwa Handschuhen, Strümpfen und Ärmeln.

So geht's: Wenn du auf dem Nadelspiel oder der Rundstricknadel in Runden strickst, dann kehre die Strickarbeit von innen nach außen, sodass die linke Seite nach außen weist. Du strickst nun weiterhin von der Vorderseite aus, allerdings ist diese nun eben die »Innenseite«. Die Spannfäden, also die mitlaufenden Fäden der Farbe, die gerade nicht gestrickt werden, liegen so auf der Außenseite, und weil der Umfang des Strickstückes außen etwas größer als innen ist, hilft dieser Trick dabei, dass die Spannfäden nicht zu fest gestrafft werden und die Strickarbeit sich eben nicht zusammenzieht.

Abketten oder Rand mit I-Cord

Ein I-Cord, wie eine Strickkordel auch genannt wird, kann sowohl zum dekorativen Abketten als auch für einen hübschen Rand verwendet werden. Die Kordel entsteht, indem man Maschen zunächst anschlägt und dann abkettet.

So geht's: *2 M rechts stricken, die 2 darauffolgenden M zusammenstricken. Alle 3 M wieder auf die linke Nadel heben. Das Garn hinter der Strickarbeit schräg von der dritten zur ersten M holen. * Von *–* fortlaufend wdh, bis auf der linken Nadel 3 M übrig sind. Die ersten beiden M zusammenstricken, die entstehende M zurück auf die linke Nadel heben und schließlich die letzten beiden M zusammenstricken.

I-Cord

Ganz ähnlich kannst du auch eine dekorative Kordel herstellen, die z. B. als Bindeband an Mützen verwendet werden kann.

So geht's: Stricke die Kordel mit zwei Strumpfstricknadeln.

4 M anschlagen. 1 Reihe M rechts stricken, die M ans rechte Ende der Strumpfstricknadel schieben, den Faden dabei von der linken Ecke der Strickarbeit aus auf der Rückseite verlaufen lassen und zur 1. M holen. 1 weitere Reihe stricken, die Strickarbeit erneut an das andere Ende der Nadel schieben. Den Faden nach jeder Reihe etwas anziehen, sodass die Kordel nicht zu locker wird. Weitermachen, bis die Kordel so lang ist, wie du sie möchtest.

Wer nur begrenzt Geduld hat, kann auch in eine sogenannte I-Cord-Mühle (Strickmühle) investieren, ein kleines Gerät, das die Kordel strickt, während du selbst webst.

Gehäkelter Steek

Solltest du das Zurückstricken noch immer nicht in dein Herz geschlossen haben und es vorziehen, in Runden zu stricken (bzw. wann immer du einen gestrickten Pullover in eine Jacke verwandeln möchtest), musst du deine Strickarbeit steeken, also aufschneiden. Ehe du beginnst: Sichere die Maschen, damit nicht alles aufgetrennt wird. Das kannst du erreichen, indem du links und rechts der mittleren M einen Zickzacksaum nähst, oder aber durch eine gehäkelte Verstärkung. Ein mit der Maschine genähter Saum kann leider manchmal den Rand verziehen. Das passiert mit einer gehäkelten Verstärkung nicht, und sie ist ganz einfach zu bewerkstelligen!

So geht's: Gleich zu Beginn 3–5 M zum Aufschneiden vorne in der Mitte anschlagen. Diese M werden in der Regel nicht zum Muster gezählt. Strickst du sie außerdem immer »in Streifen« (siehe Bild 1), kannst du sie noch deutlicher erkennen, wenn es ans Häkeln der Verstärkung geht.

Verwendest du ein sehr dickes Garn, empfehle ich, dass du ein dünneres zum Häkeln aussuchst, du kannst aber auch das Garn verwenden, mit dem du strickst. Außerdem brauchst du eine Häkelnadel von geeigneter Größe.

Die Häkelnadel durch ein Maschenglied der M in der Mitte sowie durch das nächste Maschenglied der M daneben führen, dann feste M entlang des gesamten Rands häkeln (siehe Bild 2). Die M zwischen den beiden Reihen der gehäkelten Verstärkungen aufschneiden (siehe Bilder 3 und 4).

Jetzt nur noch M aus den Verstärkungen aufnehmen und Blenden nach Wahl stricken. Die Schnittkante nach innen klappen und auf der Innenseite mit einem hübschen Band verbergen, das sieht immer gut aus.

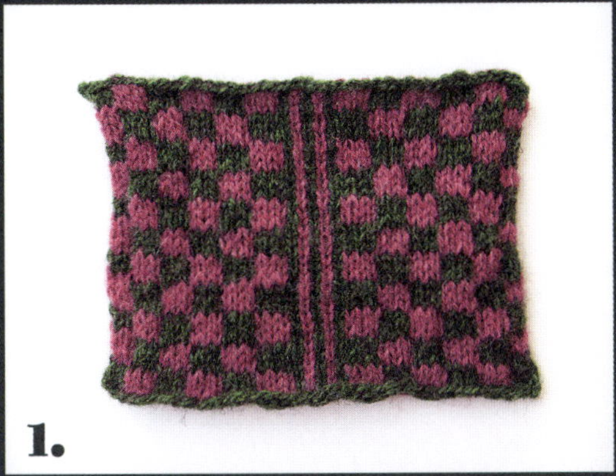

1.

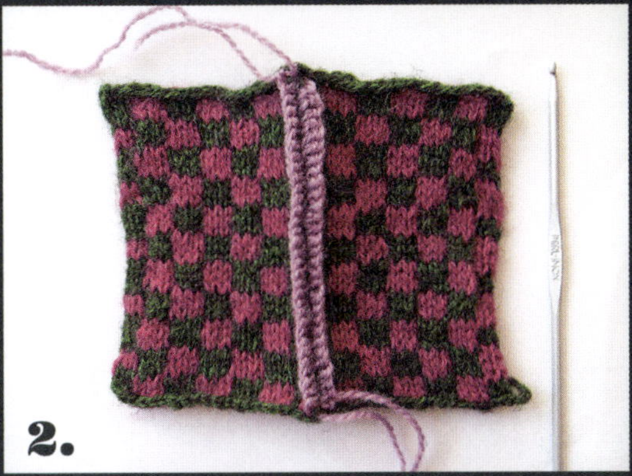

2.

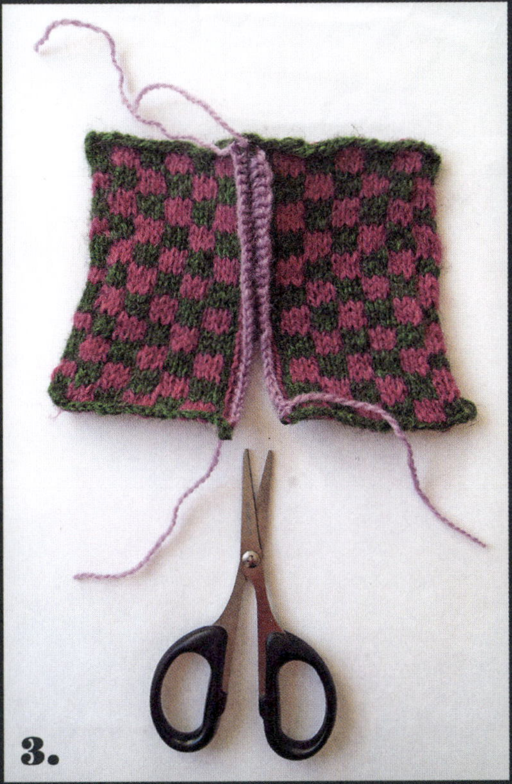

3.

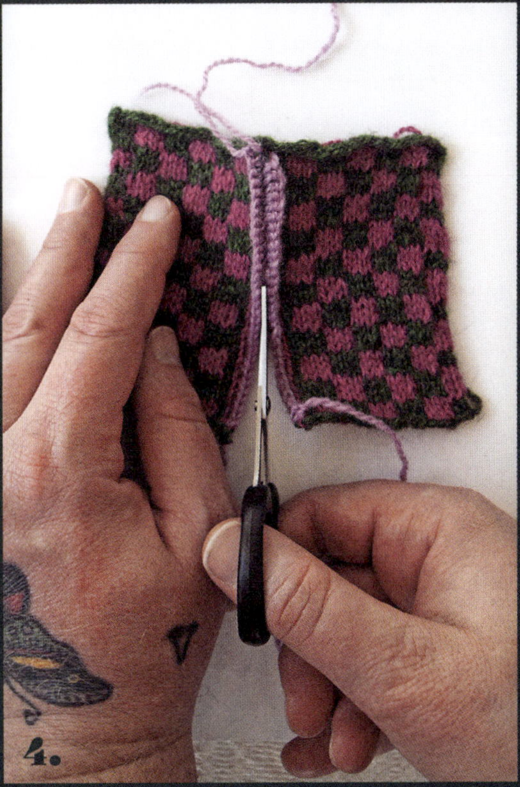

4.

Noppen

Noppen kamen auch in meinem letzten Buch vor, doch weil sie so allerliebst sind und einer Strickarbeit immer Klasse verleihen, sind sie auch dieses Mal wieder dabei.

So geht's: 5 M aus 1 M herausstricken, indem abwechselnd von hinten und vorne neue M durch ein und dasselbe Maschenglied aufgenommen werden. Über diese 5 M 5 Reihen stricken, in den Hinreihen rechte M, in den Rückreihen linke M. In der nächsten Reihe die 5 M zu 1 M zusammenstricken.

Nun ist eine Noppe fertig. Weiterstricken.

Abnahmen

Abnahme durch Überzug: Eine Maschenabnahme, die sich nach links neigt. 1 M wie zum Rechtsstricken abheben, 1 M rechts stricken und die abgehobene M über die gestrickte M heben.

2 Maschen rechts zusammenstricken: Eine Abnahme, die sich nach rechts neigt. 2 M rechts zusammenstricken.

***–*:** Die Angaben zwischen den Sternchen fortlaufend bis zum Ende der Reihe bzw. Runde wiederholen (wenn nicht anders angegeben).

TIPP! Mehr Tipps für das Stricken von Mustern mit mehreren Farben, für das Blocken, das Steeken, das Meistern von Blenden und vielem mehr kannst du in meinem ersten Strickbuch *Statement Stricken. Farbenfrohe & Phantasievolle Muster stricken* nachlesen.

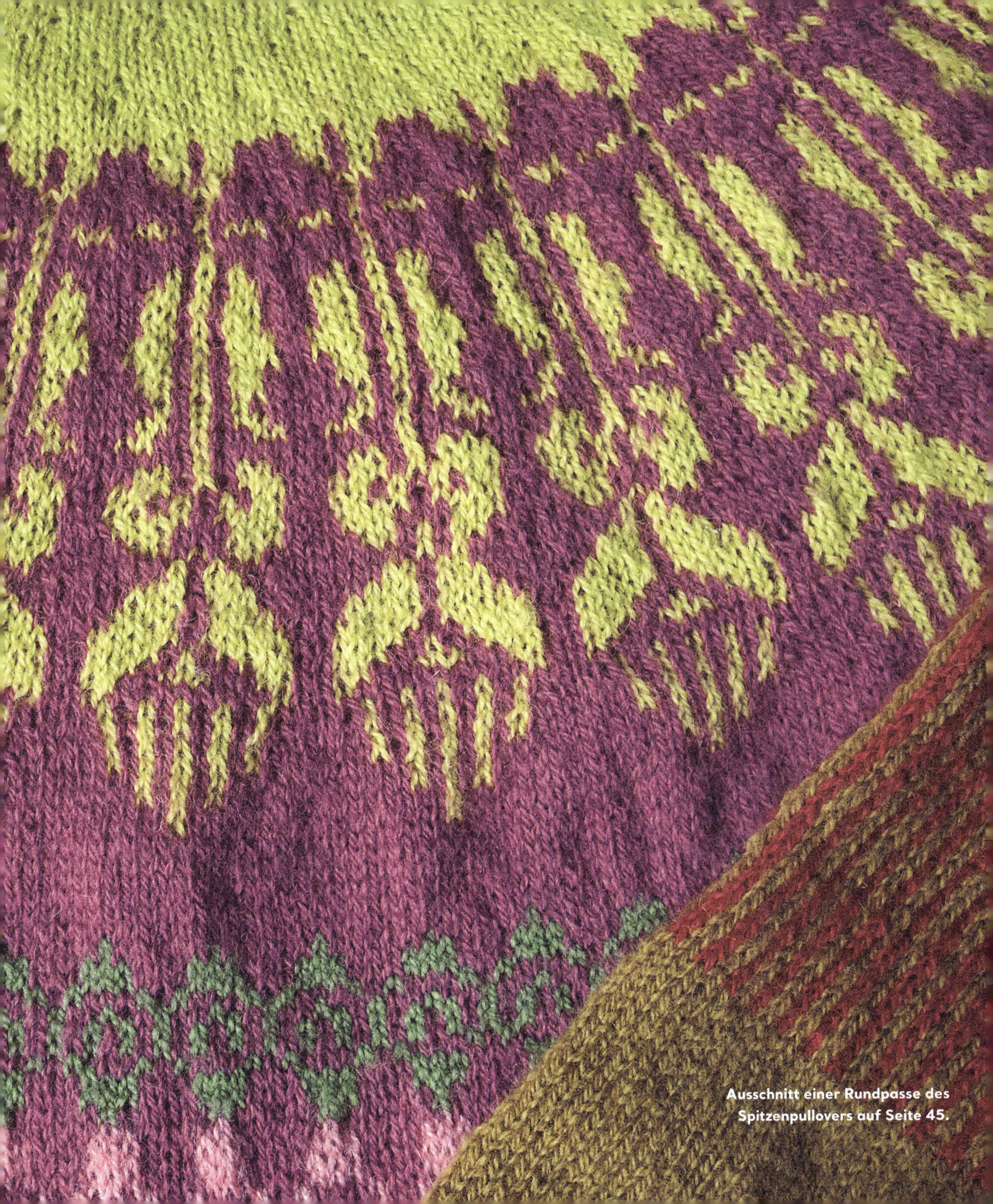

Ausschnitt einer Rundpasse des Spitzenpullovers auf Seite 45.

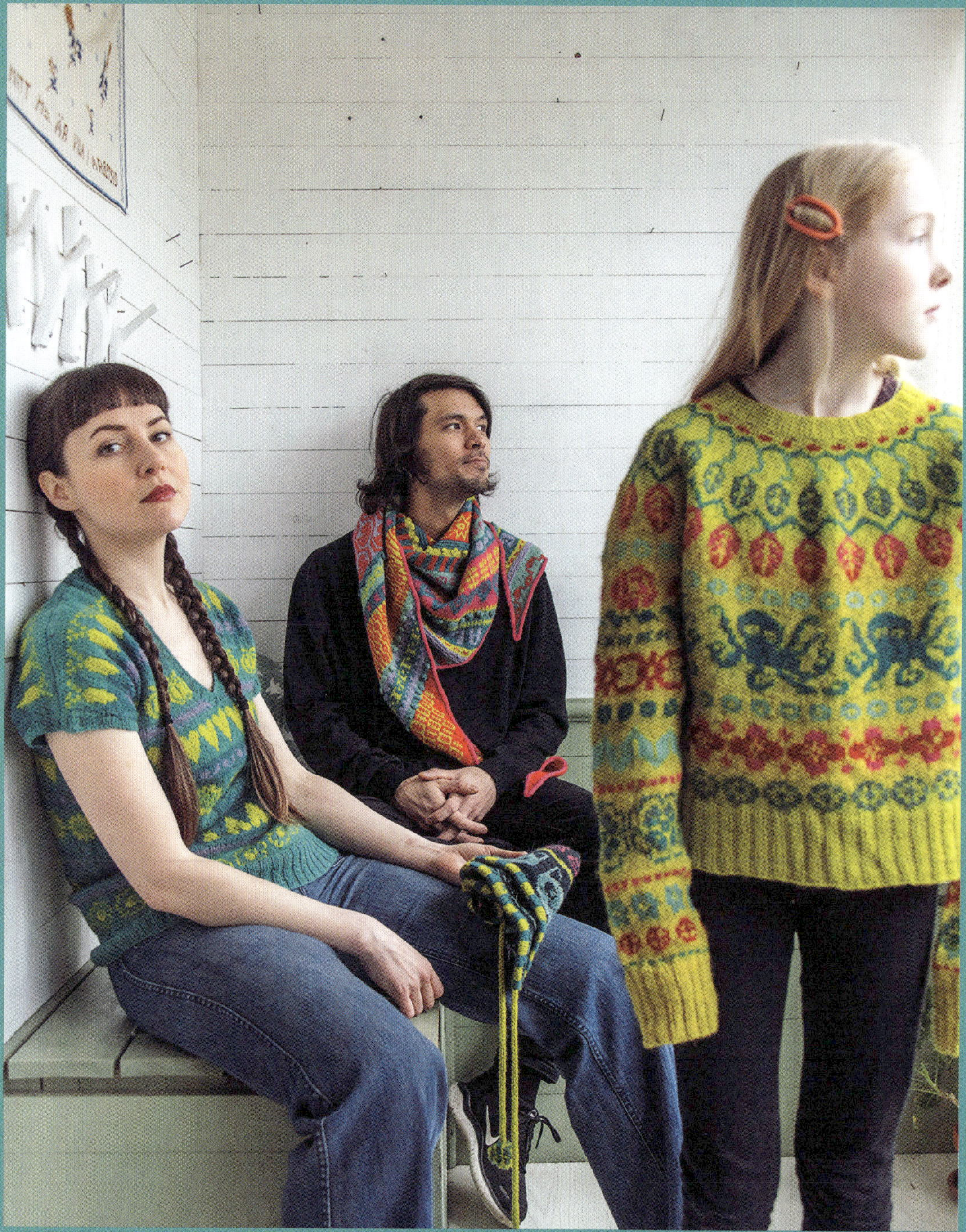

Projekte

Über die Anleitungen in diesem Buch

KEINE GRÖSSE PASST ALLEN

Wir sehen alle unterschiedlich aus und alle Körper sind einzigartig, außerdem mögen wir ja unterschiedliche Passformen. Ein Kleidungsstück, das jemand als zu groß empfindet, kann die perfekte lockere Passform für jemand anderen mit denselben Maßen haben. Dazu kommt noch die Mode, die zusätzlich Einfluss darauf nimmt, was wir als »normale« Passform empfinden. Wir legen hier keinen gesteigerten Wert darauf, ob Größen als XS oder XL bezeichnet werden, sondern fokussieren uns darauf, Kleidung mit genau der Passform zu machen, die uns gefällt! Halte immer das Maßband bereit und benutze es auch, wenn du strickst – sowohl um die Fadenspannung zu prüfen als auch um nachzumessen, ob das Kleidungsstück tatsächlich die Maße erhält, die genau zu dir passen.

Beginne, indem du dich ausmisst. Der Brustumfang ist am wichtigsten, wenn du loslegst, die Länge kannst du im Nachhinein immer noch justieren. Beide zusammen bilden deine Körpermaße. Eine Anleitung enthält auch miteinberechnete Angaben zur Bewegungsfreiheit; ihre Ausprägung hängt vom Kleidungsstück selbst und gängigen Modetrends ab. Weil gestrickte Kleidungsstücke elastisch sind, kann im Falle eines Kleidungsstückes, das geringere Maße als der Körper hat, auch negative Bewegungsfreiheit vorkommen.

In den Anleitungen gebe ich in erster Linie die Maße des Kleidungsstückes an.

GARNVERBRAUCH

Wie viel Garn verbraucht wird, ist eine gute Frage. Natürlich möchtest du wissen, wie viel Garn du kaufen sollst bzw. ob das Garn, das du bereits hast, ausreicht, aber nachdem meine Strickanleitungen recht viel Spielraum für eigene Modifizierungen und Variationen lassen und dazu auch ermuntern, ist es beinahe unmöglich, exakte Garnmengen anzugeben. Deshalb habe ich mich dazu entschlossen zu benennen, wie hoch der Garnverbrauch bei den Kleidungsstücken ist, die ich selbst gestrickt habe. Hoffentlich ist dies eine Orientierungshilfe.

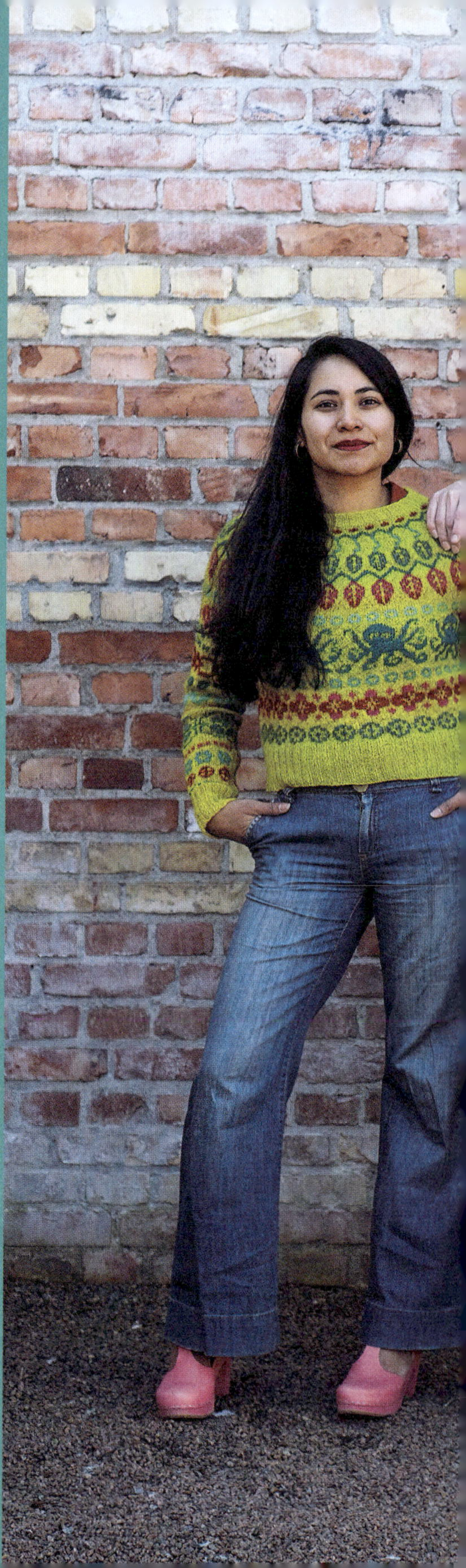

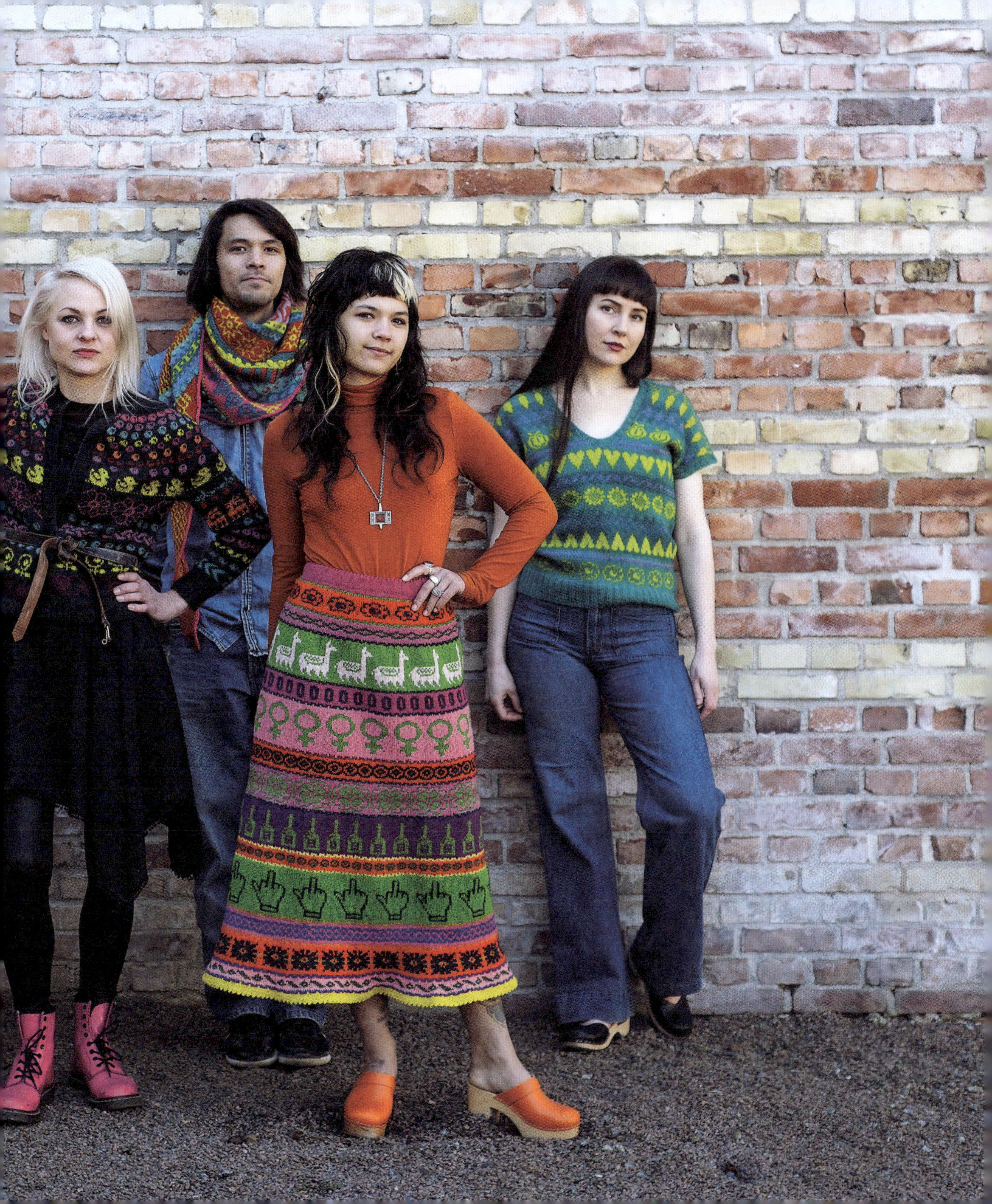

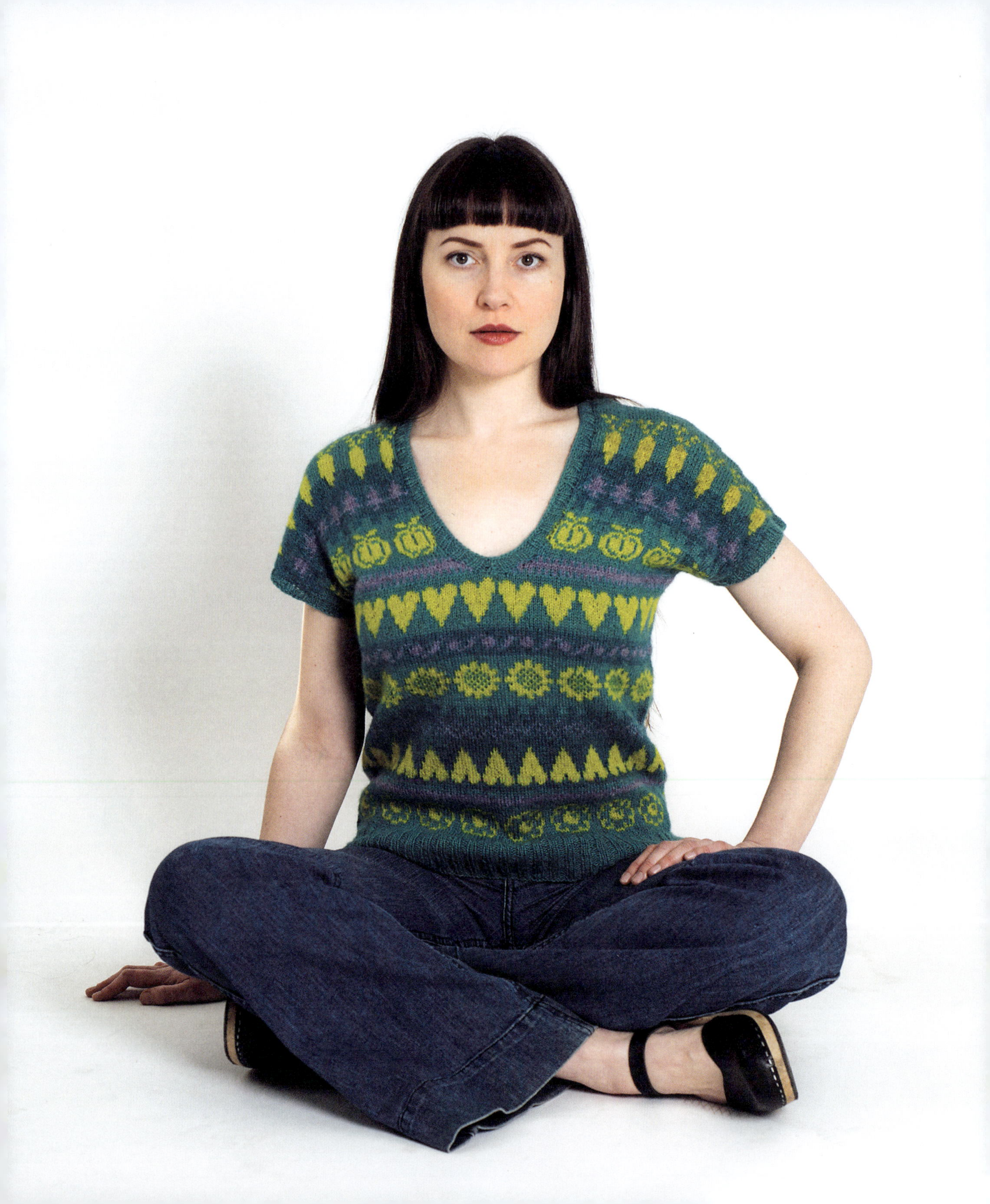

Top mit angeschnittenen Ärmeln

Ein Top mit V-Ausschnitt und hübscher Passform

Eine wahre Freude zu stricken und ein Prunkstück für den Kleiderschrank. Das Top wird von unten nach oben gestrickt, und die Schulterpartien werden zusammen abgekettet. Das Einzige, was du zusammennähen musst, ist ein Stück unter den Ärmeln. Das Top hat einen V-Ausschnitt und kurze angeschnittene Ärmel. Im Modell ist recht viel Bewegungsfreiheit einberechnet, was dafür sorgt, dass es hübsch fällt.

Größen: (XS) S (M) L (XL) 2XL (3XL) 4XL
Brustumfang: (89) 93 (101) 109 (120) 131 (141) 153 cm
Gesamtlänge: (56) 57 (58) 59 (61) 63 (65) 67 cm
Oberarmumfang: (32) 34 (36) 38 (42) 44 (48) 52 cm
Garn: 2-fädiges (feines) Wollgarn (aus 100 % Wolle), Lauflänge 175 m/50 g, z. B. Spelsau lammull von Tant Kofta
Menge: für Größe S ca. 225 g
Nadeln: Rundstricknadeln, Nadelstärke 2,5 und 3 mm (40, 60, 80 und/oder 100 cm lang), und Nadelspiel, Nadelstärke 2,5 mm
Maschenprobe: 26 M auf 10 cm mit Nadelstärke 2,5 mm
Zubehör: Maschenmarkierer, Stopfnadel, Schere

RUMPFTEIL

- (216) 232 (248) 268 (292) 320 (348) 376 M auf der dünneren Rundstricknadel anschlagen. Für das Rippenmuster *2 rechte M, 2 linke M* stricken, von *–* bis zum Ende der Rd fortlaufend wdh, 6 cm stricken.
- Zur dickeren Rundstricknadel wechseln. Glatt rechts weiterstricken, in der ersten Rd ungefähr so zunehmen: *15 M stricken, 1 M verschränkt aus dem Maschenglied zunehmen*, von *–* bis zum Ende der Rd fortlaufend wdh, sodass du damit (232) 244 (264) 284 (312) 340 (368) 400 M erhältst.
- Bordüren und Muster nach Belieben stricken, bis die Arbeit ca. (32) 32 (32) 32 (32) 33 (33) 33 cm misst.

- Einen Maschenmarkierer an beiden Seiten und vorne in der Mitte einhaken. Von hier aus werden Vorder- und Rückenteil separat in Hin- und Rückreihen gestrickt. Entscheide selbst, ob du den oberen Teil des Tops einfarbig oder gemustert stricken möchtest. Die M des Rückenteils auf einem Faden stilllegen oder auf der Rundstricknadel belassen, während du das Vorderteil strickst.

VORDERTEIL

- Achtung! Bei manchen Größen werden die Zunahme für den angeschnittenen Ärmel und das Abketten für den Ausschnitt vorne gleichzeitig erledigt.

- **Zunahme für die angeschnittenen Ärmel:** In Hin- und Rückreihen stricken und am Ende jeder Reihen je 1 M zunehmen, insgesamt 8x (4 neue M pro Seite).
- Am Ende der nächsten 2 Reihen je 5 neue M zunehmen.
- Mit je ca. 1 cm Abstand (3) 3 (3) 4 (4) 5 (5) 5 x 1 M auf beiden Seiten zunehmen.
- **Ausschnitt vorne:** Misst die Strickarbeit (32) 32 (33) 33 (35) 35 (38) 39 cm, für den V-Ausschnitt vorne abketten. Von hier an werden die linke bzw. die rechte Seite des Vorderteils separat gestrickt. In der vorderen Mitte des Vorderteiles in jeder zweiten Reihe 4x 2 M abketten.
- Mit je 1 cm Abstand (3) 3 (3) 3 (4) 4 (4) 4 x 1 M abketten.
- Nach dem Abketten in der vorderen Mitte und den Zunahmen für den Ärmel sollte diese Seite des Vorderteiles nun ca. (59) 62 (67) 73 (79) 87 (94) 102 M zählen.
- Weiterstricken, bis die Arbeit (54) 55 (56) 57 (59) 61 (63) 65 cm misst.
- Durch das Stricken einiger verkürzter Reihen mit Wickel-M die Schulter formen:

RECHTE SCHULTER

- **1. Reihe (Hinreihe):** M rechts stricken, bis an der Seite des Ärmels 9 M übrig sind. Den Faden vor die Arbeit legen, die nächste M wie zum Rechtsstricken abheben, den Faden zwischen den Nadeln hinter die Arbeit legen und die abgehobene M auf die linke Nadel zurücklegen (nun ist das Garn wie ein kleiner Gürtel um die abgehobene M gewickelt). Wenden.
- **2. Reihe (Rückreihe)**: Linke M stricken.
- **3. Reihe (Hinreihe)**: M rechts stricken, bis vor der Wende-M aus der vorhergehenden Reihe noch 9 M übrig sind. Den Faden vor die Arbeit legen, die nächste M wie zum Rechtsstricken abheben, den Faden zwischen den Nadeln hinter die Arbeit legen und die abgehobene M auf die linke Nadel zurücklegen. Wenden.
- **4. Reihe (Rückreihe)**: Linke M stricken.
- Die dritte und vierte Reihe weitere (5) 5 (6) 7 (7) 8 (9) 9 x wdh. Die übrigen M glatt rechts stricken.
- Zum Stricken der Wickel-M in der nächsten Reihe sowohl in die M selbst als auch in das darumgewickelte Garn einstechen.
- Die M dieser Vorderteilseite auf einem Faden stilllegen oder auf der Rundstricknadel belassen.
- Die linke Vorderteilseite und Schulter spiegelverkehrt stricken.

RÜCKENTEIL

- **Zunahme für die angeschnittenen Ärmel:** In Hin- und Rückreihen stricken und am Ende jeder Reihe je 1 M zunehmen, insgesamt 8x (= 4 neue M pro Seite).

- Am Ende der nächsten 2 Reihen je 5 neue M pro Seite zunehmen.
- Mit je ca. 1 cm Abstand (3) 3 (3) 3 (4) 4 (4) 4 x 1 M auf beiden Seiten zunehmen.
- Das Rückenteil sollte nun (140) 146 (156) 166 (182) 196 (210) 226 M zählen.
- Weiterstricken, bis die Strickarbeit (54) 55 (56) 57 (59) 61 (63) 65 cm misst.
- (62) 65 (70) 75 (82) 89 (96) 104 M stricken (= eine Schulter), (16) 16 (16) 16 (18) 18 (18) 18 M abketten. Die Schultern nacheinander stricken und, ebenso wie beim Vorderteil, die Schulter durch das Stricken verkürzter Reihen formen, gleichzeitig (3) 3 (3) 2 (3) 3 (2) 2x in jeder zweiten Reihe 1 M zum Halsausschnitt hinten abketten.

ZUSAMMENNÄHEN

- **Die Schulternähte zusammen abketten:** Die Schulter des Vorderteils und die Schulter des Rückenteils, mit den Stricknadeln parallel zueinander, links auf links aufeinanderlegen. Mit einer dritten Nadel 1 rechte M durch die erste M sowohl des Vorder- als auch des Rückenteiles stricken. Die nächste M ebenso stricken, die zuerst gestrickte M über die zweite heben. So weiterstricken, bis alle M abgekettet sind.

Mit der zweiten Schulter ebenso verfahren.

- Alle Fäden vernähen.
- Die Öffnung unter dem Ärmel zusammennähen.
- **Ärmelrand:** Mit dem Nadelspiel rund um die Ärmel M aufnehmen. Die Anzahl der M sollte durch 4 teilbar sein. Die M auf vier Nadeln verteilen. Für das Rippenmuster *2 rechte M, 2 linke M* stricken, von *–* bis zum Ende der Rd fortlaufend wdh, ca. 1,5 cm stricken. Abketten.
- **Halsausschnitt:** Mit der dünneren Rundstricknadel (40 cm lang) rund um den Halsausschnitt M aufnehmen. Die Anzahl der M sollte durch 4 teilbar sein. Für das Rippenmuster *2 rechte M, 2 linke M* in Hin- und Rückreihen stricken, von *–* bis zum Ende der Reihe fortlaufend wdh, ca. 2,5 cm stricken. Vorne in der Mitte nicht durch Maschenabnahme spitz zulaufen lassen, die Enden sollen einander überlappen. Nicht zu straff abketten und das Ausschnittende der vorderen Mitte, das oben liegen soll, festnähen.
- Die übrigen Fäden vernähen und das Top blocken.

VARIATION

Besonders raffiniert ist es, die Schulter mit einer farblich kontrastierenden Wolle abzuketten. Dazu gerne auch die jeweils letzte Reihe der Vorderteile und des Rückenteiles (die Reihen, in denen du die Wende-M zusammenstrickst) in der Kontrastfarbe stricken, um einen hübscheren Übergang zu erzielen.

#toppmedholkärm

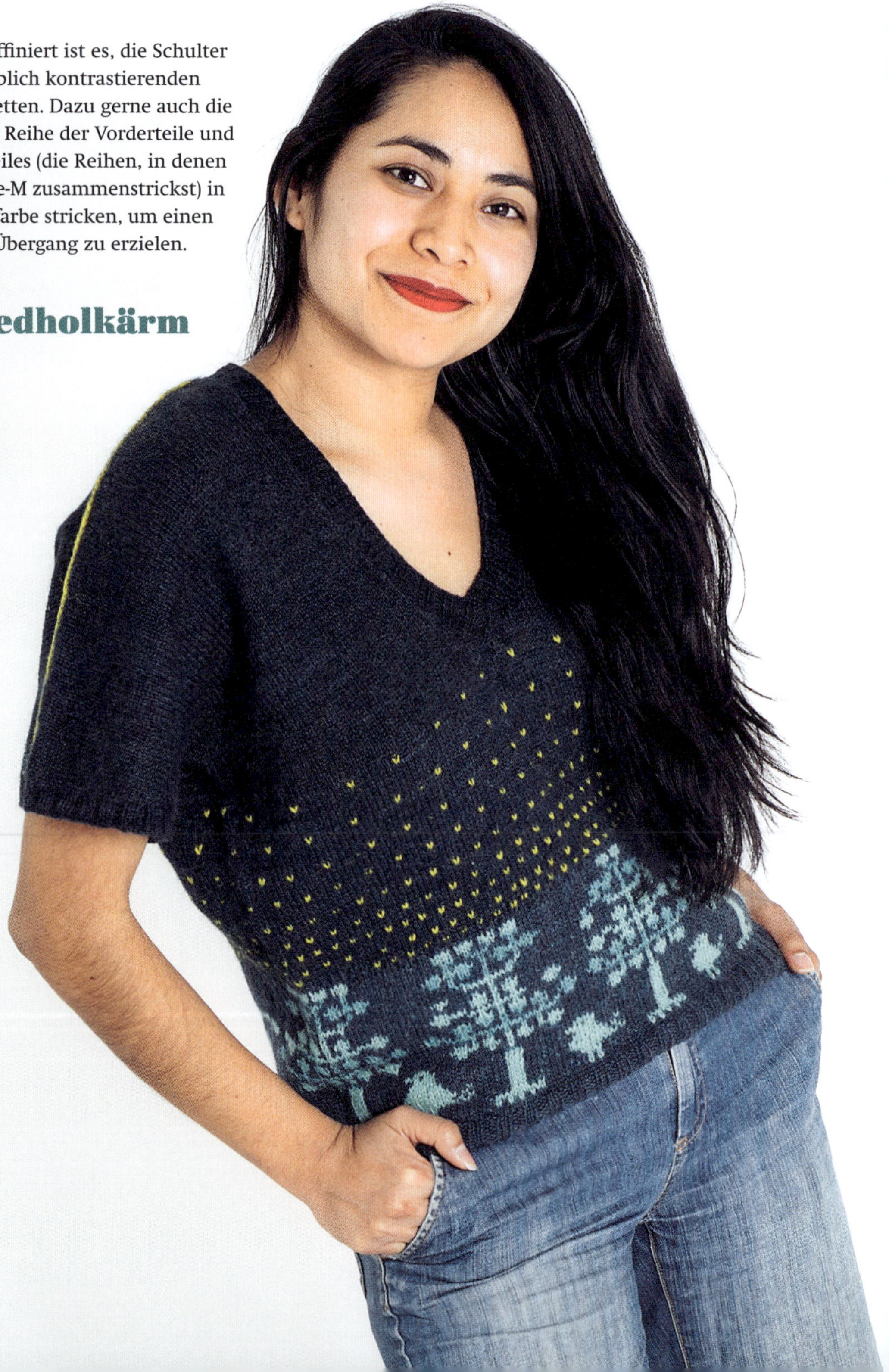

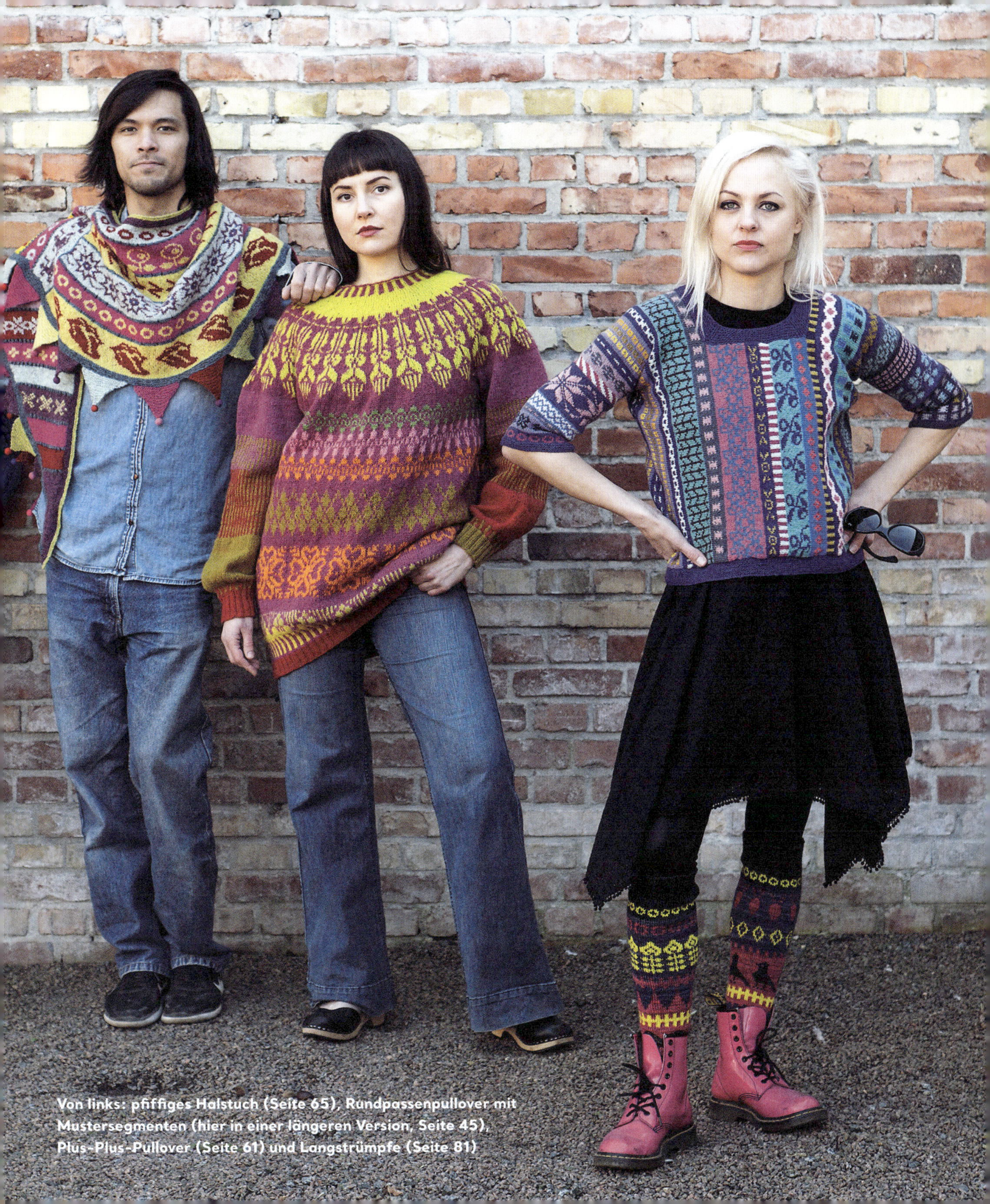

Von links: pfiffiges Halstuch (Seite 65), Rundpassenpullover mit Mustersegmenten (hier in einer längeren Version, Seite 45), Plus-Plus-Pullover (Seite 61) und Langstrümpfe (Seite 81)

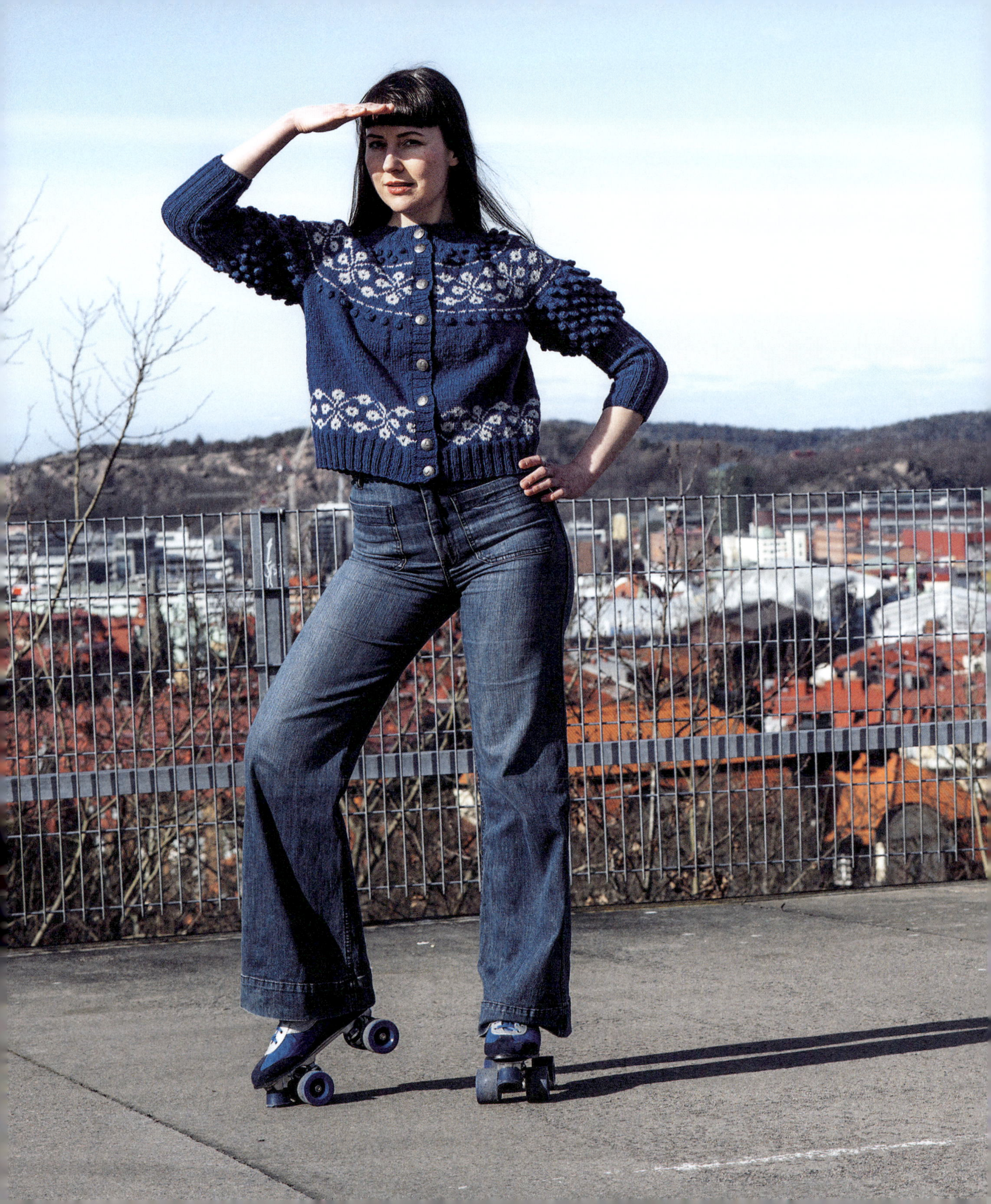

Normale Strickjacke

Strickjacke mit Rundpasse und drei Ärmelvarianten

Eine etwas weitere Strickjacke mit rundgestrickter Passe und drei unterschiedlichen Arten von Ärmeln zur Auswahl. Sie wird von unten nach oben gestrickt.

Größen: (XS) S (M) L (XL) 2XL (3XL)

Brustumfang: (89) 96 (107) 118 (129) 140 (150) cm + Blenden

Gesamtlänge: ca. (49) 50 (52) 53 (55) 56 (57) cm oder nach Belieben

Garn: 3-fädiges Wollgarn (aus 100 % Wolle), Lauflänge 200 m/100 g, z. B. von Kampes

Menge: Für die Strickjacke mit gelbgrünem Hintergrund in Größe M lag der Garnverbrauch bei ca. 600 g. Für die blaue Strickjacke mit Keulenärmeln in Größe S waren 500 g desselben Garnes nötig.

Nadeln: Nadelspiele, Nadelstärke 3,5 und 4 mm, und Rundstricknadeln, Nadelstärke 3,5 mm (80 cm lang) und 4 mm (80 und 100 cm lang)

Maschenprobe: 22 M auf 10 cm mit Nadelstärke 4 mm

Zubehör: Maschenmarkierer, Stopfnadel, Schere, Knöpfe, Band, Nähnadel und Nähgarn

RUMPFTEIL

- (196) 212 (236) 260 (284) 308 (332) M mit der dünneren Rundstricknadel anschlagen. Für das Rippenmuster in Hin- und Rückreihen *2 rechte M, 2 linke M* stricken, von *–* stets wdh, 7 cm stricken.
- Nach der letzten Hinreihe 5 M zum Aufschneiden in der vorderen Mitte anschlagen. Diese M werden in der weiteren Anleitung nicht mitgezählt.
- Zur dickeren Rundstricknadel wechseln und in Mustern und Bordüren nach Belieben in Runden weiterstricken, bis die Strickarbeit ca. (29) 30 (30,5) 31 (31,5) 32 (32,5) cm misst oder die gewünschte Länge hat.
- Einen Maschenmarkierer an beiden Seiten einhaken, sodass das Rückenteil (98) 106 (118) 130 (142) 154 (166) M hat und die Vorderteile je (49) 53 (59) 65 (71) 77 (83) M zählen.
- An beiden Seiten je 12 M (= 6 M auf beiden Seiten der Maschenmarkierer) abketten.

- Die Arbeit zur Seite legen und die Ärmel stricken.

ÄRMEL (3 UNTERSCHIEDLICHE VARIANTEN, SUCHE DIR EINE AUS)

Normaler Ärmel

- (48) 48 (48) 52 (56) 56 (60) M auf dem dünneren Nadelspiel anschlagen.
  Für das Rippenmuster *2 rechte M, 2 linke M* stricken, von *–* stets wdh, 7 cm stricken.
- Zum dickeren Nadelspiel wechseln, in der ersten Rd gleichmäßig verteilt M zunehmen, sodass der Ärmel (50) 52 (54) 58 (60) 60 (64) M zählt.
- Einen Maschenmarkierer mittig unterhalb des Ärmels einhaken.
- Muster und Bordüren nach Belieben stricken und gleichzeitig alle 2,5 cm 1 M links und rechts des Maschenmarkierers zunehmen, bis eine Maschenzahl von (80) 84 (88) 92 (96) 98 (100) erreicht ist.
- Weiterstricken, bis der Ärmel ca. (47) 47 (48) 49 (50) 51 (51,5) cm misst oder sich lang genug anfühlt, um ihn anprobieren zu können.
- Mittig unterhalb des Ärmels 12 M abketten.

Einen weiteren Ärmel stricken.

¾-ÄRMEL

- (56) 60 (60) 64 (68) 68 (72) M auf dem dünneren Nadelspiel anschlagen. Für das Rippenmuster *2 rechte M, 2 linke M* stricken, von *–* stets wdh, 7 cm stricken.
- Zum dickeren Nadelspiel wechseln, in der ersten Rd gleichmäßig verteilt M zunehmen, sodass der Ärmel (60) 64 (66) 70 (72) 72 (76) M zählt.
- Einen Maschenmarkierer mittig unterhalb des Ärmels einhaken.
- Muster und Bordüren nach Belieben stricken und gleichzeitig alle 2,5 cm 1 M links und rechts des Maschenmarkierers zunehmen, bis eine Maschenzahl von (80) 84 (88) 92 (96) 98 (100) erreicht ist.
- Weiterstricken, bis die Arbeit ca. 32 cm misst oder die gewünschte Länge hat.
- Mittig unterhalb des Ärmels 12 M abketten.

Einen weiteren Ärmel stricken.

HAMMELKEULENÄRMEL MIT KNÖTCHEN

- (48) 48 (48) 52 (56) 58 (60) M auf dem dünneren Nadelspiel anschlagen. Für das Rippenmuster *2 rechte M, 2 linke M* stricken, von *–* stets wdh, bis die Arbeit vom Handgelenk bis zur Armbeuge reicht.
- Zum dickeren Nadelspiel wechseln, in der ersten Rd gleichmäßig verteilt M zunehmen, sodass der Ärmel (80) 84 (88) 92 (96) 98 (100) M zählt.
- Einen Maschenmarkierer mittig unterhalb des Ärmels einhaken.
- Achtung: Das Knötchenmuster geht nicht in allen Größen gleichmäßig auf. Dann kommen ein paar zusätzliche M zwischen den Knötchen unterhalb des Ärmels dazu, aber das wird nicht zu sehen sein.
- 2 Rd glatt rechts stricken, dann mit dem Knötchenmuster beginnen, das über 8 Rd gestrickt wird.
- **Rd 1:** Eine Rd Noppen (siehe Seite 24) mit je 5 M Abstand dazwischen bis zum Ende der Rd stricken.

- **Rd 2–4:** Glatt rechts stricken.
- **Rd 5:** Eine Rd Knötchen stricken, die zwischen die Knötchen der ersten Rd platziert werden.
- **Rd 6–8:** Glatt rechts stricken.
- **Rd 1–8** wdh, bis du (9) 9 (9) 10 (11) 11 (12) Rd mit Knötchen hast.
- Mittig unterhalb des Ärmels 12 M abketten.

Einen weiteren Ärmel stricken.

RUNDPASSE

- Die M der Ärmel und des Rumpfteiles auf die dickere Rundstricknadel (100 cm lang) heben.
- Einen Maschenmarkierer vorne in der Mitte einhaken, um die Höhe der Rundpasse messen zu können. Die Strickarbeit sollte nun (308) 332 (364) 396 (428) 456 (484) M (+ die M zum Aufschneiden) zählen.
- Eine ca. 4 Rd hohe Bordüre stricken.
- Die Abnahme vorzugsweise in einfarbigen Rd zwischen den Bordüren machen.
- **1. Abnahme-Rd**: Gleichmäßig verteilt abnehmen, sodass (270) 291 (319) 347 (375) 399 (424) M übrig sind (ungefähr: *6 M stricken, 2 M zusammenstricken*, von *–* fortlaufend bis zum Ende der Rd wdh).
- Eine ca. 8 Rd hohe Bordüre stricken.
- **2. Abnahme-Rd:** Gleichmäßig verteilt abnehmen, sodass (232) 246 (274) 298 (322) 342 (364) M übrig sind (ungefähr: *5 M stricken, 2 M zusammenstricken*, von *–* fortlaufend bis zum Ende der Rd wdh).
- Eine ca. 18–19 Rd hohe Bordüre stricken.
- **3. Abnahme-Rd:**Gleichmäßig verteilt abnehmen, sodass (194) 205 (228) 249 (269) 285 (304) M übrig sind (ungefähr: *4 M stricken, 2 M zusammenstricken*, von *–* fortlaufend bis zum Ende der Rd wdh).
- Eine ca. 6 Rd hohe Bordüre stricken.
- **4. Abnahme-Rd**: Gleichmäßig verteilt abnehmen, sodass (155) 164 (184) 200 (216) 228 (244) M übrig sind (ungefähr: *3 M stricken, 2 M zusammenstricken*, von *–* fortlaufend bis zum Ende der Rd wdh).
- Eine ca. 7–8 Rd hohe Bordüre stricken.
- **5. Abnahme-Rd:** Gleichmäßig verteilt abnehmen, sodass (117) 123 (138) 150 (162) 171 (183) M übrig sind (ungefähr: *2 M stricken, 2 M zusammenstricken*, von *–* fortlaufend bis zum Ende der Rd wdh).
- Eine ca. 7–8 Rd hohe Bordüre stricken.
- **Verkürzte Reihen:** Zwischen der fünften und der sechsten Abnahme-Rd werden hinten einige verkürzte Reihen gestrickt. Dadurch wird die Rückseite etwas höher als die Vorderseite, was die Passform verbessert. Die verkürzten Reihen werden glatt rechts in Hin- und Rückreihen mit Wickel-M gestrickt. Einen Maschenmarkierer in der hinteren Mitte einhaken. Bis (6) 6 (7) 8 (9) 10 (10) M nach dem Markierer stricken, den Faden vor die Arbeit legen, 1 M wie zum Rechtsstricken abheben, den Faden zwischen den Nadeln nach hinten legen und die abgehobene M auf die linke Nadel zurücklegen (nun ist das Garn wie ein kleiner Gürtel um die abgehobene M gewickelt). Wenden. Bis (6) 6 (7) 8 (9) 10 (10) M nach dem Markierer stricken, den Faden vor die Arbeit legen,

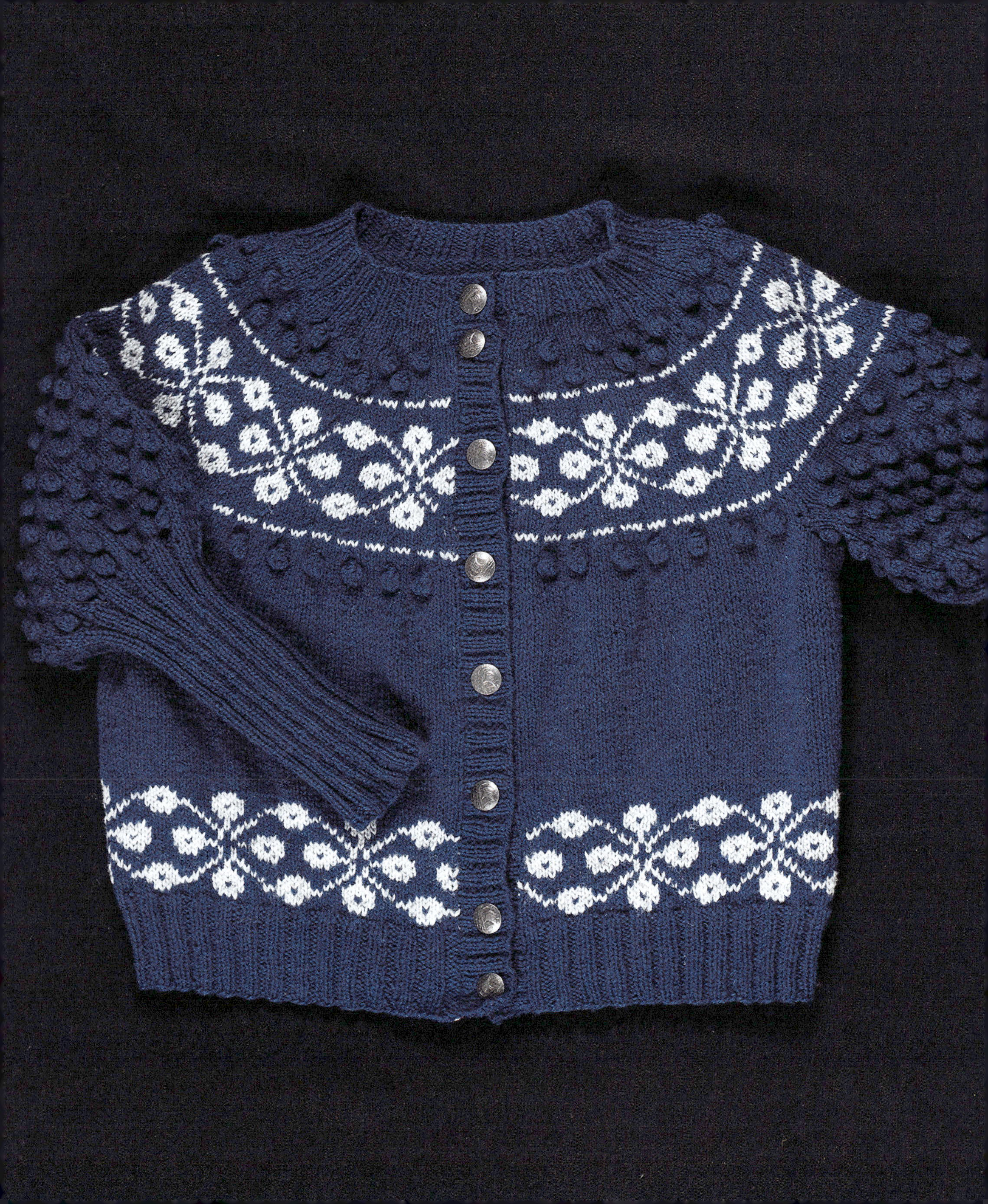

1 M wie zum Rechtsstricken abheben, den Faden zwischen den Nadeln nach hinten legen und die abgehobene M auf die linke Nadel zurücklegen. Wenden. In jeder Reihe (6) 6 (7) 8 (9) 10 (10) M mehr stricken, bis das Rückenteil ca. 4 cm höher als das Vorderteil ist.

- Damit keine Löcher an den Wendungen entstehen, die um die Wende-M liegenden Fäden mit der M in der darauffolgenden Reihe zusammenstricken.
- Zur dünneren Nadel wechseln und 3 Rd, oder bis die Rundpasse von der Markierung vorne in der Mitte aus (18) 18 (19) 20 (21) 21,5 (22) cm misst, glatt rechts stricken.
- **6. Abnahme-Rd:** Gleichmäßig verteilt abnehmen, sodass (88) 96 (104) 112 (116) 124 (136) M übrig sind (ungefähr: *2 M stricken, 2 M zusammenstricken*, von *–* fortlaufend bis zum Ende der Rd wdh).
- Die Strickjacke anprobieren und eventuell noch ein paar Rd stricken. Wenn der Halsausschnitt sich zu groß anfühlt, möglicherweise eine weitere Abnahme-Rd stricken, genauso wie die sechste Abnahme-Rd. Denke daran, dass noch ein Kragen dazukommt.
- Die 5 M zum Aufschneiden abketten. Die übrigen M auf der Rundstricknadel belassen.

STEEKING

- Mit der Nähmaschine einen Zickzacksaum links und rechts der M vorne in der Mitte nähen oder eine Verstärkung häkeln (siehe Seite 22). Zwischen den Säumen aufschneiden.

BLENDEN

- **Linke Blende:** Eine gerade Anzahl M entlang des vorderen Randes mit der dünneren Rundstricknadel anschlagen. Für das Rippenmuster *2 rechte M, 2 linke M* stricken, von *–* bis zum Ende der Reihe fortlaufend wdh, 4 cm stricken. Nicht zu fest abketten.
- **Rechte Blende:** Wie den linken Rand stricken, allerdings mit Knopflöchern. Wie viele Knöpfe (und Knopflöcher) du wählst, ist Geschmackssache, aber denke daran, dass noch ein Knopfloch oben am Kragen hinzukommt. Hast du ca. 2 cm des Randes gestrickt, ist es an der Zeit für Knopflöcher. Sie werden gemacht, indem die erforderliche Anzahl M (abhängig von der Größe der Knöpfe) abgekettet wird, um dann in der nächsten Reihe wieder angeschlagen zu werden.

KRAGEN

Mit den M weiterstricken, die noch auf der Rundstricknadel liegen. An den Blenden auf beiden Seiten M anschlagen. Auf eine gerade Anzahl von M achten. Für das Rippenmuster 2 cm lang *2 rechte M, 2 linke M* stricken, auf der rechten Seite ein Knopfloch in den Kragen stricken. 2 weitere cm Rippenmuster stricken, dann nicht zu fest abketten.

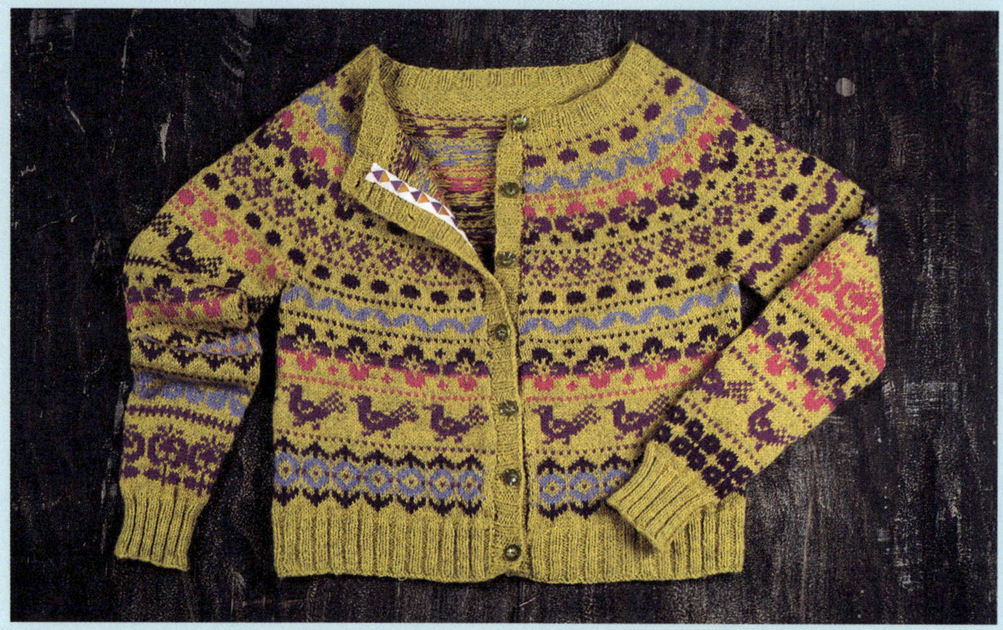

ZUSAMMENNÄHEN

Die Löcher unter den Armen zusammennähen. Alle Fäden vernähen. Knöpfe annähen. Auf der Innenseite ein hübsches Band einnähen, das die Schnittkante verbirgt. Die Strickjacke blocken.

#vanligkofta

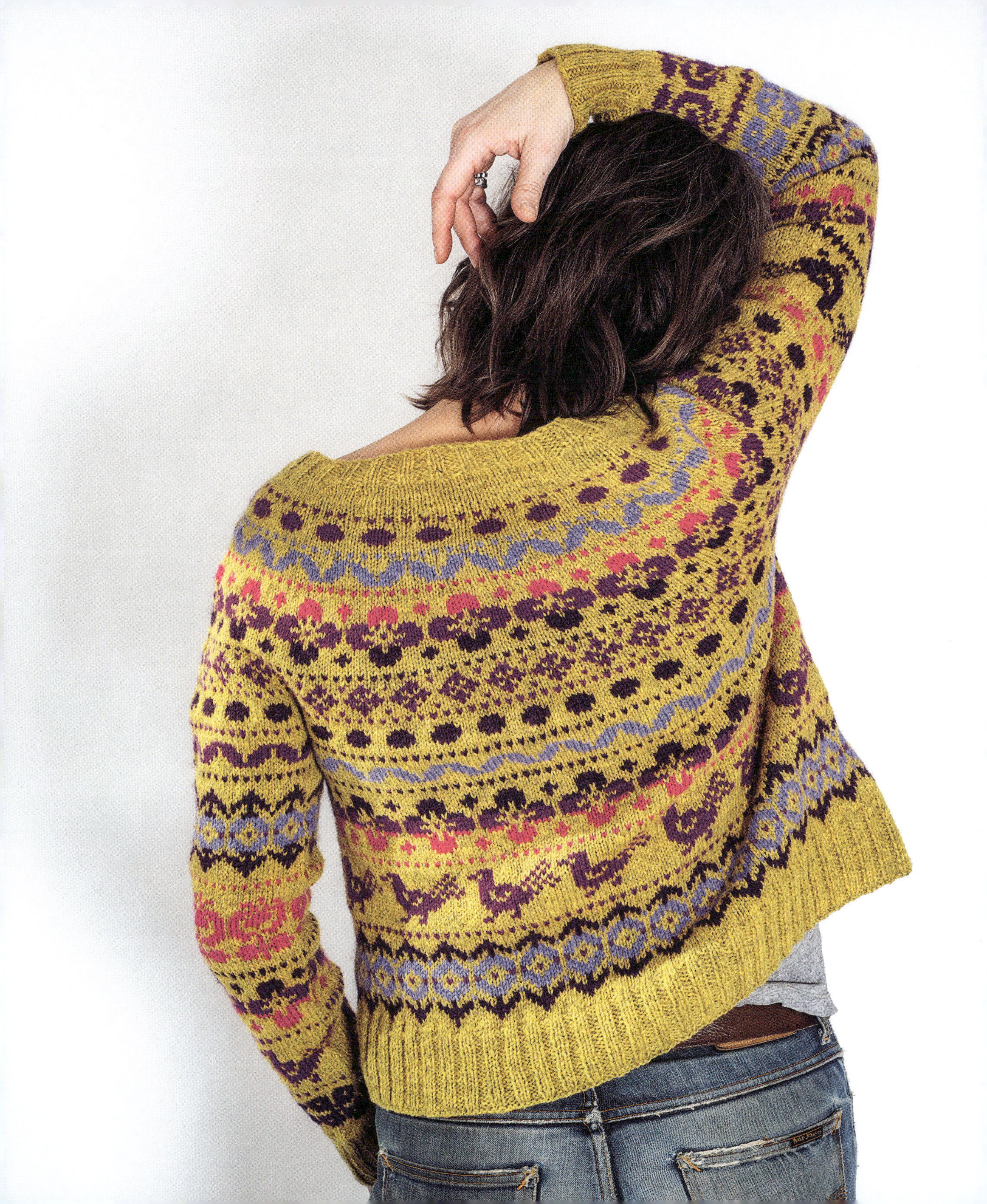

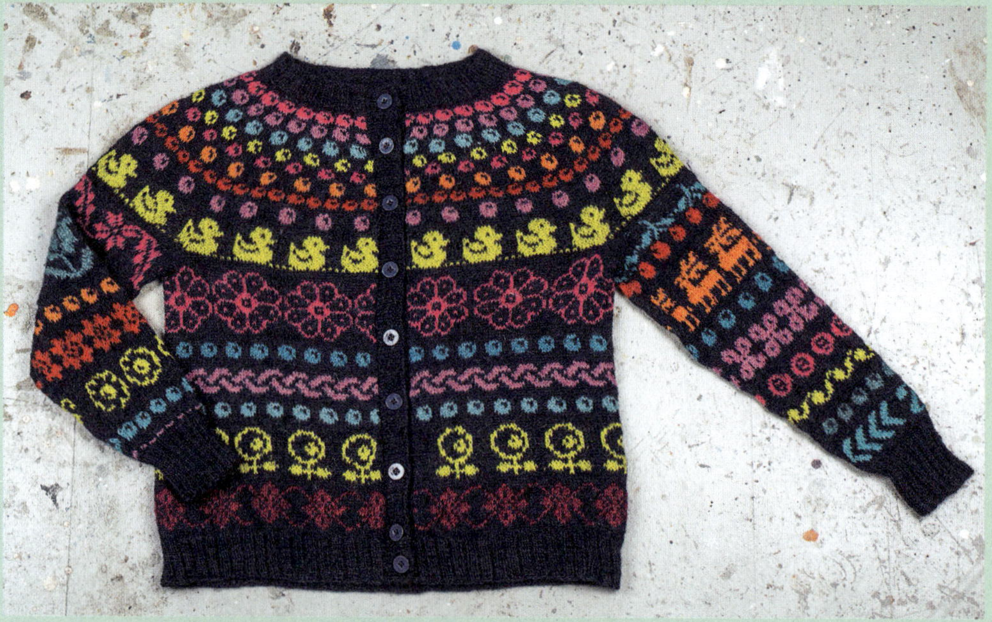

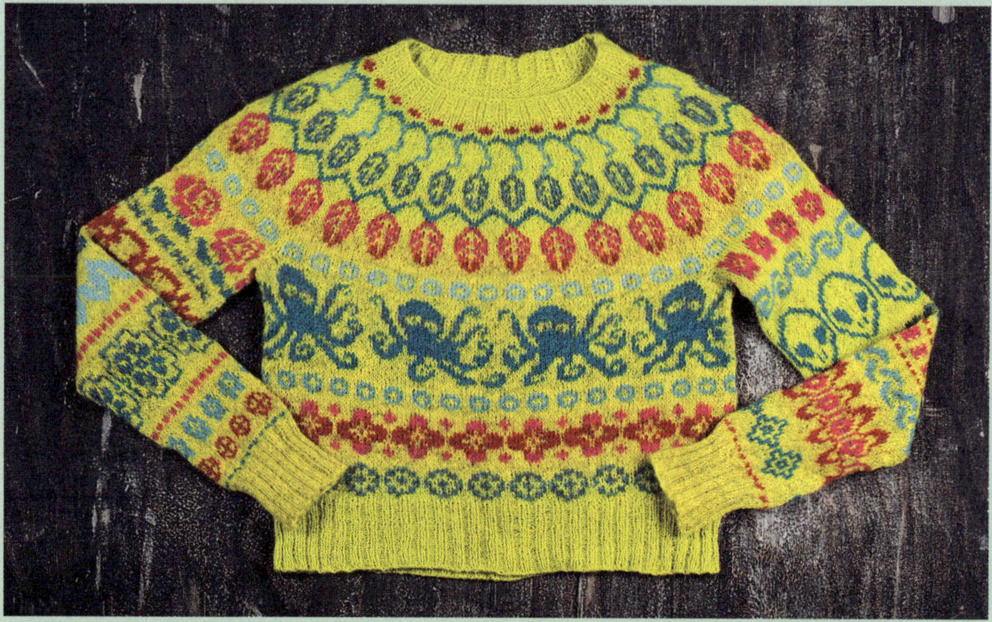

Rundpassen-pullover mit Mustersegmenten

Pullover oder Strickjacke. Die Rundpasse ist konstruiert wie spitz zulaufende Segmente

Bei diesem Pullover, der von oben nach unten gestrickt wird, ist die Rundpasse anstelle von Bordüren wie spitz zulaufende Segmente aufgebaut. Wähle einen der Vorschläge zur Ausformung der Rundpasse aus oder zeichne dein eigenes Muster! Die Passform ist recht figurnah, die Ärmel- und die Rumpflänge werden nach Belieben und Geschmack angepasst.

Größen: XS (S) M (L) XL (2XL) 3XL (4XL)

Brustumfang: 84 (88) 96 (106) 120 (129) 142 (151) cm

Oberarmumfang: 28,5 (30) 32,5 (36) 40,5 (42) 45 (47,5) cm

Länge/Ärmellänge: nach Belieben

Garn: 2-fädiges (feines) Wollgarn (aus 100 % Wolle), Lauflänge 175 m/50 g, z. B. Spelsau lammull von Tant Kofta

Menge: Für den Pullover mit gelbem Hintergrund in Größe S lag der Garnverbrauch bei ca. 270 g. Für die Strickjacke mit schwarzem Hintergrund in Größe M waren 300 g desselben Garnes nötig.

Nadeln: Rundstricknadel, Nadelstärke 2,5 mm (80 oder 100 cm lang), Rundstricknadel, Nadelstärke 3 mm (60, 80 und evtl. 100 cm lang), und Nadelspiele, Nadelstärke 2,5 und 3 mm

Maschenprobe: 26 M auf 10 cm mit Nadelstärke 3 mm

Zubehör: Maßband, Stopfnadel, Schere, Maschenmarkierer, für die Strickjacke außerdem Knöpfe, Band, Nähnadel und Nähfaden

100 (108) 116 (128) 132 (144) 156 (164) M mit der dünneren Rundstricknadel anschlagen. Für das Rippenmuster in Hin- und Rückreihen *2 rechte M, 2 linke M* stricken, von *–* stets wdh, 3 cm stricken.

Zur dickeren Rundstricknadel wechseln. 1 Rd stricken. Für die Größen XL (2XL) 3XL

(4XL) zunehmen, bis 135 (145) 160 (170) M erreicht sind.

VERKÜRZTE REIHEN:

- Durch Stricken einiger verkürzter Reihen in der hinteren Mitte wird die Rückseite etwas höher als die Vorderseite, was die Passform verbessert. Die verkürzten Reihen werden glatt rechts in Hin- und Rückreihen mit Wickel-M gestrickt. Einen Maschenmarkierer in der hinteren Mitte als Beginn der verkürzten Reihen einhaken.
- **1. verkürzte Reihe (Hinreihe):** 25 (27) 29 (32) 33 (36) 39 (41) M rechts stricken. Den Faden vor die Arbeit legen, 1 M wie zum Rechtsstricken abheben, den Faden zwischen den Nadeln nach hinten legen und die abgehobene M wieder auf die linke Nadel heben. Wenden (nun ist das Garn wie ein kleiner Gürtel um die abgehobene M gewickelt).
- **2. verkürzte Reihe (Rückreihe):** Linke M bis zum Maschenmarkierer hinten in der Mitte und dann weitere 25 (27) 29 (32) 33 (36) 29 (41) M stricken. Den Faden vor die Arbeit legen, 1 M wie zum Rechtsstricken abheben, den Faden zwischen den Nadeln nach hinten legen und die abgehobene M wieder auf die linke Nadel heben. Wenden.
- **3. verkürzte Reihe (Hinreihe):** Rechte M bis 5 M vor der Wende-M der vorhergehenden Reihe stricken. Den Faden vor die Arbeit legen, 1 M wie zum Rechtsstricken abheben, den Faden zwischen den Nadeln nach hinten legen und die abgehobene M wieder auf die linke Nadel heben. Wenden.
- **4. verkürzte Reihe (Rückreihe):** Linke M bis 5 M vor der Wende-M der vorhergehenden Reihe stricken. Den Faden vor die Arbeit legen, 1 M wie zum Rechtsstricken abheben, den Faden zwischen den Nadeln nach hinten legen und die abgehobene M wieder auf die linke Nadel heben. Wenden.
- Die 3. und 4. verkürzte Reihe noch weitere 4–5 x wdh. Die Reihen werden immer kürzer.
- Bis zum Maschenmarkierer hinten in der Mitte stricken, dann eine komplette Rd, bei der die Wende-M mit dem um die M gewickelten Garn zusammengestrickt werden.
- Für die Größen XS (S) M (L) die Vorlage 1 und für die Größen XL (2XL) 3XL (4XL) die Vorlage 2 stricken. Die jeweilige Vorlage 25 (27) 29 (32) 27 (29) 32 (34) x stricken. Beide Vorlagen befinden sich auf Seite 48 und in der Musterbibliothek.
- Du solltest nun 300 (324) 348 (384) 432 (464) 512 (544) M auf der Nadel haben.
- Weiterstricken, bis die Rundpasse 20 (21) 22 (23) 26 (29) 32 (34) cm misst.

AUFTEILUNG FÜR ÄRMEL UND RUMPF

- Einen Maschenmarkierer hinten in der Mitte einhaken.
- Die Hälfte der M des Rückenteiles stricken: 45 (49) 53 (59) 67 (75) 80 (86) M.
- **Linker Ärmel:** 60 (63) 68 (73) 81 (87) 95 (100) M auf einen Faden oder einem Maschenhalter stilllegen.
- 14 (15) 18 (19) 21 (23) 23 (24) M unter dem Ärmel anschlagen. Die 90 (99) 106 (119) 135 (145) 161 (172) M des Vorderteiles stricken.

- **Rechter Ärmel:** Genauso wie beim linken Ärmel vorgehen. Die übrigen M des Rückenteiles stricken.
- Das Rumpfteil sollte nun 216 (228) 248 (276) 312 (344) 368 (392) M zählen.
- Den Maschenmarkierer, der den Beginn der Rd markiert, mittig unter einem Ärmel einhaken.
- Muster und Bordüren nach Belieben stricken oder das Rumpfteil einfarbig lassen.
- Möchtest du, dass die Musterbordüren exakt aufgehen sollen, ein Muster wählen, dessen Rapport 4, 6, 8, 9, 12, 18, 24 (4, 6, 12) 4, 8 (4, 6, 12) 4, 6, 8, 12, 24 (4, 8) 4, 8 (4, 7, 8, 14, 28) M hat.
- Das Rumpfteil des Pullovers bis zur gewünschten Länge stricken.
- Zur dünneren Rundstricknadel wechseln und für das abschließende Rippenmuster *2 rechte M, 2 linke M* stricken, von *–* stets wdh, ca. 8 cm stricken.
- Nicht zu fest abketten.

ARME

- Die M eines Ärmels auf das dickere Nadelspiel oder eine kürzere Rundstricknadel heben. 14 (15) 18 (19) 21 (23) 23 (24) M unter dem Ärmel anschlagen und einen Maschenmarkierer in der Mitte einhaken (= Beginn der Rd. Der Ärmel sollte nun 74 (78) 86 (94) 102 (110) 118 (124) M zählen.)
- In Rd stricken, bis der Ärmel 15 (15) 13 (13) 8 (8) 8 (8) cm misst.
- **Abnahme-Rd:** 1 M stricken, 1 überzogene Abnahme (1 M wie zum Rechtsstricken abheben, 1 M rechts stricken, dann die abgehobene M überziehen), weiterstricken, bis 3 M vor Ende der Rd übrig sind, 2 M rechts zusammenstricken, 1 M stricken.
- 5 Rd stricken.
- Diese 6 Rd (1 Abnahme-Rd und 5 normale) ca. weitere 9 (10) 10 (14) 16 (19) 22 (22) x wdh. Du solltest nun 56 (58) 66 (66) 70 (72) 74 (80) M übrig haben. Während des Strickens ruhig anprobieren und nach Belieben und Geschmack anpassen.
- Weiterstricken, bis der Ärmel nur noch ca. 7 cm kürzer als die gewünschte Länge des fertigen Ärmels ist. In der nächsten Rd gleichmäßig verteilt 0 (2) 6 (6) 6 (8) 6 (12) M abnehmen, bis 56 (60) 60 (60) 64 (64) 68 (68) M übrig sind.
- Zum dünneren Nadelspiel wechseln und für das Rippenmuster *2 rechte M, 2 linke M* stricken, von *–* stets wdh, ca. 7 cm stricken. Abketten.
- Den zweiten Ärmel genauso stricken.

ZUSAMMENNÄHEN

Alle Fäden vernähen und den Pullover blocken.

VARIATION: STRICKJACKE

Dieses Modell kann natürlich auch als Strickjacke gestrickt werden. Wenn du Gefallen am Zurückstricken gefunden hast (siehe Seite 18), die Strickjacke in Hin- und Rückreihen vom einen bis zum anderen vorderen Rand stricken. Andernfalls vorne in der Mitte 5 M zum Aufschneiden addieren (diese M werden nicht zum Muster gezählt) und die Strickjacke steeken. Siehe Tipps für eine gehäkelte Verstärkung auf Seite 22. M für die Blenden anschlagen, nicht die Knopflöcher vergessen. Knöpfe und vielleicht auch ein hübsches Band annähen, um die Schnittkante auf der Innenseite zu verbergen.

#klyfttröjan

Hier kannst du dein eigenes Muster für die Rundpasse zeichnen. Entsprechend der Vorlage wird wie gewohnt von unten nach oben gestrickt, aber weil die Strickjacke/der Pullover von oben nach unten gestrickt wird, ist die Vorlage hier auf den Kopf gestellt. Das musst du im Hinterkopf haben, wenn du Muster für deine spitz zulaufenden Segmente zeichnest! In der Musterbibliothek findest du Vorlagen mit Mustern darauf.

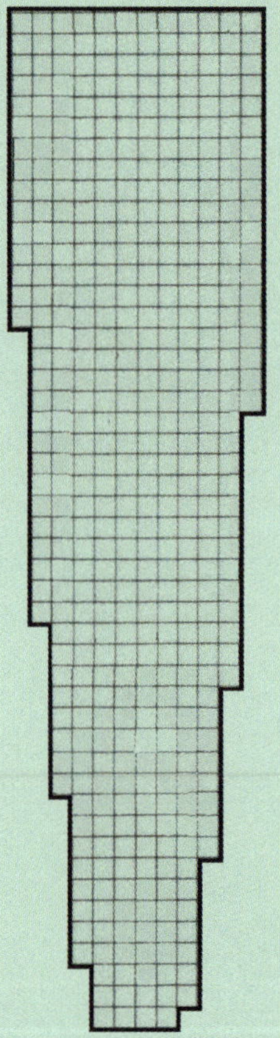

Vorlage 1

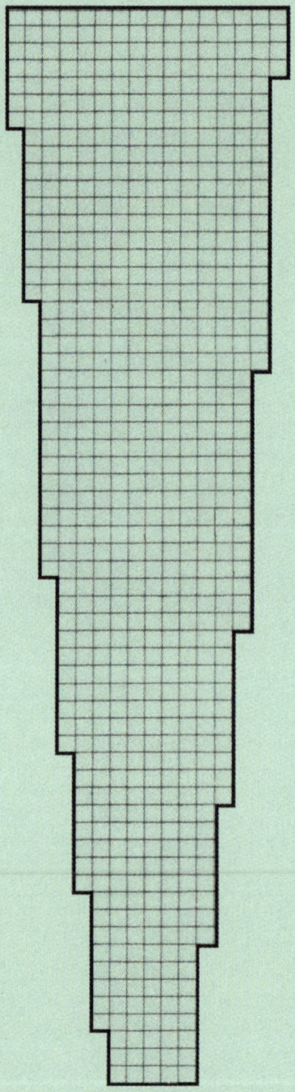

Vorlage 2

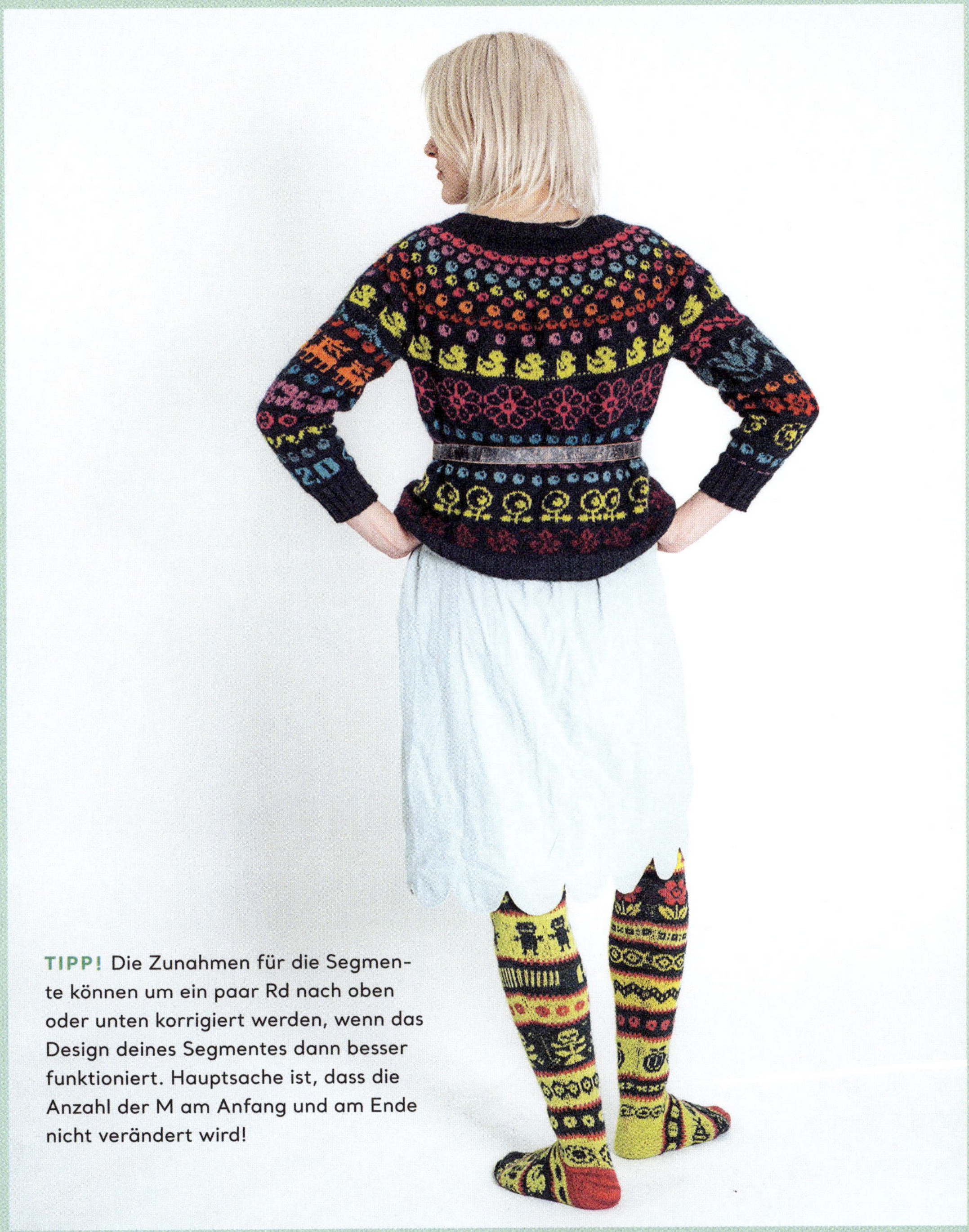

TIPP! Die Zunahmen für die Segmente können um ein paar Rd nach oben oder unten korrigiert werden, wenn das Design deines Segmentes dann besser funktioniert. Hauptsache ist, dass die Anzahl der M am Anfang und am Ende nicht verändert wird!

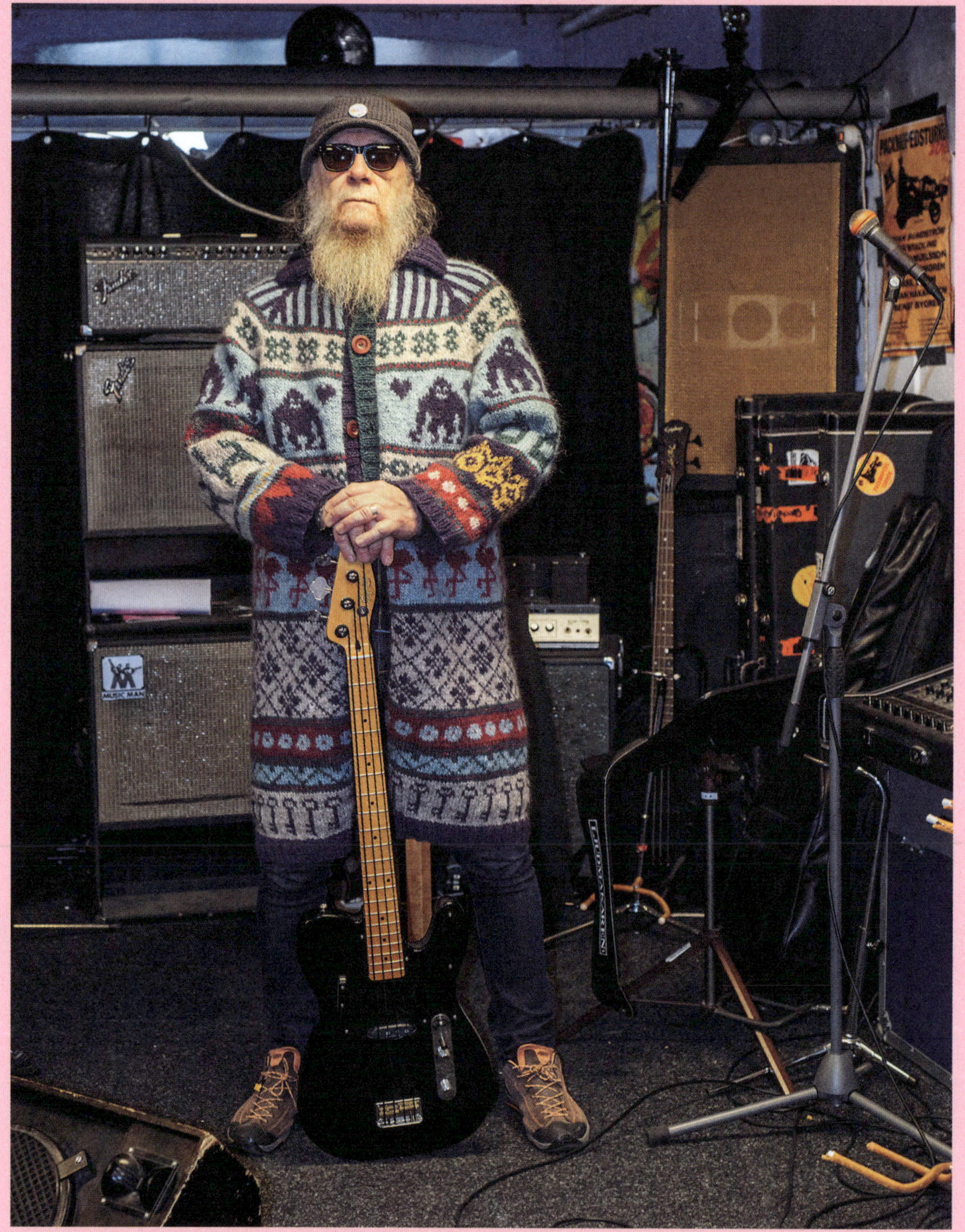
Fender
MUSIC MAN

Unisex-Kaftan

Langer Strickmantel mit Raglanärmeln

Ein großzügiger Strickmantel aus grobem Garn. Er wird nach individuellen Maßen von oben nach unten gestrickt. Das Modell ist so einfach, dass es für alle geeignet ist.

Garn: dickes Wollgarn (aus 100 % Wolle), Lauflänge 100 m/100 g, z. B. Álafosslopi

Menge: Für den Kaftan auf dem Bild in einer Größe, die XL entspricht, lag der Garnverbrauch bei ca. 1650 g Garn.

Nadeln: kurze Rundstricknadel, Nadelstärke 5,5 mm (40 cm lang), und/oder Nadelspiel derselben Nadelstärke und Rundstricknadel, Nadelstärke 6 mm in verschiedenen Längen, abhängig von der Größe

Maschenprobe: 16 M auf 10 cm mit Nadelstärke 5,5 mm

Zubehör: Maschenmarkierer, Stopfnadel, Schere, Knöpfe, Band für die Schnittkanten, Nähnadel und Nähfaden

MASS NEHMEN

Nimm die folgenden Maße:

- Eine geeignete Kragenweite
- Armausschnitt, d. h. vom Schlüsselbein bis zur Mitte der Armbeuge + ein paar cm für die Bewegungsfreiheit
- Brustumfang, um den Brustkorb + ein paar cm für die Bewegungsfreiheit
- Ärmellänge, vom Armausschnitt bis zum Handgelenk

KRAGEN

- Die Anzahl der M berechnen (Maschenprobe x Kragenweite), dabei auf eine gerade Anzahl von M achten. Der Kragen wird in Hin- und Rückreihen auf der dünneren Rundstricknadel gestrickt: *2 rechte M, 2 linke M* stricken, von *–* stets wdh, 12 cm stricken.
- **Verkürzte Reihen:** Durch das Stricken einiger verkürzter Reihen hinten in der Mitte wird die Rückseite etwas höher als die Vorderseite, was die Passform verbessert. Die verkürzten Reihen werden glatt rechts in Hin- und Rückreihen mit Wickel-M gestrickt.
- **1. Reihe (Hinreihe):** M rechts stricken, bis 8 M des einen Vorderteiles übrig sind. Den Faden vor die Arbeit legen, 1 M wie zum Rechtsstricken abheben, den Faden zwischen den Nadeln nach hinten legen und die abgehobene M wieder auf die linke Nadel heben (nun ist das Garn wie ein kleiner Gürtel um die abgehobene M gewickelt). Wenden.
- **2. Reihe (Rückreihe):** Linke M stricken, bis 8 M des anderen Vorderteiles übrig sind. Den Faden vor die Arbeit legen,

1 M wie zum Rechtsstricken abheben, den Faden zwischen den Nadeln nach hinten legen und die abgehobene M wieder auf die linke Nadel heben. Wenden.

- **3. Reihe (Hinreihe):** Rechte M bis 8 M vor der Wende-M der vorhergehenden Reihe stricken. Den Faden vor die Arbeit legen, 1 M wie zum Rechtsstricken abheben, den Faden zwischen den Nadeln nach hinten legen und die abgehobene M wieder auf die linke Nadel heben. Wenden.
- **4. Reihe (Rückreihe):** Linke M bis 8 M vor der Wende-M der vorhergehenden Reihe stricken. Den Faden vor die Arbeit legen, 1 M wie zum Rechtsstricken abheben, den Faden zwischen den Nadeln nach hinten legen und die abgehobene M wieder auf die linke Nadel heben. Wenden.
- Die dritte und vierte Reihe nochmals wiederholen.

AUFTEILUNG FÜR VORDERTEILE, ÄRMEL UND RUMPF

- Die Anzahl deiner M durch 6 teilen. Dann die M durch 4 Maschenmarkierer so einteilen, dass auf das rechte Vorderteil 1/6 der M fällt, auf den rechten Ärmel 1/6, auf das Rückenteil 2/6, auf den linken Ärmel 1/6 und auf das linke Vorderteil 1/6.
- Zur dickeren Rundstricknadel wechseln und 5 M zum Aufschneiden hinzu anschlagen. 1 Rd glatt rechts stricken, dabei die Wende-M der verkürzten Reihen mit dem um die M gewickelten Garn zusammenstricken.

RAGLANZUNAHMEN

- Ab hier in Rd stricken und in jeder zweiten Rd zunehmen: Bis zu 1 M vor dem ersten Maschenmarkierer stricken, 1 M verschränkt aus dem Maschenglied zunehmen, 1 M rechts stricken, den Maschenmarkierer abheben, 1 M rechts stricken, 1 M verschränkt aus dem Maschenglied zunehmen. Auf diese Weise vor und nach jedem Maschenmarkierer vorgehen (= 8 Zunahmen).
- Bis zum berechneten Armausschnitt Muster und Bordüren nach Belieben stricken, dabei immer in jeder zweiten Rd zunehmen. Anprobieren und prüfen, ob der Armausschnitt sich gut anfühlt. Ist das der Fall, die M der Ärmel jeweils auf einem Faden oder Maschenhalter stilllegen.

RUMPFTEIL

- Die Anzahl der M für den Kaftan berechnen: dein ausgemessener Brustumfang x Maschenprobe.
- Die M der Vorderteile und des Rückenteiles zählen (die M zum Aufschneiden werden nicht mitgezählt). Die Anzahl der M anschlagen, die unter den Ärmeln benötigt wird. Einen Maschenmarkierer an beiden Seiten einhaken.
- Das Rumpfteil weiterstricken. Soll es weiter sein, in regelmäßigen Abständen an den Seiten zunehmen.
- Weiterstricken, bis der Kaftan die gewünschte Länge hat. Zur dünneren Rundstricknadel wechseln und für das Rippenmuster *2 rechte M, 2 linke M* stricken, von *–* bis zum Ende der Rd fortlaufend wdh, 5 cm stricken. Abketten.

ÄRMEL

- Die M der Ärmel auf eine dickere und kürzere Rundstricknadel heben. In Rd stricken und auf der Unterseite des Ärmels mittig mit je einigen Rd Abstand dazwischen abnehmen, bis der Ärmel die gewünschte Weite hat. Eventuell zu einem Nadelspiel wechseln, wenn der Ärmel schmaler geworden ist. Weiterstricken, bis der Ärmel ca. 4 cm kürzer als die gewünschte Länge des fertigen Ärmels ist. Zu einer dünneren Nadel wechseln und für das Rippenmuster *2 rechte M, 2 linke M* stricken, von *–* bis zum Ende der Rd fortlaufend wdh, 4 cm stricken. Abketten.
- Den anderen Ärmel genauso stricken, gerne ruhig mit anderen Mustern.

ZUSAMMENNÄHEN

- **Steeking und vordere Ränder:** Links und rechts der zum Aufschneiden gedachten mittigen M eine Verstärkung häkeln (siehe Seite 22). Es ist vorteilhaft, zum Häkeln ein dünneres Garn zu verwenden, damit die Verstärkung weniger aufträgt. Zwischen den Verstärkungen vorne in der Mitte aufschneiden.
- Entlang der Ränder vorne mit der dünneren Rundstricknadel M anschlagen. Für das Rippenmuster *2 rechte M, 2 linke M* stricken, von *–* bis zum Ende der Rd fortlaufend wdh, ca. 5 cm stricken. Abketten. Knopflöcher in einen der beiden vorderen Ränder stricken.
- Traditionell sitzen die Knopflöcher an Kleidungsstücken für Damen auf der rechten Seite, während Herren sie links haben. Angeblich liegt das daran, dass Männer leicht mit ihrer rechten Hand in ihre Jacke greifen können sollen, um an ihr Schwert/Portemonnaie zu gelangen, während von Damen erwartet wurde, dass sie eine Handtasche trugen. Unabhängig vom Wahrheitsgehalt dieser Geschichte hat diese Faustregel Gültigkeit, was für dich an dieser Stelle leider wenig nützlich ist, weil du gerade einen Unisex-Kaftan gestrickt hast!
- Alle Fäden vernähen und an der Innenseite der vorderen Ränder Bänder zum Verbergen der Schnittkanten annähen. Den Kaftan blocken und Knöpfe annähen.

#unisexkaftan

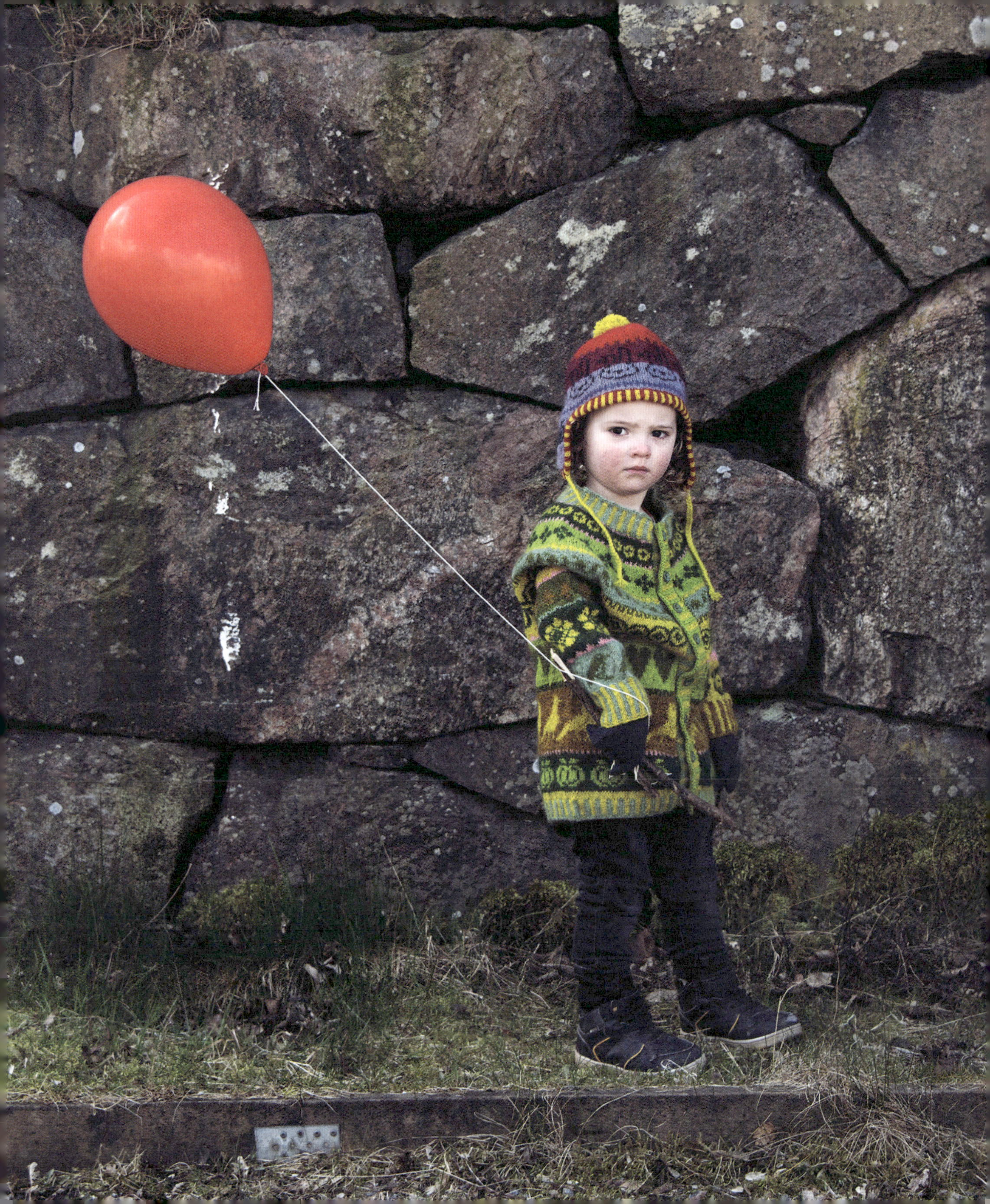

Hönsestrik für Kids

Kinder-Strickjacke (oder -Pullover) mit rundgestrickter Passe

Natürlich sollen auch die Kinder Hönsestrik bekommen! Lasst sie doch einfach mitmachen und Muster und Farben selbst aussuchen, oder vielleicht wählt ihr jede zweite Bordüre. Wie immer, wenn es um Kleidung für Kinder geht, ist es schlau, gut vorbereitet zu sein, denn die Kleinen wachsen schließlich. Lasst sie also in die Strickjacke hineinwachsen! Diese Strickjacke wird von unten nach oben mit einer Rundpasse gestrickt. Möchtest du lieber einen Pullover stricken, lässt du einfach nur die Maschen zum Aufschneiden vorn in der Mitte weg.

Größen: 2 (4) 6 (8) 10 (12) Jahre

MASS NEHMEN

Brustumfang: 64 (67) 73 (77) 83 (86) cm + Blende

Seitenlänge bis zum Ärmel: 23 (24) 25 (28) 30 (33) cm oder nach Belieben

Ärmel, von der Unterseite aus gemessen: 23 (25) 28 (31) 34 (36) cm oder nach Belieben

Halsausschnitt: 33 (35) 38 (39) 40 (42) cm + Blende

Garn: 2-fädiges (feines) Wollgarn (aus 100 % Wolle), Lauflänge 175 m/50 g, z. B. Spelsau lammull von Tant Kofta, Rauma Finull oder Kampes

Menge: Für die grüne Strickjacke in Größe 4 lag der Garnverbrauch bei ca. 200 g. Für die orange-rosa Strickjacke in Größe 8 waren 300 g desselben Garnes nötig.

Nadeln: Nadelspiele, Nadelstärke 2,5 und 3 mm, und Rundstricknadeln, Nadelstärke 2,5 und 3 mm (60 cm lang)

Maschenprobe: 26 M auf 10 cm mit Nadelstärke 3 mm

Zubehör für die Strickjacke: Knöpfe, Band zum Verbergen der Schnittkante, Maschenmarkierer, Stopfnadel, Schere, Nähnadel und Nähfaden

RUMPFTEIL

- 168 (176) 192 (200) 216 (224) M auf der dünneren Rundstricknadel anschlagen.
- Möchtest du eine Jacke stricken, weitere 5 M zum Aufschneiden anschlagen. Diese M werden in der weiteren Anleitung nicht mitgezählt.
- Für ein zweifarbiges Rippenmuster (»corrugated rib«) *2 rechte M in einer Farbe, 2 linke M in einer anderen Farbe* stricken, von *–* bis zum Ende der Rd fortlaufend wdh, 3 cm stricken.
- Zur dickeren Rundstricknadel wechseln und glatt rechts mit Mustern nach Belieben weiterstricken. Möchtest du, dass deine Muster exakt aufgehen, ein Muster mit einem Rapport von 4, 6, 7, 8, 12, 14, 24, 28 (4, 8, 16, 22) 4, 8, 12, 16, 24, 32 (4, 5, 8, 10, 20, 25) 4, 6, 8, 12, 18 (4, 7, 8, 12, 14, 16, 28, 32) M wählen.
- Glatt rechts stricken, bis die Arbeit 23 (24) 25 (28) 30 (33) cm misst.
- Einen Maschenmarkierer mit gleich vielen M dazwischen an beiden Seiten einhaken.
- Pro Seite 8 M abketten, also je 4 M links und rechts der Maschenmarkierer (= 152 (160) 176 (184) 200 (208) M).
- Die Arbeit zur Seite legen und die Ärmel stricken.

ÄRMEL

- 56 (60) 64 (64) 64 (64) M auf dem dünneren Nadelspiel anschlagen und für ein zweifarbiges Rippenmuster (»corrugated rib«) *2 rechte M in einer Farbe, 2 linke M in einer anderen Farbe* stricken, von *–* bis zum Ende der Rd fortlaufend wdh, 5 cm stricken.
- Zum dickeren Nadelspiel wechseln und einen Maschenmarkierer zu Beginn der Rd einhaken (= Unterseite des Ärmels).
- Auf der Unterseite des Ärmels mit je 1–1,5 cm Abstand dazwischen 1 M verschränkt aus dem Maschenglied zunehmen, bis der Ärmel 76 (78) 80 (80) 82 (84) M zählt und ca. 23 (25) 28 (31) 34 (36) cm oder die gewünschte Länge hat.
- 8 M auf der Unterseite des Ärmels abketten.

Den anderen Ärmel stricken.

RUNDPASSE

- Das Rumpfteil und die Ärmel auf eine Rundstricknadel heben. Du solltest nun 288 (300) 320 (328) 348 (360) M haben. 6 (8) 8 (8) 9 (9) Rd stricken. Möchtest du, dass das Muster exakt aufgehen soll, eine Bordüre wählen, deren Rapport 4, 6, 8, 9, 12, 16, 18, 24, 32 (4, 5, 6, 10, 12, 15, 20, 25, 30) 4, 8, 10, 16, 20, 32 (4, 8) 4, 6, 12 (4, 6, 8, 9, 10, 12, 18, 20, 30) M hat.
- **1. Abnahme-Rd:** Gleichmäßig abnehmen, sodass 264 (275) 294 (300) 320 (330) M übrig sind (ungefähr: *10 M stricken, 2 M rechts zusammenstricken*, von *–* fortlaufend bis zum Ende der Rd wdh).
- Eine Bordüre mit einer Höhe von ca. 16 (16) 18 (18) 20 (20) Rd stricken. Möchtest du, dass das Muster pro Rd exakt aufgehen soll, einen Rapport von 4, 6, 8, 12, 22, 24 (5, 25) 6, 7, 14, 42 (4, 5, 6, 10, 12, 15, 20, 25, 30) 4, 5, 8, 10, 16, 20, 32 (5, 6, 10, 15, 22) M wählen.
- **2. Abnahme-Rd:** Gleichmäßig abnehmen, sodass 232 (240) 256 (264) 280 (290) M übrig sind (ungefähr: *6 M stricken, 2 M rechts zusammenstricken*, von *–* fortlaufend bis zum Ende der Rd wdh).

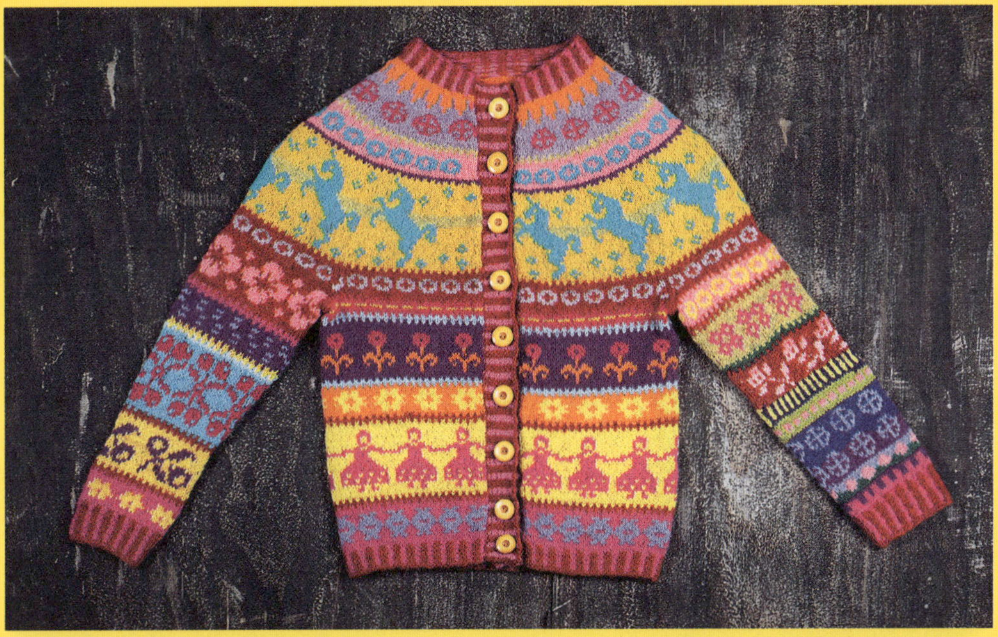

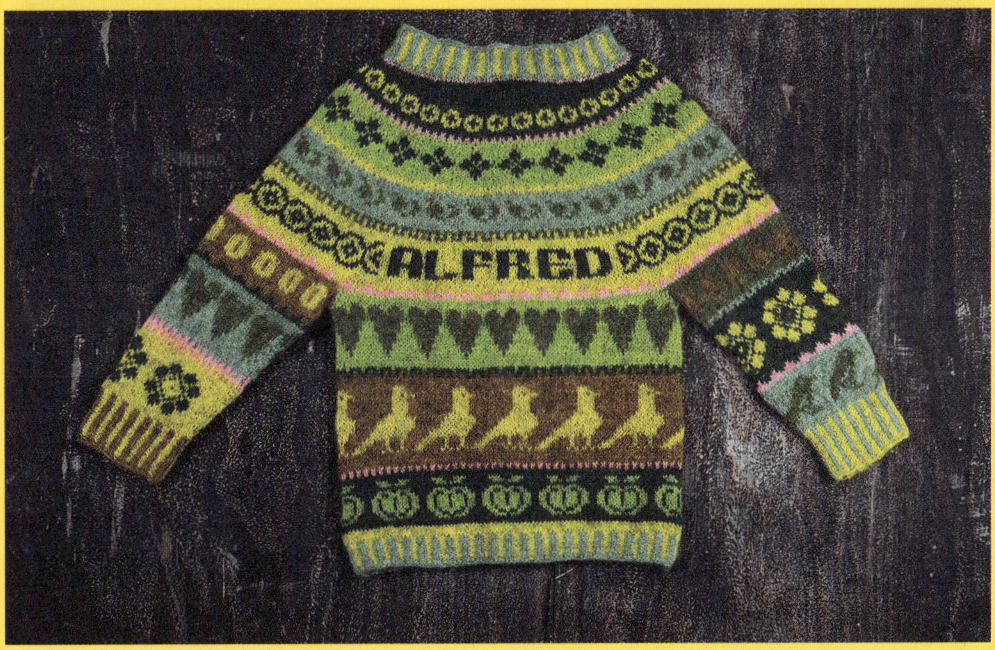
ALFRED

- Eine Bordüre mit einer Höhe von 6–8 Rd und mit einem Rapport von 4, 8 (4, 5, 6, 10, 12, 15, 16, 20, 24) 4, 8, 16, 32 (4, 6, 8, 12, 22, 24) 4, 5, 7, 10, 14, 20, 28 (5, 10) M stricken.
- **3. Abnahme-Rd:** Gleichmäßig abnehmen, sodass 200 (204) 220 (228) 240 (250) M übrig sind (ungefähr: *5 M stricken, 2 M rechts zusammenstricken*, von *–* fortlaufend bis zum Ende der Rd wdh).
- Eine Bordüre mit einer Höhe von 9–11 Rd und mit einem Rapport von 4, 5, 8, 10, 20, 25 (4, 6, 12) 4, 5, 10, 20, 22 (4, 6, 12) 4, 6, 8, 10, 12, 20, 24, 30 (5, 10, 25) M stricken.
- **4. Abnahme-Rd:** Gleichmäßig abnehmen, sodass 168 (170) 180 (190) 200 (210) M übrig sind (ungefähr: *4 M stricken, 2 M rechts zusammenstricken*, von *–* fortlaufend bis zum Ende der Rd wdh).
- Eine Bordüre mit einer Höhe von ca. 9 Rd und einem Rapport von 4, 6, 7, 12, 14, 24, 28 (5, 10) 4, 5, 6, 9, 10, 12, 15, 18, 20, 30 (5, 10) 4, 5, 8, 10, 20, 25 (5, 6, 7, 10, 14, 15, 30) M stricken.
- **5. Abnahme-Rd:** Gleichmäßig abnehmen, sodass 135 (136) 144 (152) 160 (168) M übrig sind (ungefähr: *3 M stricken, 2 M rechts zusammenstricken*, von *–* fortlaufend bis zum Ende der Rd wdh).

VERKÜRZTE REIHEN HINTEN (KÖNNEN WEGGELASSEN WERDEN)

- Durch das Stricken einiger verkürzter Reihen in der hinteren Mitte wird das Rückenteil etwas höher als das Vorderteil, was die Passform verbessert. Die verkürzten Reihen werden glatt rechts in Hin- und Rückreihen mit Wickel-M gestrickt.
- Einen Maschenmarkierer hinten in der Mitte einhaken.
- **1. verkürzte Reihe (Hinreihe):** Bis 6 (6) 7 (8) 8 (9) M nach der Markierung stricken. Den Faden vor die Arbeit legen, 1 M wie zum Rechtsstricken abheben, den Faden zwischen den Nadeln nach hinten legen und die abgehobene M wieder auf die linke Nadel heben (nun ist das Garn wie ein kleiner Gürtel um die abgehobene M gewickelt). Wenden.
- **2. verkürzte Reihe (Rückreihe):** Linke M bis zur Markierung hinten in der Mitte und dann weitere 6 (6) 7 (8) 8 (9) M stricken. Den Faden vor die Arbeit legen, 1 M wie zum Rechtsstricken abheben, den Faden zwischen den Nadeln nach hinten legen und die abgehobene M wieder auf die linke Nadel heben. Wenden.
- **3. verkürzte Reihe (Hinreihe):** Bis zur Wende-M der vorhergehenden Reihe stricken und diese mit dem darumgewickelten Faden zusammenstricken. Weitere 6 (6) 7 (8) 8 (9) M stricken, den Faden vor die Arbeit legen, 1 M wie zum Rechtsstricken abheben, den Faden zwischen den Nadeln nach hinten legen und die abgehobene M wieder auf die linke Nadel heben. Wenden.
- **4. verkürzte Reihe (Rückreihe):** Linke M bis zur Wende-M stricken und diese mit dem darumgewickelten Faden zusammenstricken. Weitere 6 (6) 7 (8) 8 (9) linke M stricken, den Faden vor die Arbeit legen, 1 M wie zum Rechtsstricken abheben, den Faden zwischen den Nadeln nach hinten legen und die abgehobene M wieder auf die linke Nadel heben. Wenden.
- Die dritte und vierte Reihe weitere 2x wdh.

- In der nächsten Reihe die übrigen Wende-M mit dem darumgewickelten Faden zusammenstricken.
- **6. Abnahme-Rd:** Zur dünneren Rundstricknadel wechseln und gleichmäßig verteilt abnehmen, sodass 120 (124) 132 (136) 144 (164) M übrig sind. Eine weitere Reihe glatt rechts stricken.
- Bei einer Strickjacke kann man, wenn man möchte, noch eine weitere Abnahme-Rd hinzufügen. Sie muss ja nicht über den Kopf gezogen werden. Einfach abmessen und anprobieren!

HALSAUSSCHNITT

Im gleichen zweifarbigen Rippenmuster wie die übrigen Ränder stricken, aber für einen hübschen Übergang die erste Rd ausschließlich rechts stricken, danach *2 rechte M in einer Farbe, 2 linke M in einer anderen Farbe* stricken, von *–* bis zum Ende der Reihe fortlaufend wdh, ca. 3 cm stricken. Abketten.

ZUSAMMENNÄHEN

- Die Öffnung unter den Ärmeln zusammennähen und alle Fäden vernähen.
- **An der Strickjacke:** Mit der Nähmaschine einen Zickzacksaum links und rechts der M vorne in der Mitte nähen. Dazwischen aufschneiden.
- **Blenden (an der Strickjacke):** Entlang der vorderen Strickränder M anschlagen und darauf achten, dass die Anzahl der M jeweils durch 4 teilbar ist. Wie an den anderen Bündchen auch an beiden Seiten ein zweifarbiges Rippenmuster stricken. An der Seite, auf der die Knopflöcher angebracht werden sollen, diese über 2 Reihen mittig auf der Blende platzieren. In der ersten Reihe für jedes Knopfloch die erforderliche Anzahl M abketten (es ist gut, wenn die Knopflöcher etwas eng sind). In der folgenden Reihe an denselben Stellen ebenso viele M anschlagen. Weiterstricken, bis der Rand 3,5 cm breit ist. Abketten.
- Die übrigen Fäden vernähen. Den Pullover oder die Jacke blocken.
- **An der Strickjacke:** An der Innenseite ein hübsches Band zum Verbergen der Schnittkanten annähen. Knöpfe annähen.

#kidsinhönsestrik

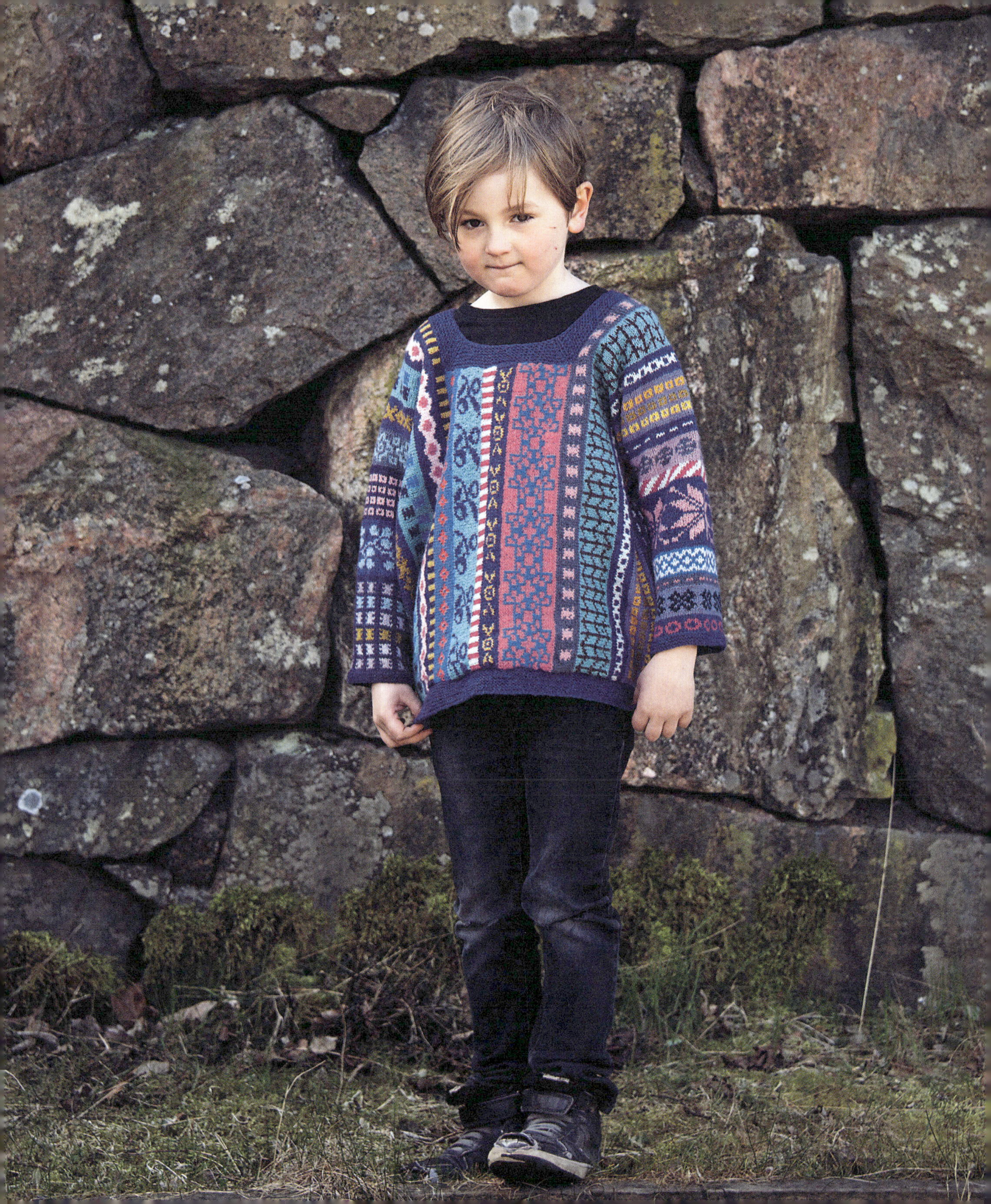

Plus-Plus-Pullover

Ein Pullover, der von der einen Seite zur anderen gestrickt wird

Das große Plus dieses Pullovers ist, dass er von der einen Seite zur anderen gestrickt wird, mit einem Ausschnitt für den Hals. Er kann in allen Größen und mit beliebigem Garn gestrickt werden. Achtung, dieses Modell wird in Hin- und Rückreihen gestrickt.

Größe: nach eigenen Maßen
Garn: nach Belieben
Menge: Für den Pullover auf dem Bild mit einem Brustumfang von 100 cm und einer Länge von 50 cm lag der Garnverbrauch bei ca. 320 g eines 2-fädigen (Woll-)Garnes, z. B. Rauma Finull.
Nadeln: lange Rundstricknadel, deren Nadelstärke zum Garn passt, kurze Rundstricknadel für den Halsausschnitt (Nadelstärke 0,5 mm geringer als die der langen Nadel)
Maschenprobe: Maß nehmen!
Zubehör für die Strickjacke: Maßband, Maschenmarkierer, Stopfnadel, Schere

- Mithilfe eines Probestückes aus dem Garn und mit den Nadeln deiner Wahl zunächst deine Maschenprobe ermitteln.
- Der Pullover wird von Ärmel zu Ärmel gestrickt. Abmessen, wie dein Ärmel sein soll, und die Anzahl der M berechnen (cm x Anzahl der M/cm).

ÄRMEL – RUMPFTEIL – ÄRMEL

- M anschlagen und 3–4 cm kraus rechts stricken.
- In Bordüren, Mustern oder Strukturen nach Belieben weiterstricken.
- Hat der Ärmel die richtige Länge erreicht, die gewünschte Seitenlänge des Pullovers ermitteln. Die Anzahl der M ebenso berechnen wie beim Ärmel und diese Anzahl für das Vorder- bzw. das Rückenteil anschlagen. Einen Maschenmarkierer in der Mitte des Ärmels einhaken.
- Hast du so weit gestrickt, wie es in etwa der Breite deiner Schulterpartie entspricht, den Bereich für den Halsausschnitt abketten. Die Passform wird besser, wenn der Ausschnitt ein wenig zum Vorderteil hin verschoben wird, also dort etwas tiefer als hinten ist. Die Größe des Halsausschnittes ist abhängig von Größe und Geschmack. Im Falle des Pullovers auf dem Bild habe ich 19 cm abgekettet: 7 cm vor der mittigen Markierung auf dem Ärmel und 12 cm dahinter. Notiere, wie viele M du abgekettet hast.

- Das Vorderteil abzüglich der Breite des Halsausschnittes weiterstricken, in diesem Fall 17 cm, und danach mit dem Rückenteil ebenso verfahren. Nun, da du etwas mehr als die Hälfte geschafft hast, kontrolliere, ob die Größe sinnvoll erscheint.
- Ebenso viele M anschlagen, wie zuvor für den Halsausschnitt abgekettet wurden.
- Die Schulter ebenso breit wie auf der anderen Seite stricken. Die M für das Vorder- bzw. Rückenteil abketten.
- Den Ärmel weiterstricken, bis beide Ärmel gleich lang sind. Als Abschluss 3–4 cm kraus rechts stricken. Abketten.
- Alle Fäden vernähen und die Ränder an Ärmeln und Seiten zusammennähen.
- Entlang des unteren Randes am Rücken- und Vorderteil M anschlagen und auch hier 3–4 cm kraus rechts stricken. Abketten.

HALSAUSSCHNITT

- Möglichst mit einer geringfügig dünneren Rundstricknadel als der, die du für den restlichen Pullover verwendet hast, den ganzen Halssauschnitt entlang M aufnehmen. In einer der Ecken des Rückenteiles beginnen. Genau in der Mitte jeder Ecke 1 M zunehmen, diese M wird immer rechts gestrickt. Vor dieser M an allen Ecken einen Maschenmarkierer einhaken.
- **Runde 1:** Linke M bis zum Maschenmarkierer stricken, die M in der Ecke rechts stricken, mit linken M bis zum nächsten Maschenmarkierer weitermachen, die M in der Ecke rechts stricken usw. bis zum Ende der Rd.
- **Runde 2:** Rechte M bis zu 2 M vor der Markierung stricken, 1 Abnahme durch Überzug stricken, die M in der Ecke rechts stricken, 2 M rechts zusammenstricken usw. bis zum Ende der Rd.
- Runde 1 und 2 wdh, bis der Rand die gewünschte Breite hat. Für die richtige Größe des Halsausschnittes ruhig anprobieren. Abketten.
- Die übrigen Fäden vernähen und den Pullover blocken.

#plusplusröjan

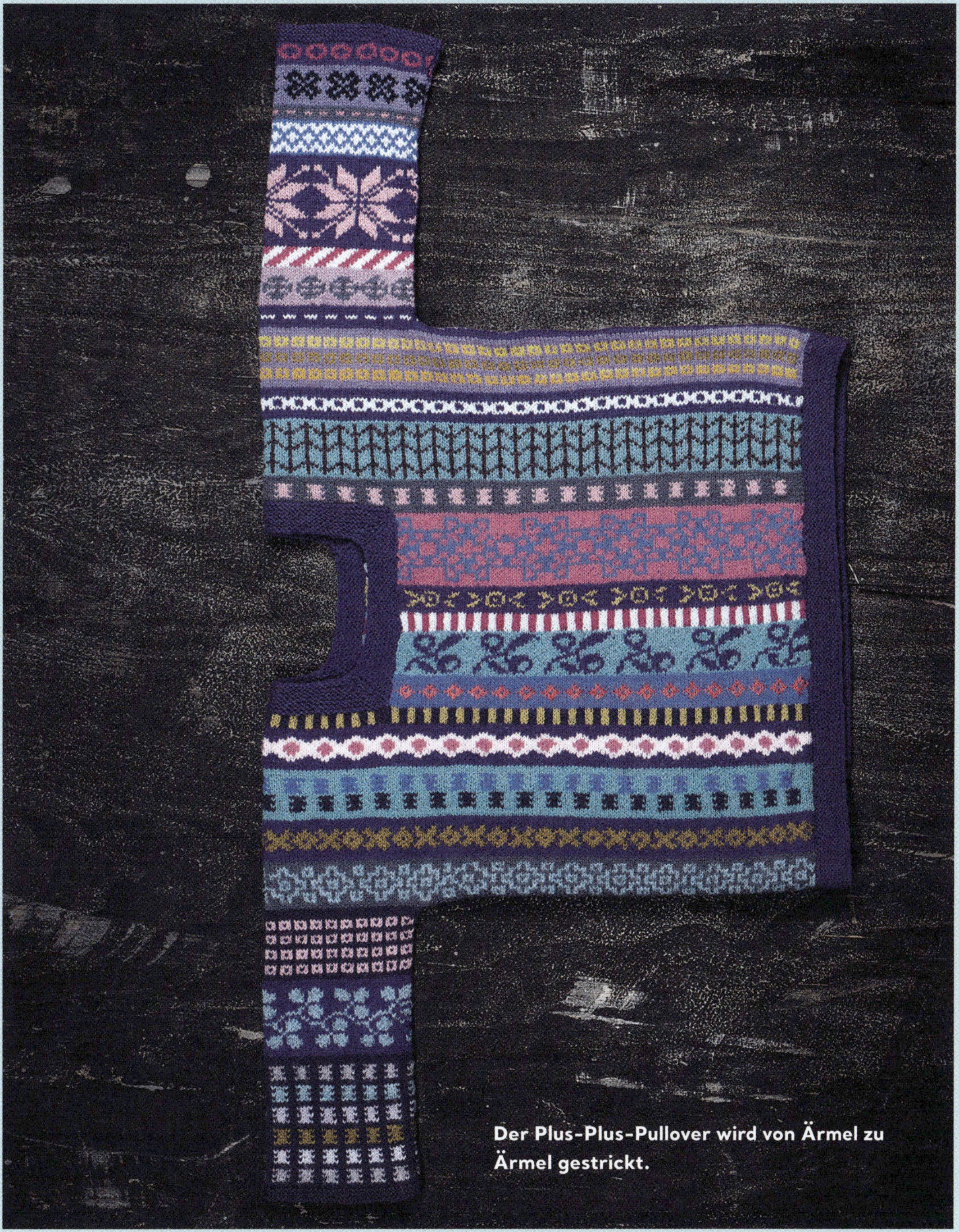

Der Plus-Plus-Pullover wird von Ärmel zu Ärmel gestrickt.

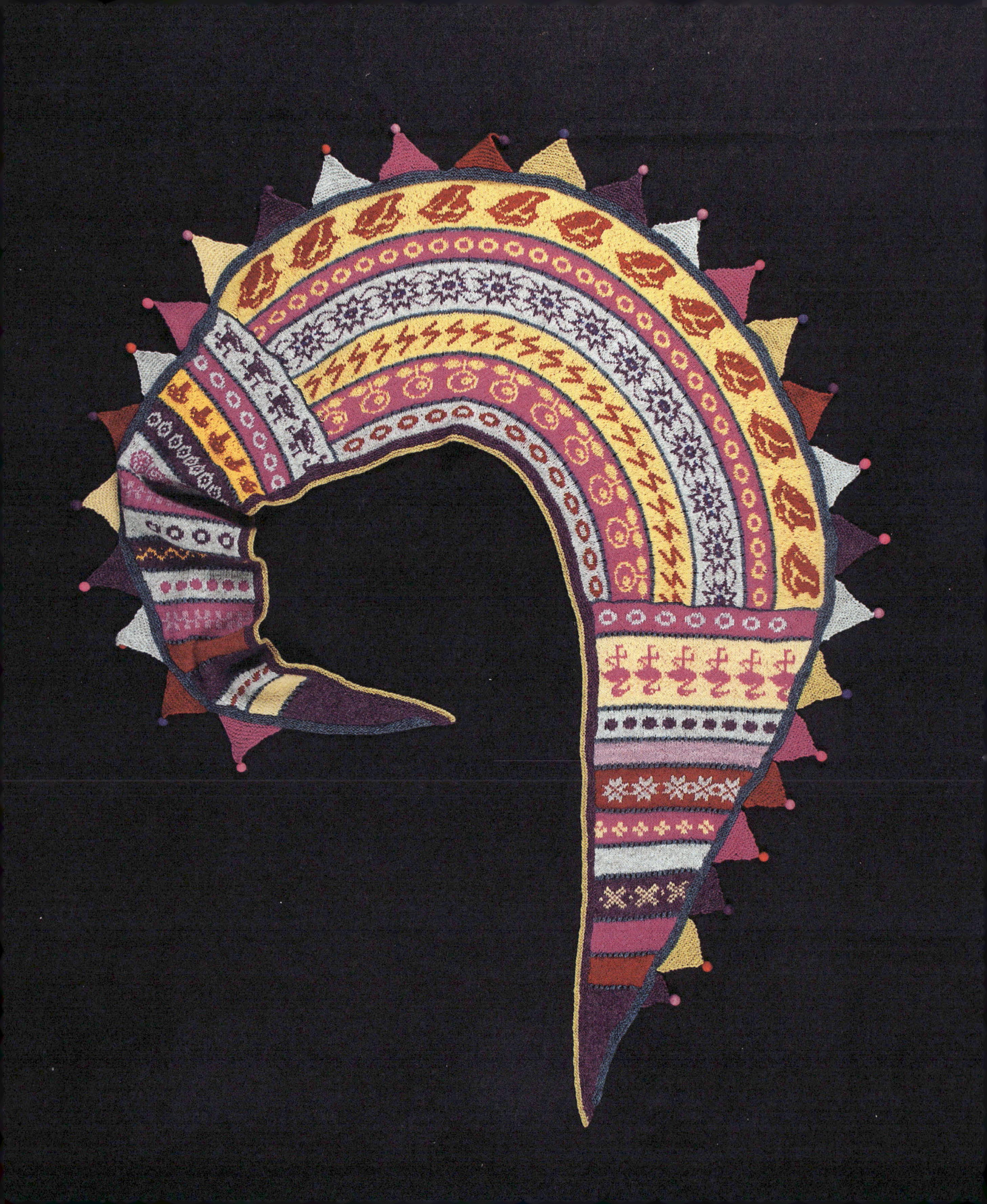

Pfiffiges Halstuch

Halstuch mit rundgestricktem Mitteltteil

Der mittlere Teil dieses Halstuches wird rundgestrickt und dann aufgeschnitten (gesteekt). Im Anschluss werden die Maschen der beiden durch das Steeken entstandenen Ränder aufgenommen und in Hin- und Rückreihen gestrickt.

Größe: Länge ca. 230 cm, Breite (exkl. Zierrand) ca. 42 cm

Garn: 2-fädiges (feines) Wollgarn (aus 100 % Wolle), Lauflänge 175 m/50 g, z. B. Rauma Finull

Menge: Für den Schal auf dem Bild lag der Garnverbrauch bei ca. 350 g Rauma Finull

Maschenprobe: 26 M auf 10 cm

Nadeln: Rundstricknadeln, Nadelstärke 3 mm (60–80 cm und 100–120 cm lang)

Zubehör: Stopfnadel, Schere, Maschenmarkierer, kleine Pompons

TEIL 1

- Wird rundgestrickt, gerne mit breiten Borten und einfarbigen Zunahme-Runden in verschiedenen Farben dazwischen.
- 120 M anschlagen, mit der längeren Rundstricknadel in Rd stricken. Einen Maschenmarkierer zu Beginn der Rd einhaken. Die erste Bordüre stricken.
- **Zunahme 1:** 1 Rd einfarbig stricken. Danach noch 1 Rd (in derselben Farbe) stricken, dabei *3 M, 1 Umschlag* stricken, von *–* bis zum Ende der Rd fortlaufend wdh.
- Die zweite Bordüre stricken.
- **Zunahme 2:** 1 Rd einfarbig stricken. Danach noch 1 Rd (in derselben Farbe) stricken, dabei *4 M, 1 Umschlag* stricken, von *–* bis zum Ende der Rd fortlaufend wdh.
- Die dritte Bordüre stricken.
- **Zunahme 3:** 1 Rd einfarbig stricken. Danach noch 1 Rd (in derselben Farbe) stricken, dabei *5 M, 1 Umschlag* stricken, von *–* bis zum Ende der Rd fortlaufend wdh.
- Die vierte Bordüre stricken.
- **Zunahme 4:** 1 Rd einfarbig stricken. Danach noch 1 Rd (in derselben Farbe) stricken, dabei *6 M, 1 Umschlag* stricken, von *–* bis zum Ende der Rd fortlaufend wdh.
- Die fünfte Bordüre stricken.
- **Zunahme 5:** 1 Rd einfarbig stricken. Danach noch 1 Rd (in derselben Farbe) stricken, dabei *7 M, 1 Umschlag* stricken, von *–* bis zum Ende der Rd fortlaufend wdh.
- Die sechste Bordüre stricken.
- Alle Fäden vernähen. Mit der Nähmaschine einen Zickzacksaum nähen oder eine

Verstärkung links und rechts der ersten M der Rd häkeln. Aufschneiden.

TEIL 2

- In Hin- und Rückreihen stricken.
- Entlang der Schnittkante an der linken Seite des Halstuches M auffassen. Bordüren, Strukturen und einfarbige Partien abwechseln.
- Zu Beginn jeder vierten Reihe an der linken Seite des Halstuches (von der Vorderseite aus betrachtet) 1 M abnehmen.
- Sind noch 15 M übrig, ausschließlich kraus rechts weiterstricken und in jeder sechsten Reihe abnehmen. Weiterstricken, bis keine M mehr übrig sind. Den Faden abschneiden.

TEIL 3

- Entlang der Schnittkante an der rechten Seite des Halstuches M auffassen.
- Genauso wie Teil 2 stricken, allerdings mit Abnahmen auf der rechten Seite (von der Vorderseite aus betrachtet).
- Alle losen Fäden vernähen.

RÄNDER

- Entlang des gesamten äußeren Randes M auffassen. Etwa 1,5 cm kraus rechts stricken. 1 M am Ende jeder Reihe zunehmen. Mit einer Rückreihe enden.
- Zu Beginn der nächsten Hinreihe ca. 40 M abketten.
- **Zierrand:** Alle 15–20 M je 1 Maschenmarkierer einhaken und darauf achten, dass die M am Ende der Reihe ungefähr aufgehen. Jede Zacke wird also 15–20 M breit und einzeln gestrickt.
- In Hin- und Rückreihen 4 Reihen kraus rechts stricken, danach 1 M zu Beginn jeder Reihe abnehmen, bis nur 1 M übrig ist. Den Faden abschneiden und durch die M ziehen.
- Weitere Zacken stricken, bis ca. 40 M übrig sind. Abketten.

- **Innerer Rand des Halstuches:** Entlang des gesamten inneren Randes M auffassen. Ca. 2 cm glatt rechts stricken. 1 M am Ende jeder Reihe zunehmen. Abketten.

VERNÄHEN

- Alle übrigen Fäden vernähen und an der Innenseite ein hübsches Band zum Verbergen der Schnittkanten annähen.
- Das Halstuch blocken.
- Kleine Filzpompons oder Pompons einer Pomponborte an die Spitze jeder Zacke nähen.

#fiffigsjal

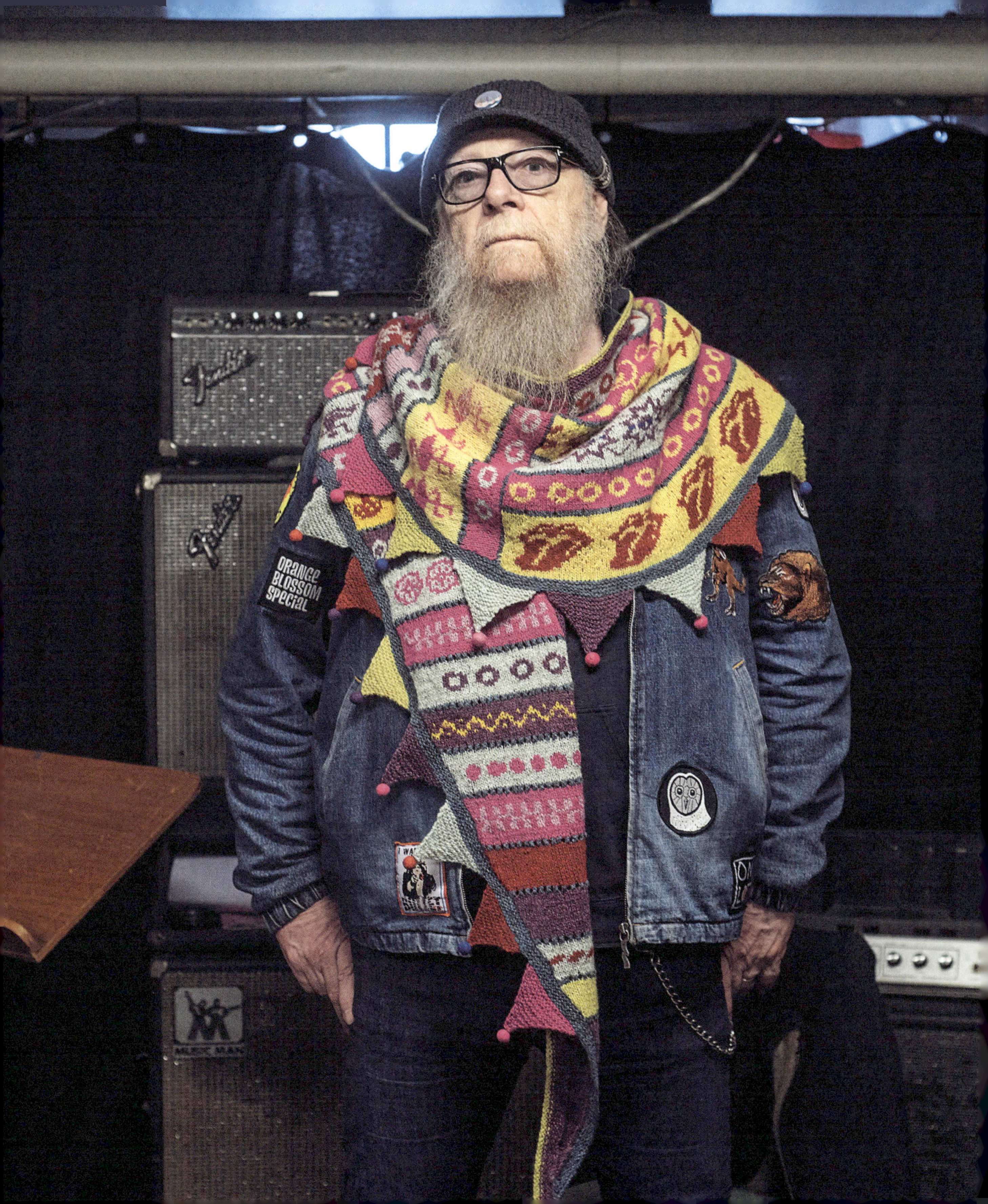
Fender
Fender
ORANGE
BLOSSOM
SPECIAL

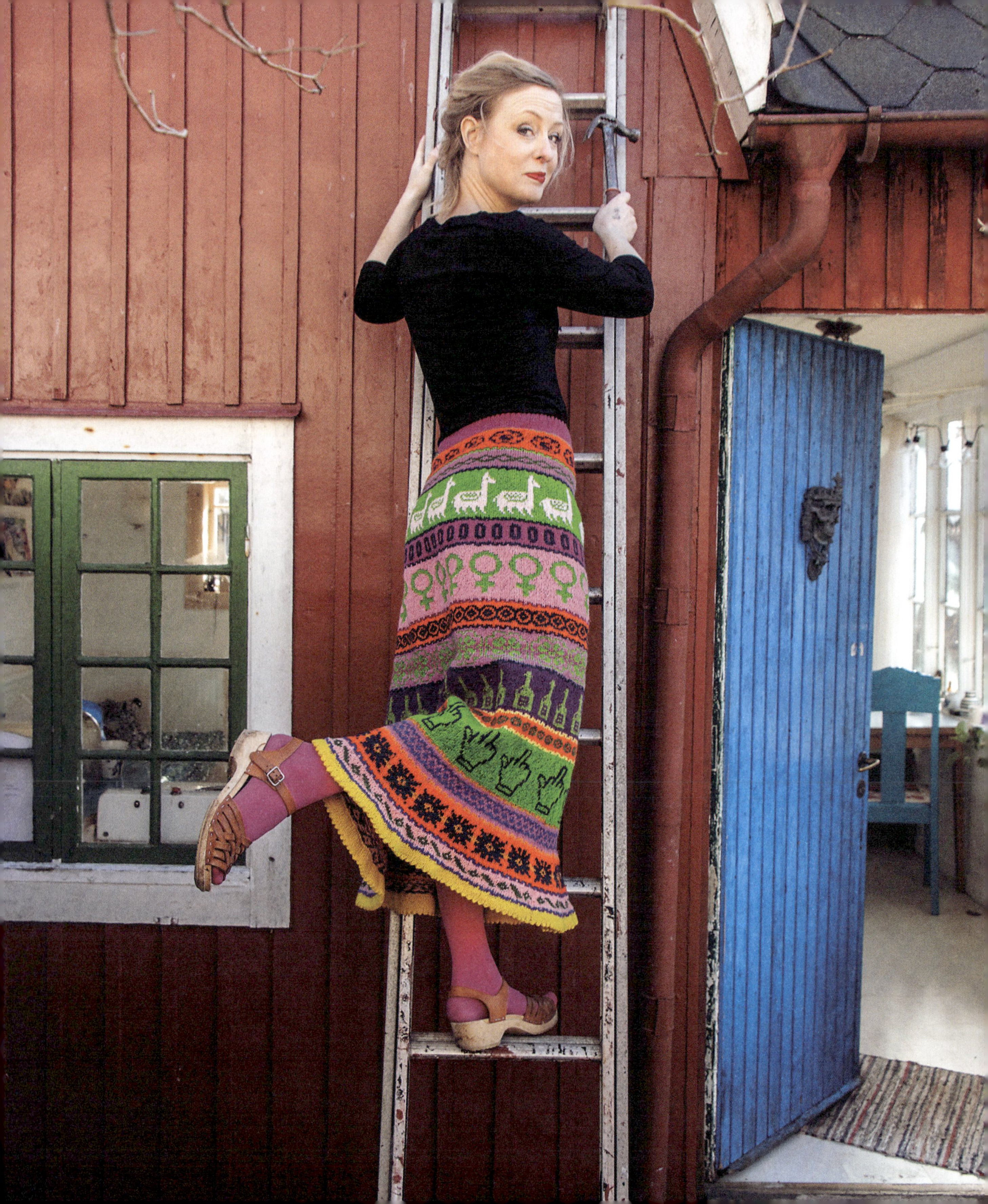

Hönsestrik-Rock

Rock nach individuellen Maßen

Der lange gemusterte Rock gehört wohl zu den Kleidungsstücken, die am meisten mit Hönsestrik verknüpft werden. Es ist ganz egal, welches Garn du für den Rock wählst, solange du deine Maschenprobe und deine Maße im Blick hast. Ich habe hier 2-fädiges Wollgarn verwendet. Gestrickt wird nach individuellen Maßen. Die Anleitung funktioniert sowohl für Erwachsene als auch für Kinder.

Größe: nach individuellen Maßen

Garn: 2-fädiges (feines) Wollgarn (aus 100 % Wolle), Lauflänge 175 m/50 g, z. B. Rauma Finull oder Kampes

Menge: Für den Rock auf dem Bild mit einem Taillenumfang von 75 cm und einer Länge von 85 cm lag der Garnverbrauch bei ca. 480 g.

Maschenprobe: 26 M auf 10 cm

Nadeln: Rundstricknadeln, Nadelstärke 3 mm (60, 80 und evtl. 100 cm lang)

Zubehör: Maßband, Nadel, Faden, Stopfnadel, Schere, elastisches Gummiband

MASS NEHMEN

- Den Taillenumfang messen. Taillenumfang x Maschenprobe berechnen. Mit einem Taillenumfang z. B. 75 cm und einer Maschenprobe von 26 M pro 10 cm ergibt das: 75 x 2,6 = 195 M. Die Anzahl der M auf eine gerade Anzahl aufrunden (= 196 M).

ROCK IN ERWACHSENENGRÖSSE

- Die Anzahl der berechneten M anschlagen.
- Mit einer Farbe 3 cm glatt rechts in Rd stricken.
- Dann für eine Bruchkante *2 M zusammenstricken, 1 Umschlag*, von *–* bis zum Ende der Rd fortlaufend wdh.
- Nach Belieben Bordüren und Muster glatt rechts stricken. Nach ca. 5 cm folgt die erste Zunahme: *5 M stricken, 1 M verschränkt aus dem Maschenglied zunehmen*, von *–* bis zum Ende der Rd fortlaufend wdh.
- Nach weiteren 7 cm die nächste Zunahme auf dieselbe Weise vornehmen.
- Ist die Differenz zwischen dem Taillen- und dem Hüftumfang groß oder möchtest du einfach einen weiteren Rock haben, nach 5–10 cm eine weitere solche Zunahme-Rd einplanen.
- Weiter Muster und Bordüren nach Belieben stricken. Ab jetzt ca. alle 10 cm M zunehmen, sinnvollerweise in einfarbigen Rd zwischen den Bordüren: *20 M stri-

cken, 1 M verschränkt aus dem Maschenglied zunehmen*, von *–* bis zum Ende der Rd fortlaufend wdh.

- Weiterstricken, bis der Rock die gewünschte Länge hat.
- Eine Bruchkante genau wie am Bund stricken und in Rd 3–4 cm mit nur einer Farbe glatt rechts stricken.
- Abketten.

ZUSAMMENNÄHEN

Alle Fäden vernähen. Den Bund nach unten umklappen und festnähen, aber eine kleine Öffnung für das Gummiband lassen. Den unteren Saum nach oben umklappen und festnähen. Den Rock blocken. Zum Schluss ein Gummiband in den Bund einziehen und die kleine Öffnung zunähen.

ROCK IN KINDERGRÖSSE

- Der Rock kann auch in Kindergröße gestrickt werden, dann die ersten Zunahme-Rd in etwas kürzeren Abständen vom Bund stricken. Vorzugsweise ein weiches Woll- oder Baumwollgarn verwenden.
- Für einen Kinderrock mit einem Taillenumfang von 60 cm und einer Länge von 32 cm wurden eine Rundstricknadel der Nadelstärke 2,5 mm und das Garn Yaku verwendet. Der Garnverbrauch liegt bei ca. 180 g.

#hönsestrikkjol

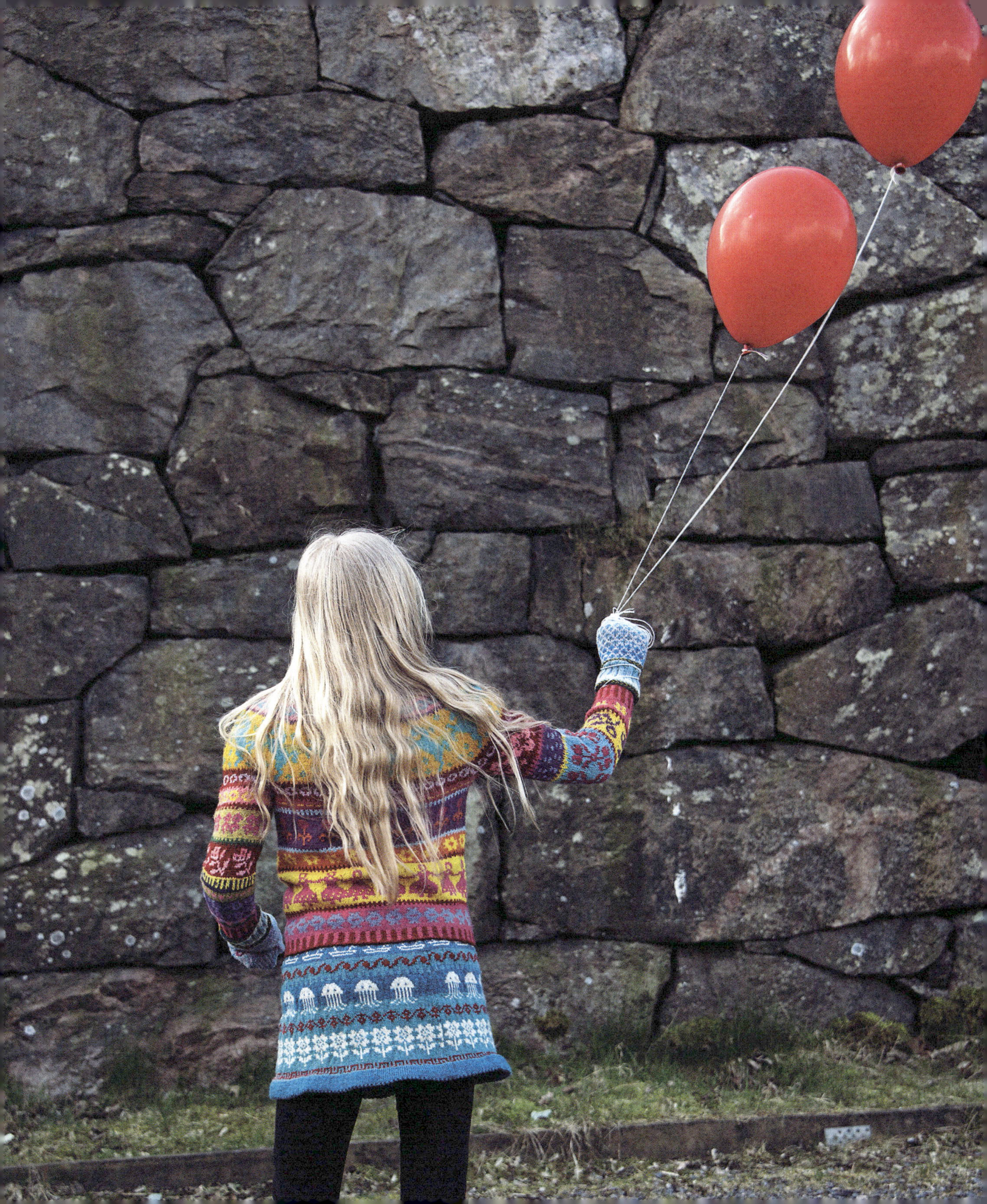

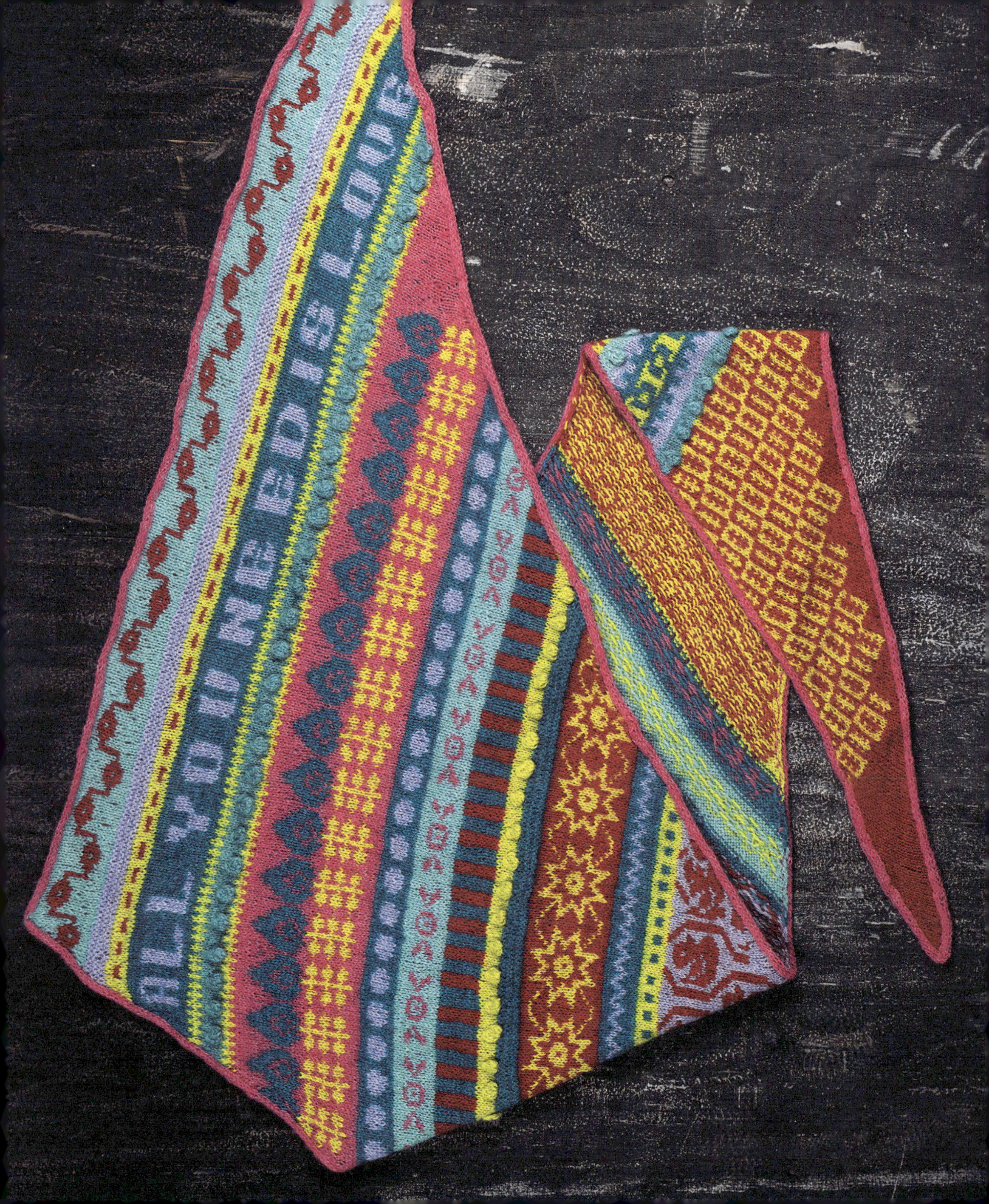
ALL YOU NEED IS LOVE

Tipsy-Tornado-Schal

Asymmetrisches Dreieckstuch mit I-Cord-Rand

Dieses Projekt hier bietet eine gute Gelegenheit, das Zurückstricken zu trainieren! Wechsele gerne zwischen gemusterten Bordüren, kraus rechts gestrickten Bordüren und unterschiedlichen Strukturen ab.

Größe: onesize/nach Belieben

Garn: 2-fädiges (feines) Wollgarn (aus 100 % Wolle), Lauflänge 175 m/50 g, z. B. Spelsau lammull von Tant Kofta

Menge: Für das Halstuch hier mit einer Länge von 220 cm und einer Breite von 50 cm an der breitesten Stelle lag der Garnverbrauch bei 220 g.

Nadeln: Rundstricknadel, Nadelstärke 3 mm (80 cm oder länger)

Maschenprobe: 26 M auf 10 cm

Zubehör: Stopfnadel, Schere

- 4 M anschlagen. Achtung! Entscheidest du dich dafür, rückwärts in Hin- und Rückreihen zu stricken (siehe Seite 18), ist die Vorderseite immer dir zugewandt und du strickst ausschließlich rechte M.
- **1. Reihe (Rückreihe):** 3 linke M stricken. In die letzte M 1 M durch das vordere Maschenglied und 1 M durch das hintere Maschenglied gestrickt werden (1 Zunahme).
- **2. Reihe (Hinreihe):** 2 M rechts stricken, 1 M verschränkt aus dem Maschenglied zunehmen, weiterstricken und die letzten 2 M zusammenstricken.
- **3. Reihe (Rückreihe):** 1 M abheben, bis zur letzten M links stricken. Dort zunehmen, indem 2 M genauso in dieselbe M gestrickt werden wie in der ersten Reihe.
- Die zweite und dritte Reihe über das ganze Projekt hinweg wdh.
- Hat das Dreieckstuch eine Breite von ca. 10 cm erreicht, kannst du mit dem Stricken von Bordüren und Mustern beginnen. Wechsele gerne mit kraus rechts gestrickten Bordüren und unterschiedlichen Strukturen ab!

ZUSAMMENNÄHEN

- Hat das Dreieckstuch die gewünschte Größe erreicht, mittels I-Cord-Technik abketten (siehe Seite 21).
- Entlang der übrigen Ränder M auffassen und auf dieselbe Weise abketten.
- Alle Fäden vernähen und das Tuch blocken.

#tipsytornadoscarf

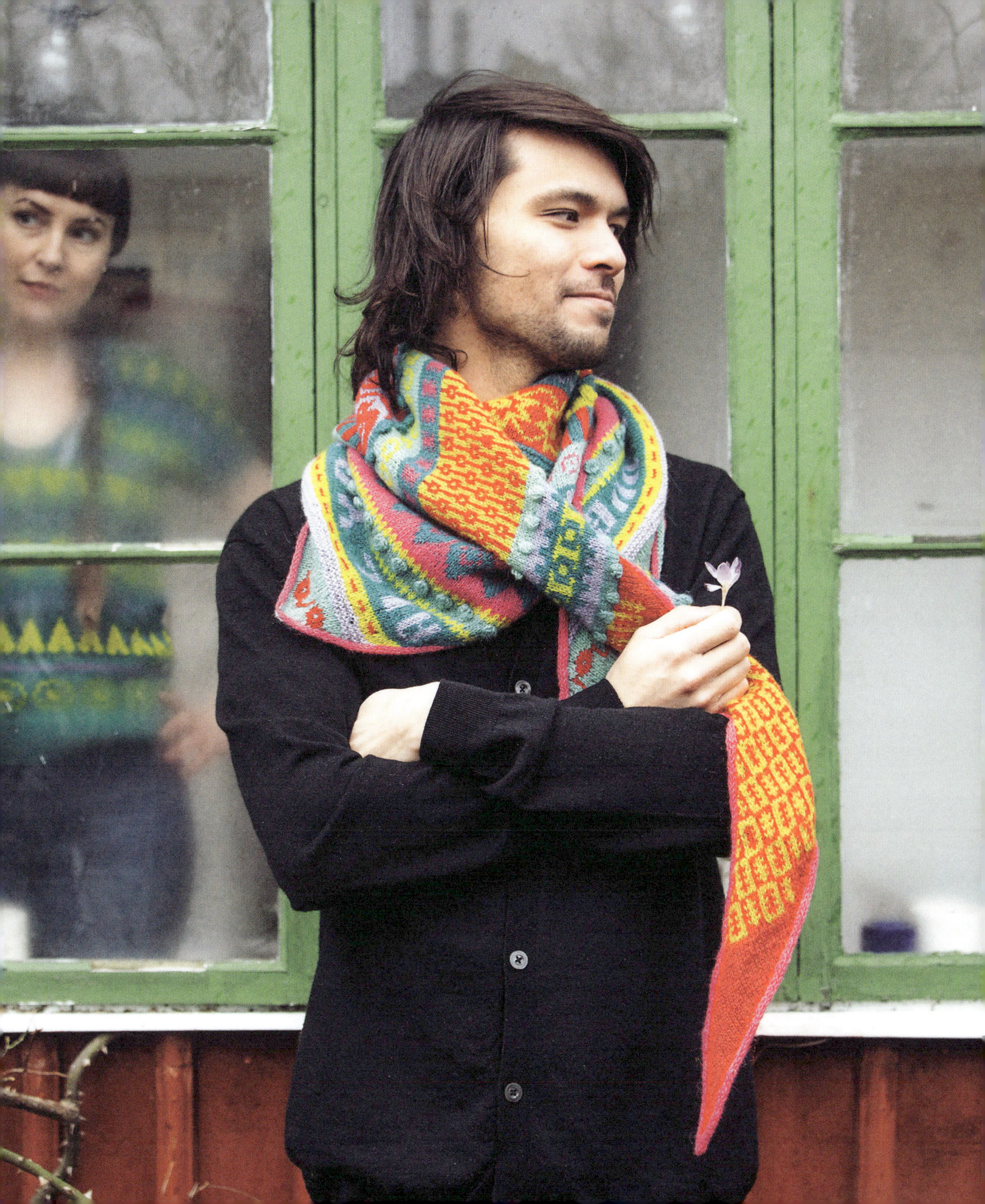

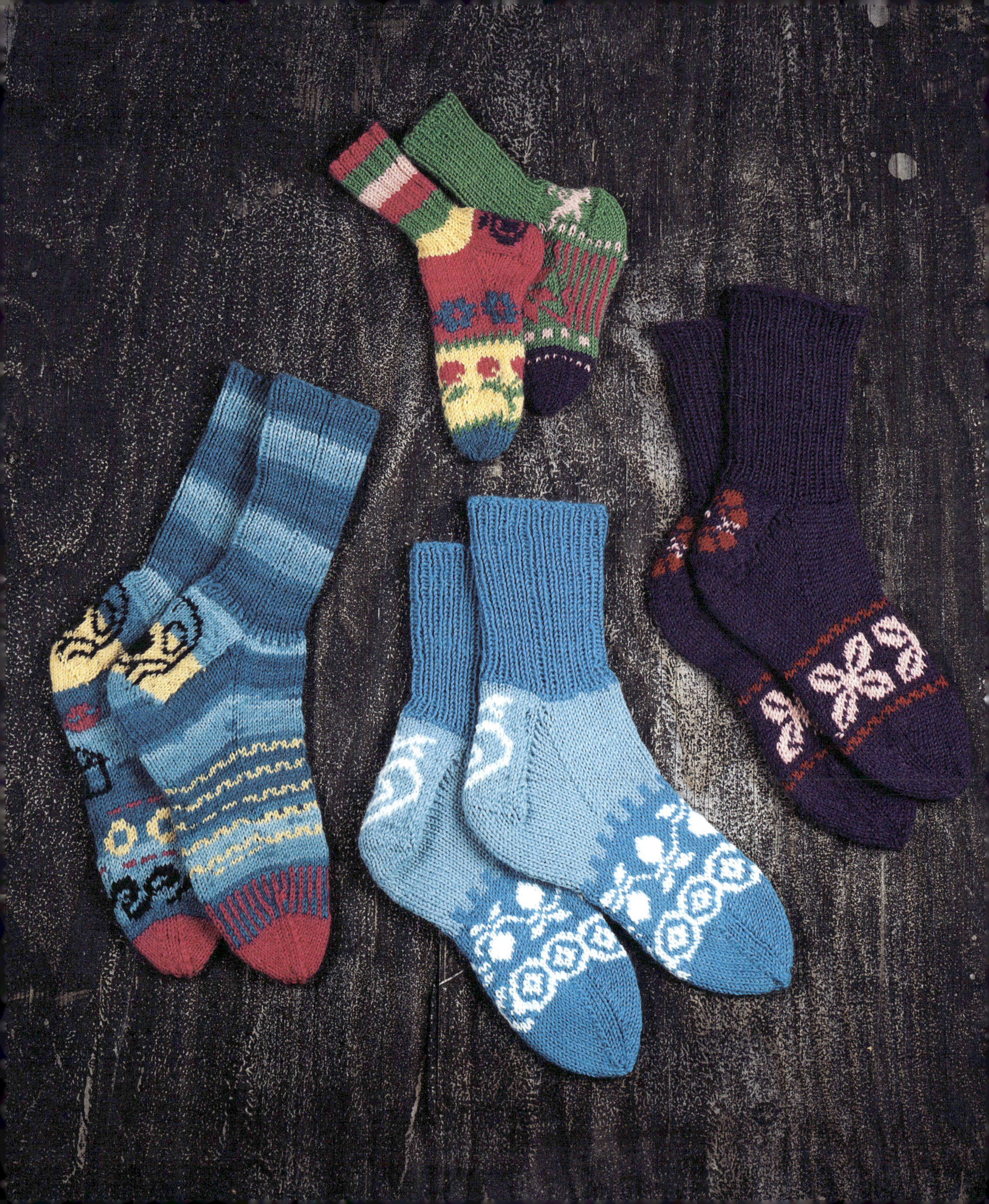

Holzschuh-Strümpfe

Strümpfe mit Motiven an Ferse und Fuß

Ein Paar Strümpfe mit Rippenmuster-Schaft und Mustern an Ferse und Fuß. Perfekt zu Holzschuhen!

Größe: Schuhgröße 26 (28) 30 (32) 34 (36) 38 (40) 42 (44)
Garn: Sockenwolle, Lauflänge ca. 260 m/100 g, z. B. Mellanraggi von Järbo
Menge: ca. 50–150 g, abhängig von der Größe
Nadeln: Nadelspiel, Nadelstärke 3 mm
Maschenprobe: 26 M auf 10 cm mit Nadelstärke 3 mm
Zubehör: Stopfnadel, Schere

1 Abnahme durch Überzug: 1 M wie zum Rechtsstricken abheben, 1 M rechts stricken und die abgehobene über die gestrickte M heben.

SCHAFT

- 36 (38) 42 (46) 46 (50) 52 (56) 60 (64) M anschlagen, gerne mit superelastischem Maschenanschlag (siehe Seite 79), und so gleichmäßig wie möglich auf vier Nadeln des Nadelspieles verteilen. Für das Rippenmuster *1 rechte M, 1 linke M* stricken, von *–* fortlaufend bis zu 8 (8) 10 (10) 10 (12) 14 (14) 14 (14) cm bzw. bis zur gewünschten Länge des Strumpfschaftes wdh.
- Glatt rechts weiterstricken. Nach 1 Rd die Ferse in Hin- und Rückreihen mit den M der ersten und der vierten Nadel stricken.

FERSE

- Die Ferse wird wie eine Raute mit 18 (20) 20 (22) 22 (24) 26 (28) 30 (32) M in der Breite und ca. 14 (14) 15 (15) 16 (18) 20 (22) (24) 24 Reihen in der Höhe gestrickt. Die Ferse kann mit einem Monogramm, einer Jahreszahl, einem rapportierten Muster oder einem Motiv aus einer Bordüre gestrickt werden. Darauf achten, dass die Mitte des Motivs mittig auf der Ferse landet!
- Ist die Ferse fertig, auf die folgende Weise von der Vorderseite ausgehend 1 Reihe mit rechten M stricken: 10 (12) 12 (12) 14 (14) 14 (16) 16 (18) M stricken, 1 Abnahme durch Überzug, wenden. 1 M abheben, 4 linke M, 2 linke M zusammenstricken, wenden. 1 M abheben, 5 rechte M, 1 Abnahme durch Überzug, 1 rechte M,

wenden. Auf diese Weise pro Reihe mit 1 M mehr stricken, bis die Rand-M erreicht sind (= 11 (12) 12 (13) 13 (14) 15 (16) 17 (18) M von den M der Ferse übrig).

- Die übrigen M auf 2 Nadeln verteilen. 10 (10) 12 (12) 13 (13) 14 (14) 15 (15) M auf beiden Seiten der Ferse aufnehmen.
- Eine Rd glatt rechts stricken und dann mit der Maschenabnahme der aufgenommenen M auf der ersten und der vierten Nadel beginnen: Die 2 letzten M auf der ersten Nadel rechts zusammenstricken und 1 Abnahme durch Überzug der ersten 2 M der vierten Nadel stricken. Dies in jeder zweiten Rd wdh, bis 34 (36) 40 (44) 44 (48) 50 (54) 58 (60) M übrig sind.

FUSS

- Die M auf vier Nadeln verteilen, mit oder ohne Muster weiterstricken, bis der Fuß 13 (14) 15 (17) 18 (19) 20 (21) 23 (24) cm misst oder bis du gerade alle Zehen herausragen siehst, wenn du den Strumpf anprobierst.
- **Abnahme für die Zehen:** Auf der ersten und der dritten Nadel stricken, bis 3 M übrig sind, 1 Abnahme durch Überzug und 1 M rechts stricken. Auf der zweiten und der vierten Nadel 1 M rechts stricken, 2 rechte M zusammenstricken. Dies in jeder zweiten Rd wdh, bis 8–10 M übrig sind.
- Den Faden abschneiden und durch die übrigen M ziehen. Die Fäden vernähen.

#träskostrumpor

Superelastischer Maschenanschlag

Dieser Maschenanschlag eignet sich sehr gut für beispielsweise Strumpfschäfte oder überhaupt, wenn man nicht möchte, dass etwas zu stramm sitzt.

Mit einer normalen Knotenschlinge beginnen: Im Gegensatz zum gebräuchlichen Kreuzanschlag nicht mit zwei Garnenden arbeiten. Es reicht, wenn ein kurzes Stück Garn vor der ersten Masche hängt.

Das Garn zu einer luftigen Schlinge ähnlich der rosafarbenen Schleife »Pink Ribbon« (Initiative gegen Brustkrebs) formen und die Nadel hineinstechen. Einen Umschlag machen, die Schlinge über den Umschlag heben und anziehen, sodass die neue Masche dicht neben den anderen zum Liegen kommt. Mit diesem Maschenanschlag ist es beinahe unmöglich, zu einem späteren Zeitpunkt die M festzuziehen; fällt der Abstand einer Masche zu der vorigen einmal zu groß aus, ist es am einfachsten, sie aufzulösen und es noch mal zu versuchen.

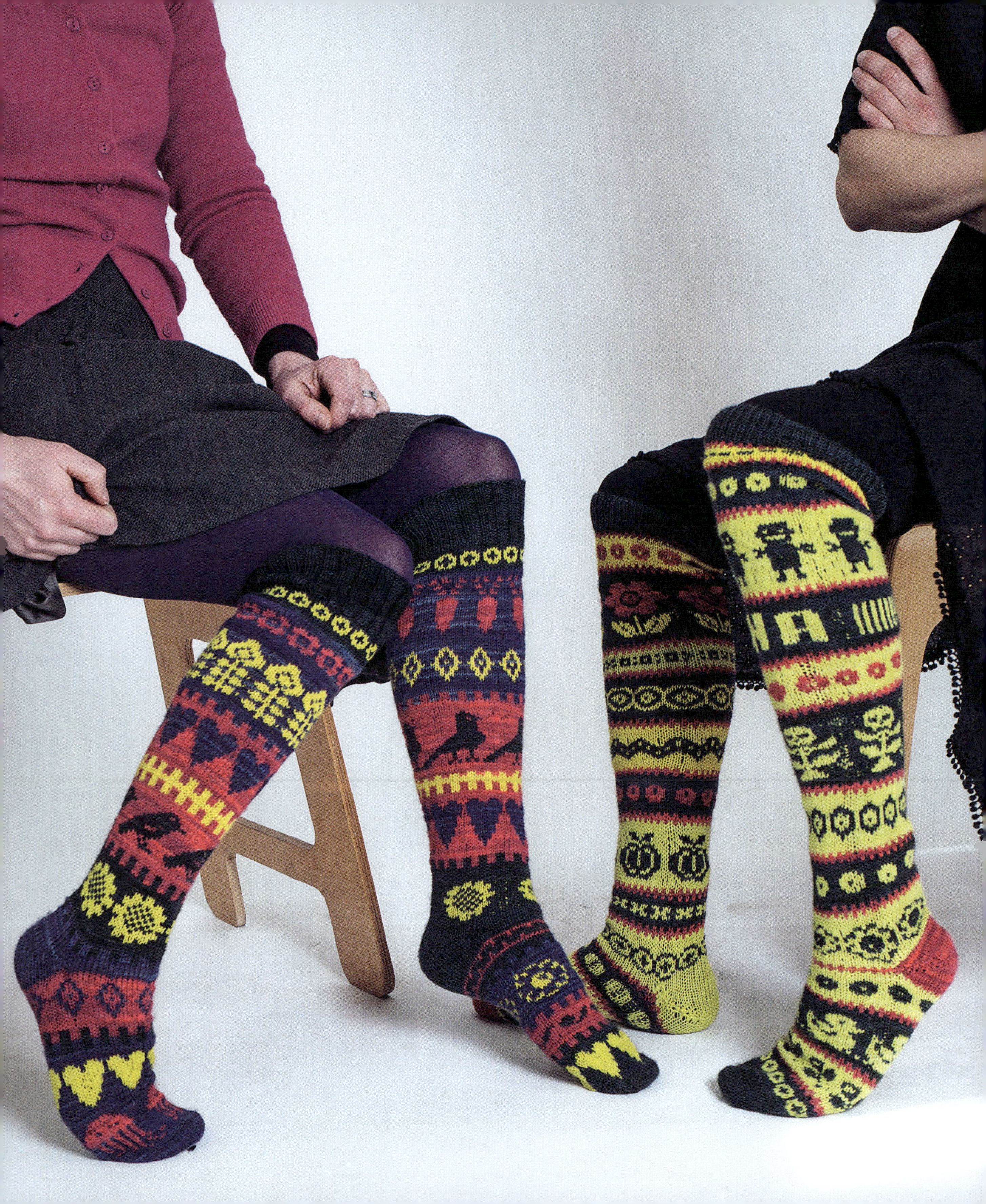

Langstrümpfe

Lange Strümpfe, die von den Zehen angefangen nach oben gestrickt werden

Diese Kniestrümpfe werden von den Zehen angefangen nach oben gestrickt, was es möglich macht, Form und Größe ganz einfach deinem Bein anzupassen. Stricke die Strümpfe so lang, wie du sie haben möchtest, bis zum Knie oder vielleicht bis ganz oben …

Größen: 21–24 (25–28) 29–32 (33–36) 37–40 (41–45)

Garn: Sockenwolle, Lauflänge ca. 250 m/50 g, z. B. Trekking von Tant Kofta/von Atelier Zitron

Menge: ca. 150–200 g, abhängig von der Größe

Nadeln: Nadelspiele, Nadelstärke 2,5 und 3 mm

Maschenprobe: 26 M auf 10 cm mit Nadelstärke 3 mm

Zubehör: Stopfnadel, Schere, Maschenmarkierer

ZEHEN

- Dieser Maschenanschlag wird oft »Judy's Magic Cast-On« genannt. 10 (11) 12 (13) 14 (15) M auf 2 Strumpfstricknadeln anschlagen, die eine der beiden Nadeln entfernen und 8 (9) 10 (11) 12 (13) M am Rand unterhalb der M aufnehmen, die du bereits angeschlagen hast. Du hast nun 18 (20) 22 (24) 26 (28) M, verteilt auf 2 Nadeln.
- **1. Runde:** 2 M in die 1. M stricken, indem 1 rechte M über das vordere Maschenglied und 1 rechte M über das hintere Maschenglied gestrickt wird. Glatt rechts weiterstricken, bis auf der ersten Nadel 2 M übrig sind. Wie oben 2 M in die vorletzte M stricken. Die letzte M rechts stricken. Diese Zunahmen auf der zweiten Nadel wdh.
- Die M auf vier Nadeln verteilen.
- **2. Runde:** M rechts stricken.
- Die erste und zweite Rd wdh, bis 42 (46) 50 (54) 58 (64) M erreicht sind.

FUSS

Mit oder ohne Muster in Rd stricken, bis der Fuß 11 (13) 15 (17) 20 (23) cm von der Zehe an misst.

BUMERANG-FERSE

Die Ferse hin- und zurück in verkürzten Reihen mit Wickel-M stricken, um an den Wendungen Löcher zu vermeiden. Die Ferse wird über die erste und vierte Nadel der Reihe gestrickt (= 21 (23) 25 (27) 29 (32) M). Diese M nach Belieben auf einer gemeinsamen Strumpfstricknadel stilllegen.

1. TEIL DER FERSE

Hier werden die Reihen immer kürzer.

- **1. Reihe (Hinreihe):** Rechte M stricken, bis 1 M übrig ist. Den Faden vor die Arbeit legen, die letzte M wie zum Rechtsstricken abheben. Den Faden zwischen den Nadeln hinter die Arbeit legen und die abgehobene M auf die linke Nadel zurücklegen (nun ist das Garn wie ein kleiner Gürtel um die abgehobene M gewickelt). Wenden.
- **2. Reihe (Rückreihe):** Linke M stricken, bis 1 M übrig ist. Den Faden vor die Arbeit legen, die letzte M wie zum Rechtsstricken abheben. Den Faden hinter die Arbeit legen und die abgehobene M auf die linke Nadel zurücklegen. Wenden.
- **3. Reihe (Hinreihe)**: Rechte M stricken, bis 1 M vor der Wende-M aus der vorhergehenden Reihe übrig ist. Den Faden vor die Arbeit legen, die nächste M wie zum Rechtsstricken abheben, den Faden hinter die Arbeit legen und die abgehobene M zurücklegen. Wenden.
- **4. Reihe (Rückreihe):** Linke M stricken, bis 1 M vor der Wende-M aus der vorhergehenden Reihe übrig ist. Den Faden vor die Arbeit legen, die nächste M wie zum Rechtsstricken abheben, den Faden hinter die Arbeit legen und die abgehobene M zurücklegen. Wenden.
- Die dritte und vierte Reihe wdh, bis in der Mitte 7 (7) 9 (9) 9 (11) M übrig sind.
- Eine Runde über alle 42 (46) 50 (54) 58 (64) M des Strumpfes stricken. Beim Stricken der Wende-M die Nadel sowohl durch die M selbst als auch das darumgewickelte Garn führen.

2. TEIL DER FERSE

Hier werden die Reihen immer länger. Er wird ebenfalls über die erste und vierte Nadel gestrickt. Es macht die Sache einfacher, wenn man diese M auf eine gemeinsame Nadel legt.

- **1. Reihe (Hinreihe):** Die 7 (7) 9 (9) 9 (11) M in der Mitte + 1 weitere M rechts stricken. Den Faden vor die Arbeit legen, die letzte M wie zum Rechtsstricken abheben. Den Faden zwischen den Nadeln hinter die Arbeit legen und die abgehobene M auf die linke Nadel zurücklegen (nun ist das Garn wie ein kleiner Gürtel um die abgehobene M gewickelt). Wenden.
- **2. Reihe (Rückreihe)**: Die M der vorhergehenden Reihe + 1 weitere M links stricken. Den Faden vor die Arbeit legen, die letzte M wie zum Rechtsstricken abheben. Den Faden hinter die Arbeit legen und die abgehobene M auf die linke Nadel zurücklegen. Wenden.
- **3. Reihe (Hinreihe)**: Die M bis zur Wende-M aus der vorhergehenden Reihe rechts stricken. Die M und das darumgewickelte Garn zusammenstricken + 1 weitere M rechts stricken. Den Faden vor die Arbeit legen, die nächste M wie zum Rechtsstricken abheben, den Faden hinter die Arbeit legen und die abgehobene M auf die linke Nadel zurücklegen. Wenden.
- **4. Reihe (Rückreihe)**: Die M bis zur Wende-M aus der vorhergehenden Reihe links stricken. Die M und das darumgewickelte Garn zusammenstricken + 1 weitere M links stricken. Den Faden vor die Arbeit legen, die nächste M wie zum Rechtsstricken abheben, den Faden hinter die

Arbeit legen und die abgehobene M auf die linke Nadel zurücklegen. Wenden.

- Die dritte und vierte Reihe wdh, bis alle M der Ferse gestrickt sind. Bis zur Mitte der Ferse stricken.

SCHAFT

- Einen Maschenmarkierer an beiden Seiten der mittleren 2 M hinten über der Ferse einhaken. Auf beiden Seiten dieser Mittel-M verschränkt aus dem Maschenglied M zunehmen. Mit Bordüren nach Belieben glatt rechts in Rd weiterstricken und in regelmäßigen Abständen anprobieren. Deinem Bein entsprechend zunehmen und bei jeder Zunahme einen Maschenmarkierer einhaken.
- Bist du zufrieden mit der Länge des Strumpfes, auf eine gerade Anzahl der M achten. Für das Rippenmuster mit Nadeln der Nadelstärke 2,5 mm *1 rechte M, 1 linke M* stricken, von *–* fortlaufend über 3 cm wdh.
- Abketten, möglichst mithilfe der Technik für das superelastische Abketten (siehe Seite 85).

Den zweiten Strumpf mit ebenfalls mit entsprechenden Zunahmen am Schaft stricken.

#långstrumpor

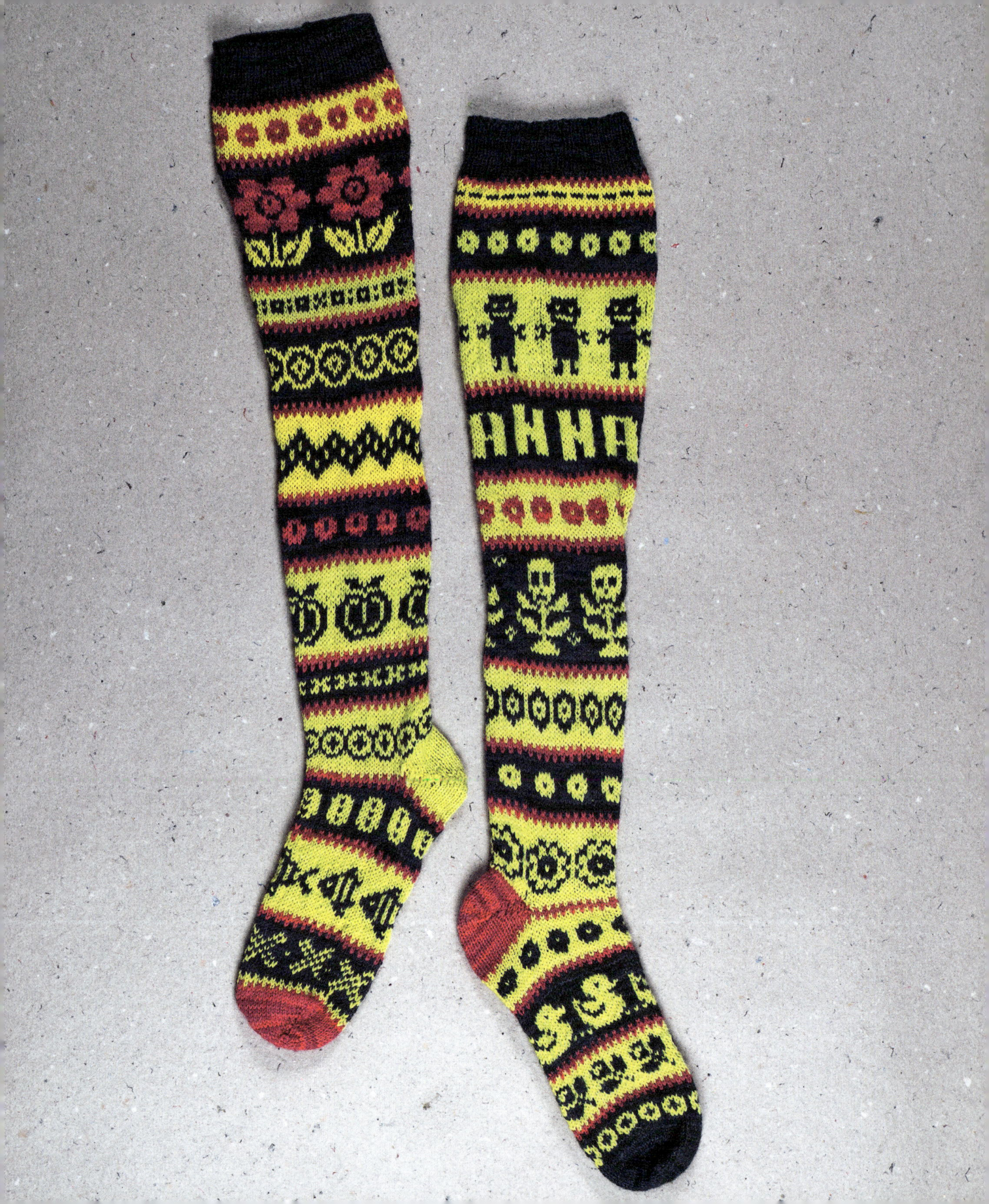

Superelastisches Abketten

»JENY'S SURPRISINGLY STRETCHY BIND-OFF«

So funktioniert superelastisches Abketten eines Strickstückes im Rippenmuster. In diesem Fall handelt es sich um ein Rippenmuster mit *1 rechte M, 1 linke M*.

Ist die erste M deines Rippenmusters eine rechte M: 1 M rechts stricken, 1 Umschlag und dann 1 linke M stricken. Erst den Umschlag, dann auch die rechte M über die linke M ziehen, sodass nur die linke M übrig ist. Einen umgekehrten Umschlag (den Faden in umgekehrte Richtung über die Nadel heben. Anmerkung: Wer ihn sonst von hinten nach vorne über die Nadel legt, legt ihn nun von vorne nach hinten und umgekehrt.), 1 M rechts stricken, erst den Umschlag, dann auch die linke M über die rechte M ziehen.

So weitermachen, bis alle M abgekettet sind. Das Prinzip besteht also aus einem umgekehrten Umschlag vor allen rechten M und einem normalen Umschlag vor den linken M.

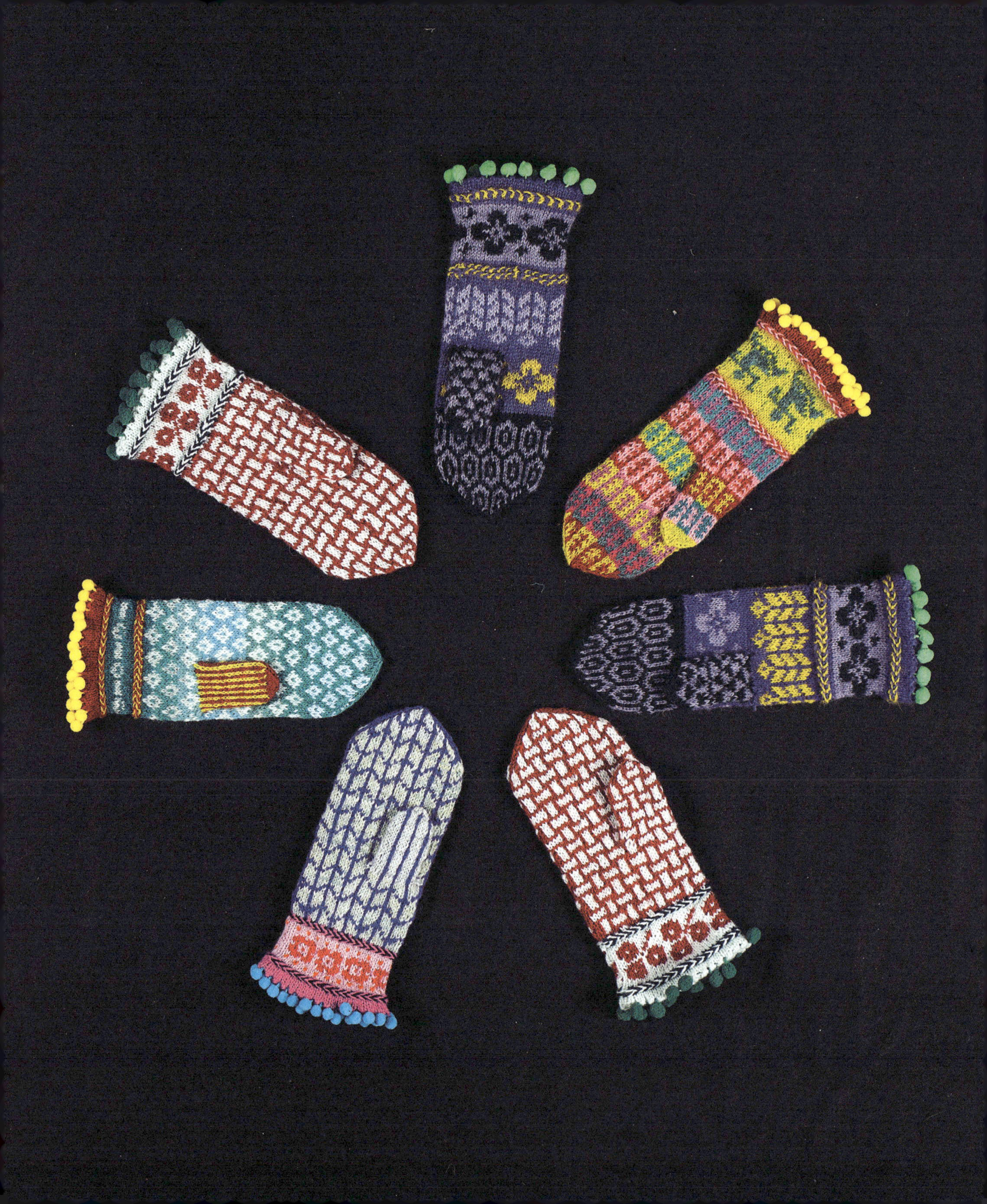

Fäustling »einmal mit allem«

Fäustling mit Muster, lettischen Zöpfen und Pompons

Ein Handschuh, der das meiste hat (außer einem Daumenkeil): Zierrand, Pompons, lettische Zöpfe, Bordüre um das Handgelenk und rapportiertes Muster auf der Hand. Stricke die beiden Fäustlinge ruhig mit unterschiedlichen Mustern!

Größe: Damen S (Damen M)
Garn: 2-fädiges (feines) Wollgarn (aus 100 % Wolle), Lauflänge 175 m/50 g, z. B. Spelsau lammull von Tant Kofta
Menge: insg. ca. 70 g
Nadeln: Nadelspiel, Nadelstärke 2,5 mm
Maschenprobe: 28 M auf 10 cm mit Nadelstärke 2,5 mm
Zubehör: Maschenhalter, Stopfnadel, Schere, ca. 50 cm Fransenborte mit kleinen Pompons

- 56 (60) M anschlagen.
- Die M auf vier Nadeln des Nadelspieles verteilen und 2–3 cm glatt rechts stricken.
- Dann für eine Bruchkante *2 M rechts zusammenstricken, 1 Umschlag*, von *–* bis zum Ende der Rd fortlaufend wdh.
- 3 Rd in einer Farbe glatt rechts stricken.
- Einen lettischen Zopf in der Hauptfarbe des Bündchens und einer Kontrastfarbe stricken (siehe Seite 89).
- Ca. 15 cm mit Bordüren nach Belieben glatt rechts weiterstricken. Möchtest du, dass deine Muster exakt aufgehen, eine Bordüre mit einem Rapport von 4, 7, 8, 14, 28 (3, 4, 5, 6, 10, 12, 15, 20, 30) M wählen.

Einen weiteren lettischen Zopf stricken.

- In der ersten Rd nach dem zweiten lettischen Zopf gleichmäßig über alle M verteilt zunehmen, bis 60 (64) M erreicht sind.
- 18–20 Rd glatt rechts weiterstricken. Möchtest du, dass deine Muster exakt aufgehen, eine Bordüre mit einem Rapport von 3, 4, 5, 6, 10, 12, 15, 20, 30 (4, 8, 16, 32) M wählen.
- Beim rechten Fäustling die ersten 14 M der ersten Nadel auf etwas überschüssigem Garn oder einem Maschenhalter stilllegen (beim linken Handschuh die 14 letzten M der zweiten Nadel). Hinter den M, die du auf dem Garn bzw. dem

Maschenhalter stillgelegt hast, 14 M anschlagen.

- Weiterstricken, bis der Handschuh bis zur Spitze des kleinen Fingers reicht. Nun wie folgt abnehmen: Auf Nadel 1 und 3 je 1 M stricken, 2 M rechts zusammenstricken. Auf Nadel 2 und 4 stricken, bis je 3 M übrig sind. 1 überzogene Abnahme (1 M wie zum Rechtsstricken abheben, 1 M rechts stricken, dann die abgehobene M überziehen), 1 M rechts stricken. Die erste M auf Nadel 1 und 3 und die letzte M auf Nadel 2 und 4 wird immer in der Hauptfarbe gestrickt, die übrigen werden dem Musterrapport entsprechend gestrickt. Auf diese Weise in jeder Rd abnehmen, bis ca. 8 M übrig sind. Den Faden abschneiden, durch die übrigen M ziehen und festziehen.

DAUMEN

- Die M vom Faden auf ein Nadelspiel heben und rund um das Loch M aufnehmen, sodass du 26–28 M hast.
  Die M auf 3–4 Nadeln verteilen.
- Der Daumen kann so gestrickt werden, dass das Muster der Hand sich im Daumen fortsetzt (geht es nicht exakt auf, die Rd auf der Innenseite beginnen lassen, damit das nicht so sichtbar ist, oder ein ganz anderes Muster für den Daumen wählen).
- Wenn der Daumen das untere Ende des Daumennagels erreicht hat, auf dieselbe Weise abnehmen wie an der Spitze des Fäustlings.

Den zweiten Fäustling genauso stricken, allerdings gerne in anderen Farben und Mustern und natürlich mit dem Daumen auf der entgegengesetzten Seite.

ZUSAMMENNÄHEN

Alle Fäden vernähen und die Fäustlinge blocken. Ein Stück Fransenborte mit kleinen Pompons zur Hand nehmen und in etwa jedes zweite Loch der Bruchkante einen Pompon stecken. Das Band der Borte liegt dann innen im Saum versteckt. Den Bund nach innen umklappen und festnähen.

#vanteextraallt

Lettischer Zopf

Bisweilen sieht man Anleitungen für lettische Zöpfe in vier Rd, doch hier habe ich mich entschieden, ihn in drei Rd zu arbeiten. Der Zopf wird mit einer geraden Anzahl von M gestrickt.

1. Runde: *1 rechte M in der Hauptfarbe, 1 rechte M in der Kontrastfarbe* stricken, von *–* bis zum Ende der Rd fortlaufend wdh.

2. Runde: Den Faden vor die Arbeit legen. *1 linke M in der Hauptfarbe, 1 linke M in der Kontrastfarbe* stricken, von *–* bis zum Ende der Rd fortlaufend wdh. Bei Farbwechsel den Faden für die nächste M immer über den Faden der vorherigen M legen.

3. Runde: Den Faden vor die Arbeit legen. *1 linke M in der Hauptfarbe, 1 linke M in der Kontrastfarbe* stricken, von *–* bis zum Ende der Rd fortlaufend wdh. Den Faden für die nächste M immer unter den Faden der vorherigen M legen.

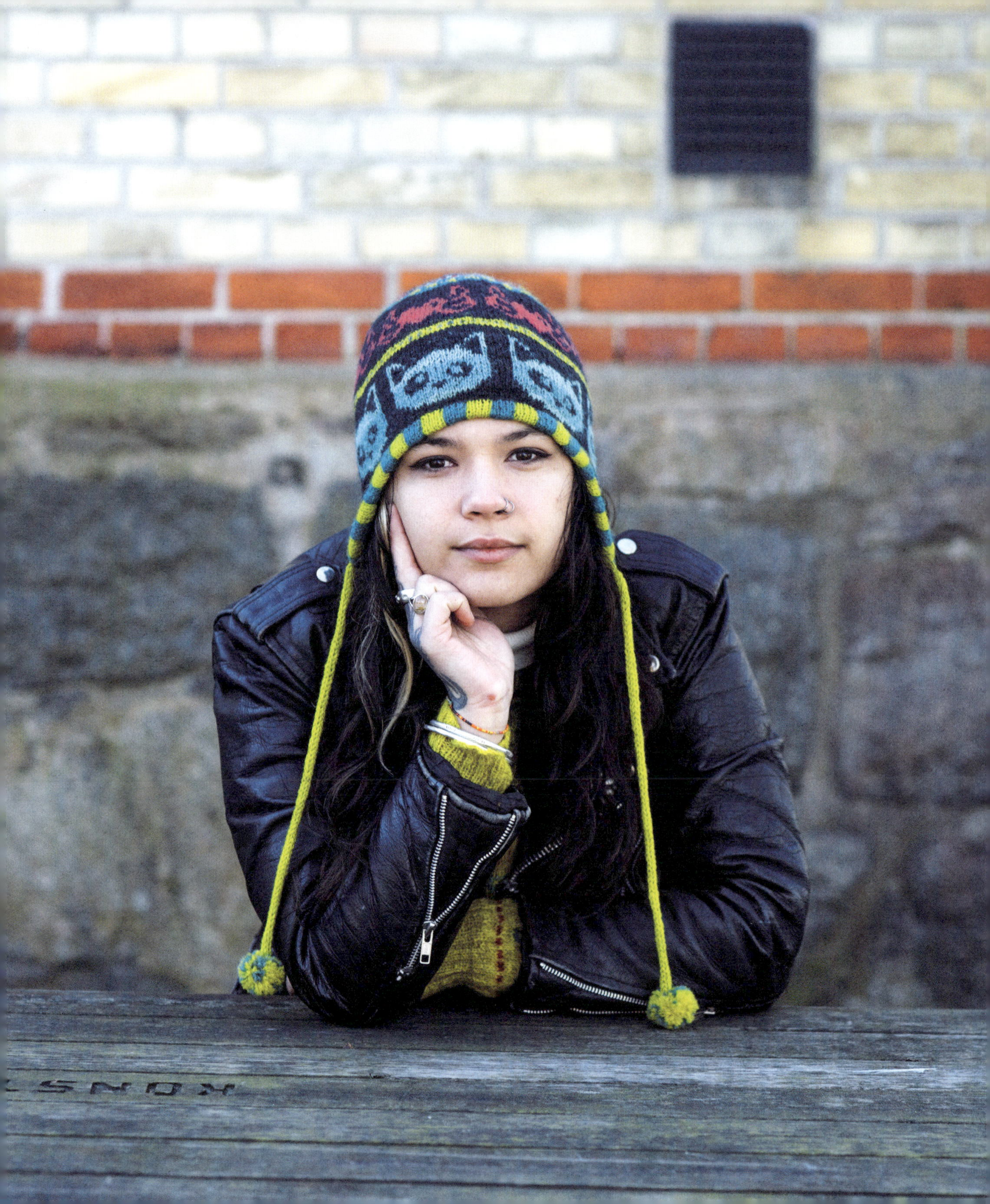

Ohrenklappen-mütze top-down

Eine Mütze mit Ohrenklappen, die von oben nach unten gestrickt wird

Die Mütze mit Ohrenklappen ist ein richtiger Hönsestrik-Klassiker! Die Variante hier wird von oben nach unten gestrickt, das macht es einfacher, die Mütze während des Strickens immer wieder anzuprobieren.

Größe: Umfang 43 (49) 55 (61) cm, Höhe ca. 17 (19) 21 (23) cm oder nach Belieben

Garn: 2-fädiges (feines) Wollgarn (aus 100 % Wolle), Lauflänge 175 m/50 g, z. B. Spelsau lammull von Tant Kofta

Menge: Für die Größe mit einem Umfang von 55 cm liegt der Garnverbrauch bei ca. 60 g.

Nadeln: Nadelspiel, Nadelstärke 3 mm, und Rundstricknadel, Nadelstärke 3 mm (40 oder 60 cm lang)

Maschenprobe: 26 M auf 10 cm mit Nadelstärke 3 mm

Zubehör: Stopfnadel, Schere, Maschenmarkierer

- Den Kopfumfang der Person messen, für die die Mütze bestimmt ist, und die Größe wählen, die ihm am nächsten kommt. Die Mütze wird von oben nach unten gestrickt, zu einer Rundstricknadel wechseln, wenn es auf dem Nadelspiel eng wird.
- 8 M auf 2 Nadeln des Nadelspieles anschlagen.
- **Zunahme 1:** Alle M 1x durch das hintere Maschenglied und 1x durch das vordere Maschenglied stricken, sodass du 16 M erhältst.
- Die M auf vier Nadeln verteilen und in Rd weiterstricken, dabei darauf achten, dass die M sich nicht verschränkt haben. Einen Maschenmarkierer zu Beginn der Rd einhaken.
- 3 Rd rechts stricken.
- **Zunahme 2:** *1 M rechts stricken, 1 M verschränkt aus dem Maschenglied zunehmen*, von *–* bis zum Ende der Rd fortlaufend wdh. Du solltest nun 32 M haben.
- 3 Rd rechts stricken.
- **Zunahme 3:** *2 M rechts stricken, 1 M verschränkt aus dem Maschenglied zunehmen*, von *–* bis zum Ende der Rd fortlaufend wdh. Du solltest nun 48 M haben.
- 3 Rd rechts stricken.
- **Zunahme 4:** *3 M rechts stricken, 1 M verschränkt aus dem Maschenglied zunehmen*, von *–* bis zum Ende der Rd

fortlaufend wdh. Du solltest nun 64 M haben.

- 3 Rd rechts stricken.
- **Zunahme 5:** *4 M rechts stricken, 1 M verschränkt aus dem Maschenglied zunehmen*, von *–* bis zum Ende der Rd fortlaufend wdh. Du solltest nun 80 M haben.
- 3 Rd rechts stricken.
- **Zunahme 6:** *5 M rechts stricken, 1 M verschränkt aus dem Maschenglied zunehmen*, von *–* bis zum Ende der Rd fortlaufend wdh. Du solltest nun 96 M haben.
- 3 Rd rechts stricken.
- **Zunahme 7:** *6 M rechts stricken, 1 M verschränkt aus dem Maschenglied zunehmen*, von *–* bis zum Ende der Rd fortlaufend wdh. Du solltest nun 112 M haben. Für die Größe mit einem Umfang von 43 cm ab hier nicht mehr zunehmen. Die Zunahmen 8–10 überspringen und mit dem Stricken der Muster beginnen.
- 3 Rd rechts stricken.
- **Zunahme 8:** *7 M rechts stricken, 1 M verschränkt aus dem Maschenglied zunehmen*, von *–* bis zum Ende der Rd fortlaufend wdh. Du solltest nun 128 M haben. Für die Größe mit einem Umfang von 49 cm ab hier nicht mehr zunehmen. Die Zunahmen 9–10 überspringen und mit dem Stricken der Muster beginnen.
- 3 Rd rechts stricken.
- **Zunahme 9:** *8 M rechts stricken, 1 M verschränkt aus dem Maschenglied zunehmen*, von *–* bis zum Ende der Rd fortlaufend wdh. Du solltest nun 144 M haben. Für die Größe mit einem Umfang von 55 cm ab hier nicht mehr zunehmen. Die Zunahme 10 überspringen und mit dem Stricken der Muster beginnen.
- 3 Rd rechts stricken.
- **Zunahme 10:** *9 M rechts stricken, 1 M verschränkt aus dem Maschenglied zunehmen*, von *–* bis zum Ende der Rd fortlaufend wdh. Du solltest nun 160 M haben.
- 3 Rd rechts stricken.
- Jetzt beginnt der eigentliche Spaß! Muster und Bordüren nach Belieben in Rd stricken. Möchtest du, dass das Muster exakt aufgehen sollen, eine Bordüre wählen, deren Rapport 4, 8, 7, 14, 16, 28 (4, 8, 16, 32) 4, 6, 8, 12, 18, 24 (4, 5, 8, 10, 16, 20, 32) M hat.
- Weiterstricken, bis die Arbeit ca. 15,5 (17,5) 19,5 (21,5) cm misst, aber am sinnvollsten ist die Anprobe! Wenn die Mütze bis an die Augenbrauen ragt, ist es Zeit, vorne 48 (54) 60 (66) M abzuketten. 18 (20) 22 (23) M auf einem Maschenhalter oder Faden stilllegen und hinten 28 (34) 40 (48) M abketten. Du solltest nun 18 (20) 22 (23) M für die zweite Ohrenklappe übrig haben.

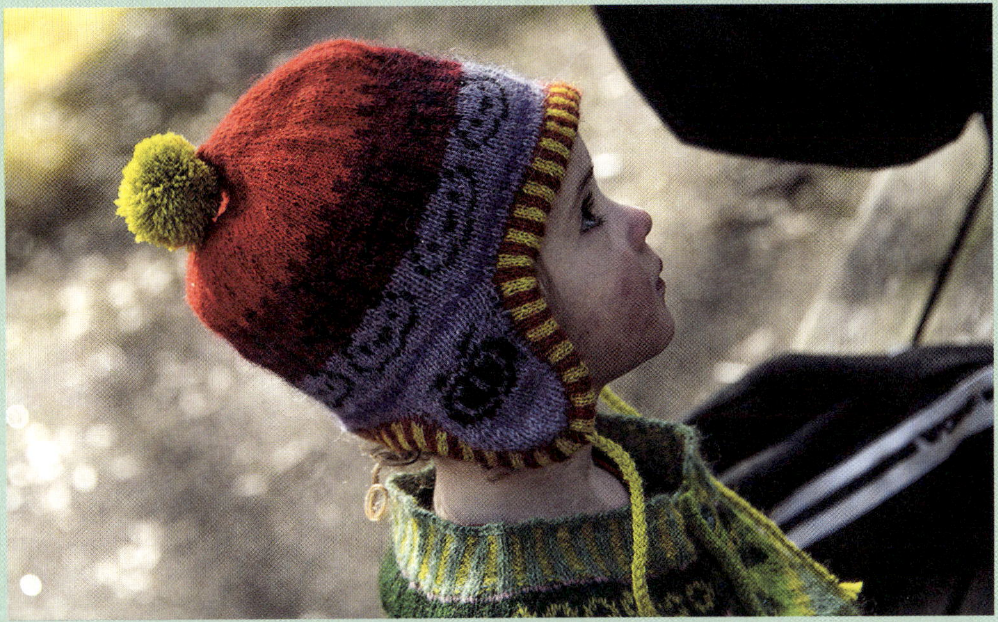

OHRENKLAPPEN

- Die Ohrenklappen werden in Hin- und Rückreihen gestrickt.
- 2–3 cm glatt rechts stricken, danach zu Beginn jeder Reihe 1 M abnehmen, bis 8 M übrig sind. Abketten.

Die zweite Ohrenklappe ebenso stricken.

ZUSAMMENNÄHEN

- Entlang des gesamten unteren Randes der Mütze M auffassen und 2,5–3 cm glatt rechts stricken. Abketten.
- Alle Fäden vernähen. Den unteren Rand nach innen umklappen und festnähen. Zwei I-Cords (siehe Anleitung, Seite 21) oder Zöpfe herstellen, z. B. mit kleinen Pompons daran, und sie ganz unten an die Ohrenklappen nähen.

#öronlappsmössa-topdown

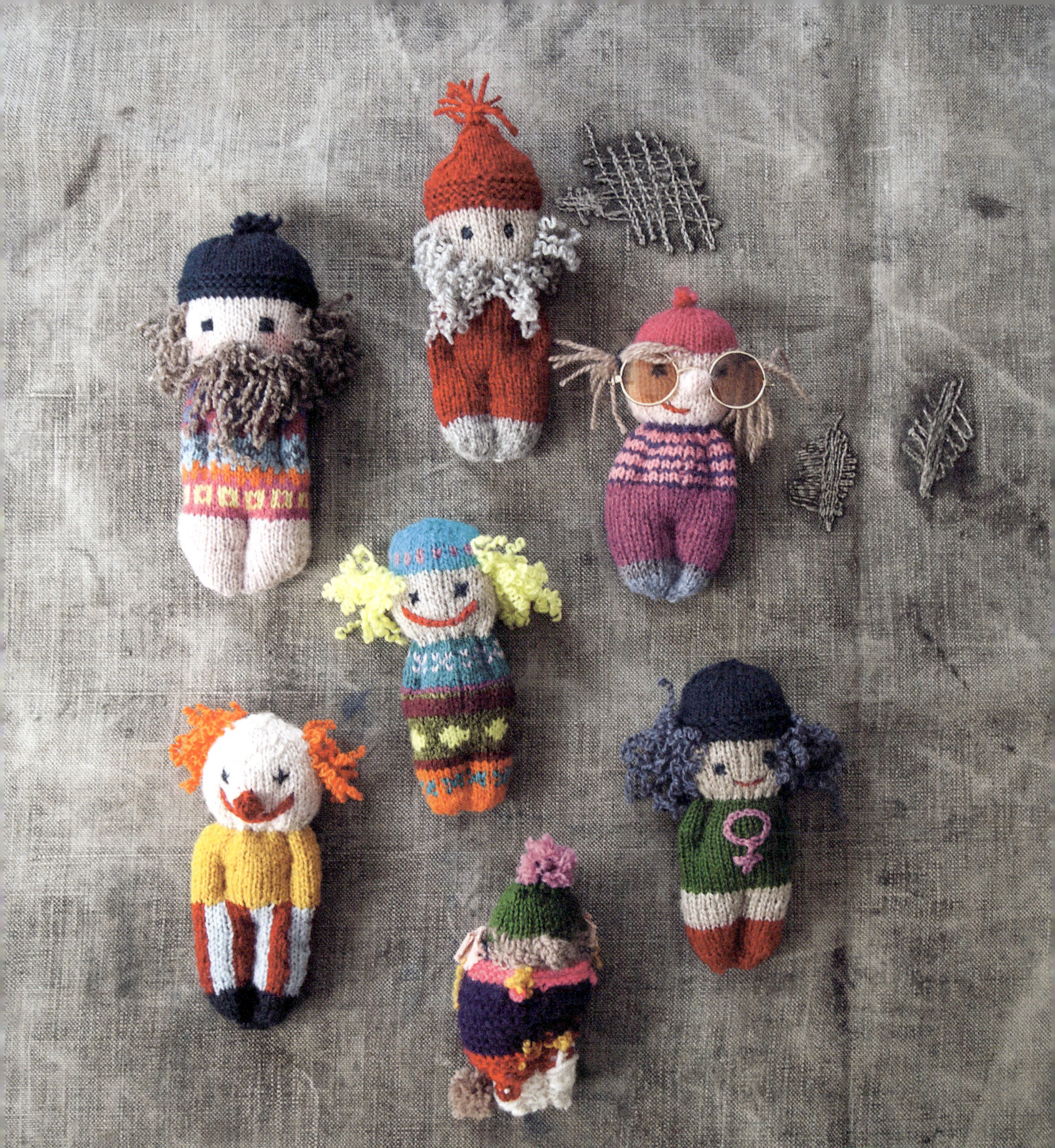

Stricke eine kleine Maschenprobe, wasche und trockne sie. Trenne sie wieder auf, und du hast lockiges Garn für Haare oder Bart! Der Troll ganz unten ist das allererste Strickprojekt meiner Tochter Agnes.

Strickmännchen

Gestrickte Püppchen wie aus den 1970ern

Diese Art gestrickter Männchen erinnert mich stark an die 1970er und war das Allererste, was ich im Handarbeitsunterricht stricken sollte. Das Männchen hing dann immer am Rückspiegel von Papas Auto und sorgte dort viele Jahre lang für Freude und eingeschränkte Sicht. Ein perfektes Projekt für Anfänger!

Garn: 2-fädiges (feines) Wollgarn
Menge: nicht besonders viel
Nadeln: Nadelspiel, Nadelstärke 2,5 mm
Maschenprobe: 26 M auf 10 cm mit Nadelstärke 3 mm
Zubehör: Füllwatte, Stopfnadel, Schere

- 16 M anschlagen und ein paar Rd mit dem Nadelspiel stricken, dann aus jeder M noch 1 weitere M zunehmen, indem 1 rechte M über das vordere Maschenglied und 1 rechte M über das hintere Maschenglied gestrickt wird, sodass du 32 M hast. In Rd weiterstricken, bis der Körper ca. 10 cm misst. Für das Gesicht ca. 3,5 cm weiterstricken. Nach Belieben eine Noppe als Nase stricken (siehe Seite 24). Danach für Mütze/Kopf ca. 4 cm stricken.
- Ein paar links gestrickte Rd können den Anschein eines »Umschlagbündchens« an der Mütze erwecken. Für eine rund zulaufende Mütze abnehmen: *2 M rechts zusammenstricken*, von *–* stets wdh, bis 8 M übrig sind. Soll die Form etwas spitzer zulaufend sein, in jeder dritten Rd abnehmen. Den Faden abschneiden, durch die übrigen M ziehen und festziehen. Vernähen oder die Enden verknoten.
- Den Kopf des Männchens mit Füllwatte ausstopfen, mit einer Nadel an dessen unterem Ende Heftstiche nähen und den Faden zusammenziehen, um einen Hals zu formen. Sorgfältig vernähen. Mit Rückstichen durch das ganze Männchen hindurch Arme und Beine formen und den Körper des Männchens mit Füllwatte ausstopfen. Die Füße zusammenziehen. Das Gesicht sticken und Haare oder Bart annähen. Vielleicht noch einen Bommel auf die Mütze?

#stickegubbe

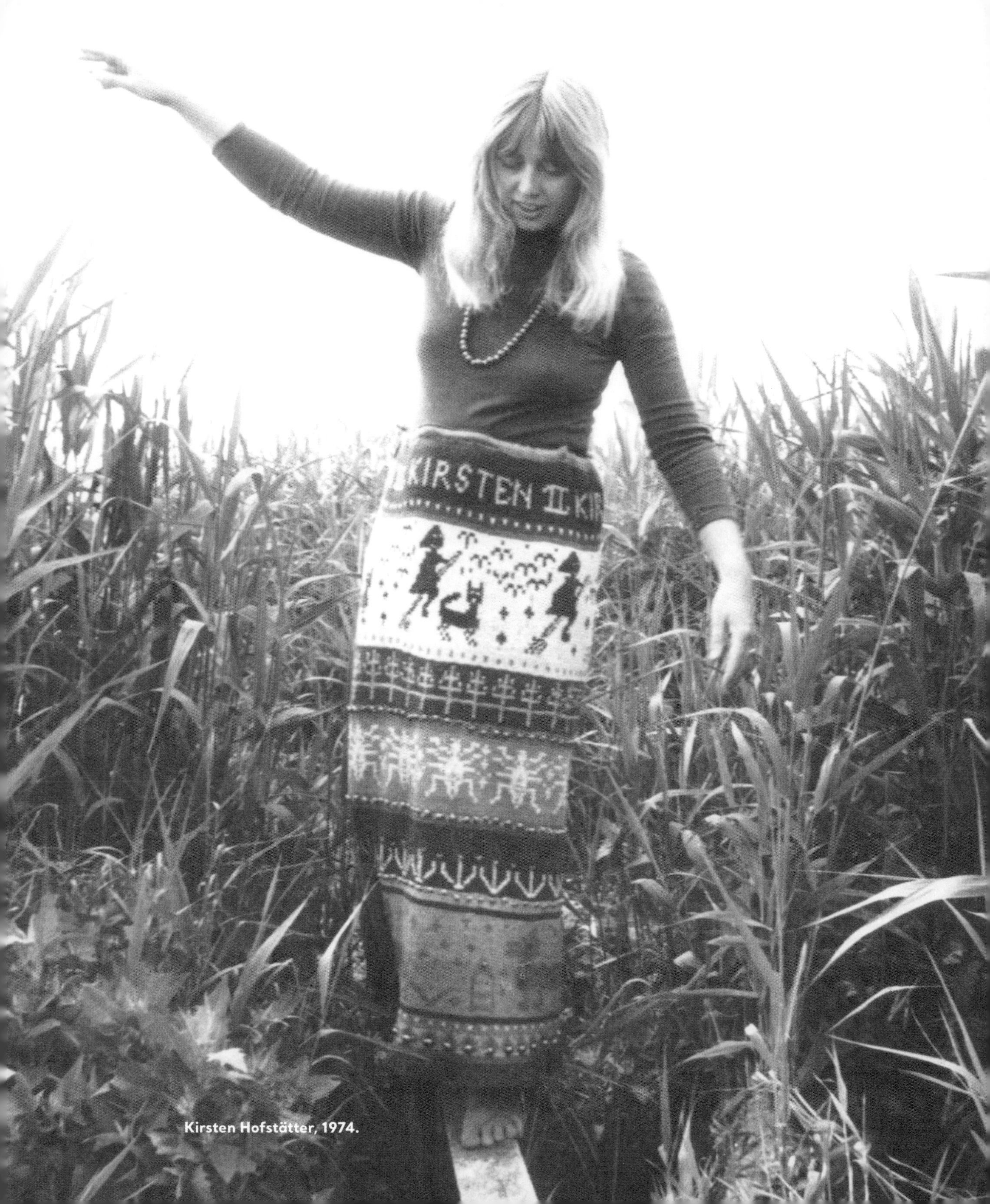

Kirsten Hofstätter, 1974.

Auf den Spuren des Hönsestrik

Nachdem meine erste stürmische Verliebtheit sich etwas gelegt hatte, hatte ich das Gefühl, es wäre Zeit, meiner Beziehung zum Hönsestrik etwas Tiefgang zu verleihen. Ich wollte mehr über den Hintergrund des Hönsestrik wissen, wie es mit der Frauenbewegung zusammenhing, und vor allem wollte ich mehr über seine Begründerin Kirsten Hofstätter (1941–2007) erfahren. Es zeigte sich, dass das nicht ganz einfach war. Im Internet lassen sich insbesondere für diejenigen, die sich in Sammlungen dänischer Museen vertiefen möchten, eine Menge Bilder finden, aber eigenartigerweise mangelt es an Lesestoff.

Beim Nordischen Stricksymposium im dänischen Vejle traf ich im Sommer 2019 Helle Denckert de Visme, die, wie sich herausstellte, gut mit dem Geschwisterpaar Grete und Martin Rung befreundet war. Beide tauchen in Kirsten Hofstätters Büchern, in *Hönsestrik 1* und *Hönsestrik 2* auf. Dank Helle ließ sich der Kontakt zu Grete herstellen, die ihrerseits wiederum den Kontakt zu Kirsten Hofstätters Sohn Thibaud vermittelte.

An einem nasskalten Februartag nahm ich also den Zug hinunter nach Kopenhagen. Endlich sollte ich mehr erfahren! Grete schickte eine SMS, dass sie mich am Bahnhof abholen würde. Wir fuhren zu ihr nach Hause, wo sie heiße Quiche und kühles Pilsner zum Mittagessen auftischte.

Grete, die in mehreren Museen als Kuratorin tätig gewesen war, hatte gerade ihre Arbeit zu einer Reihe von Artikeln zum Thema Hönsestrik abgeschlossen. Auf einem Tisch im Wohnzimmer stapelten sich dementsprechend alle *Hönsestrik*-Bücher sowie diverse Strickarbeiten und Zeitungsausschnitte.

Grete erzählte, dass Kirsten ein Mensch mit großem Herzen und offenen Armen gewesen war, eine hingebungsvolle Frau, die ihre Projekte immer zum Abschluss brachte. Sie war eine »rote Socke« gewesen, also innerhalb der Frauenbewegung an deren linkem Rand aktiv, und Inklusion war ihr sehr wichtig gewesen. Frauen wie Männer hatte sie ebenso zu sich eingeladen (was damals in der Frauenbewegung keine Selbstverständlichkeit war) wie Jung und Alt.

Auf der letzten Seite im ersten Buch waren die Leser*innen aufgefordert worden, ihre eigenen Geschichten und Strickarbeiten einzuschicken, sollten sie in weitere *Hönsestrik*-Bände aufgenommen werden wollen. Viele hatten die Herausforderung angenommen, unter anderem auch Grete, die diese informelle Einstellung zum Stricken angesprochen hatte. Es sollte der Beginn einer langjährigen Freundschaft werden. Grete sollte sowohl an *Hönsestrik 2* als auch an *Hönsestrik 3* mitarbeiten. Ihr jüngerer Bruder Martin, der sich für Fotografie interessierte, war ebenfalls dazu eingeladen worden mitzumachen und machte viele Fotos für die Bücher. Martin strickte zu dieser Zeit selbst und war auf mehreren Fotos sogar als Modell abgebildet – unter anderem in einer farbenfrohen Weste mit Schweinen und Schildkröten darauf, die Grete gestrickt hatte.

Später am Nachmittag fuhren wir zu Kirstens Sohn Thibaud nach Hause. Es wäre stark untertrieben zu sagen, dass ich erwartungsvoll war. Thibaud holte eine vielversprechend aussehende große Kiste und entnahm ihr Fotoalben, Notizbücher und ein langes Strickkleid. Mein Herz schlug etwas schneller, als ich dieses Kleid sah. Ich erkannte es von Bildern in den *Hönsestrik*-Büchern wieder, seine Farben waren in Wirklichkeit aber viel klarer.

Thibaud berichtete, dass alles begonnen hatte, als sie den Urlaub in einer Landwirtschaftskommune in der Tschechoslowakei verbracht hatten und seine Schwester Pernille krank geworden war. Thibaud war mit einer gemusterten peruanischen Mütze zu Kirsten gekommen und hatte sich einen ähnlichen Pullover gewünscht. Er war der Meinung gewesen, dass seine Mama ruhig ein wenig stricken konnte, wo sie doch ohnehin »nur« dasaß und die kleine Schwester

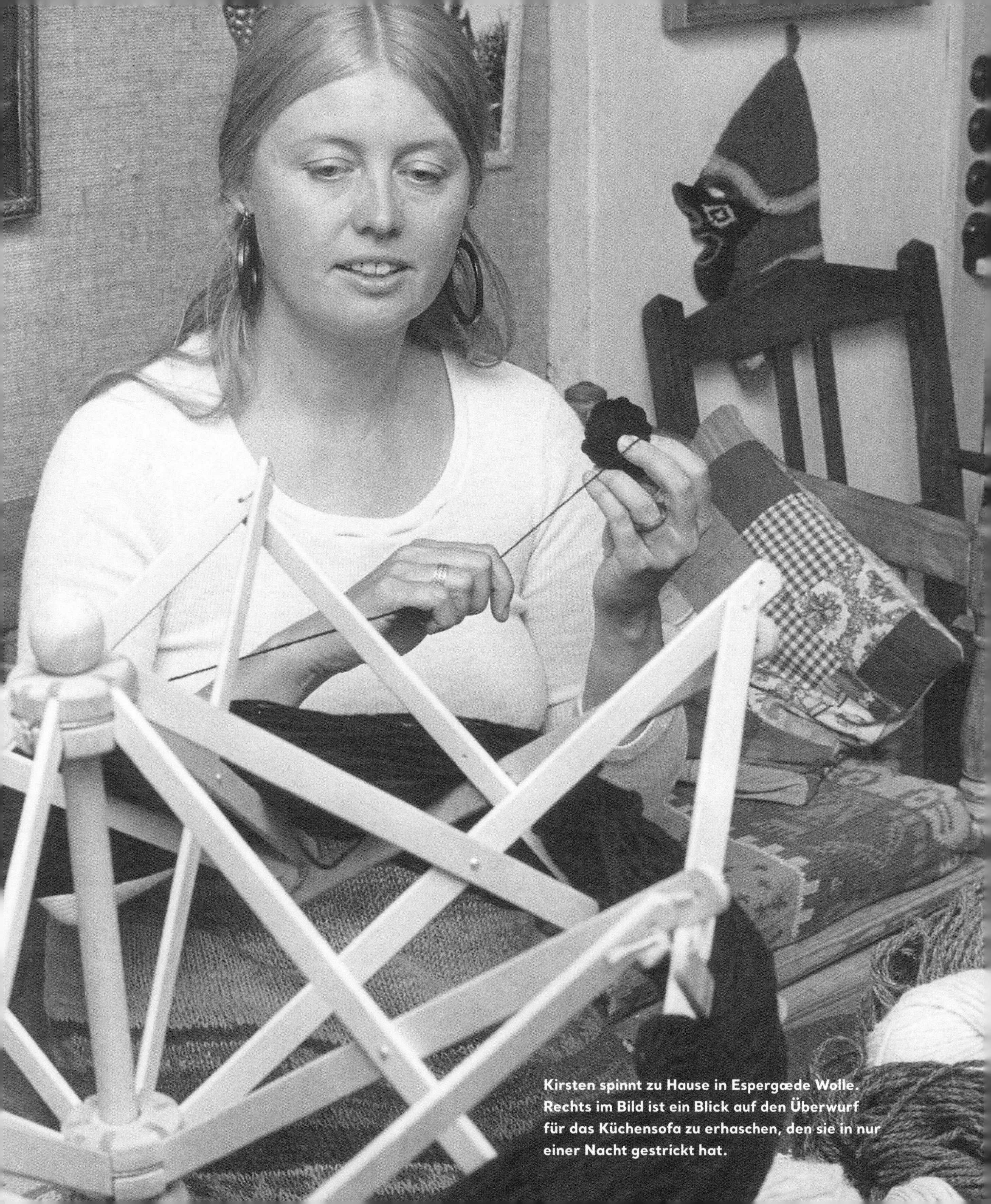

Kirsten spinnt zu Hause in Espergæde Wolle. Rechts im Bild ist ein Blick auf den Überwurf für das Küchensofa zu erhaschen, den sie in nur einer Nacht gestrickt hat.

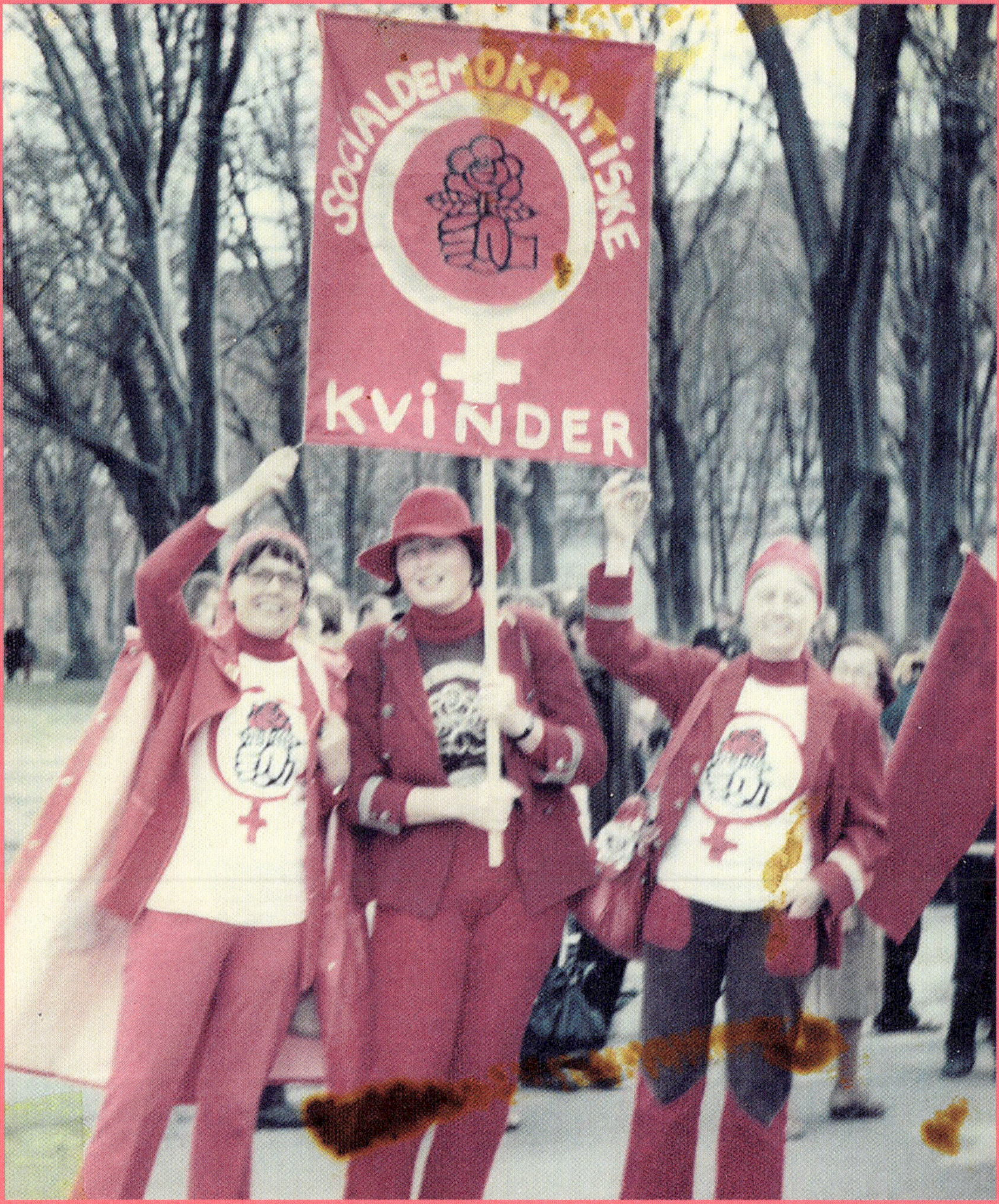

1. Mai 1975, Kirsten Hofstätter rechts.

hütete. Das hatte etwas ausgelöst, und bald hatte Kirsten sowohl ein Strickmanifest als auch ein Buchmanuskript verfasst.

Politik und Handarbeit waren für Kirsten Hand in Hand gegangen und sind offenbar beide Teil ihres Lebens gewesen. Schon früh hatte sie ein ökologisches Bewusstsein entwickelt, etwa wenn es darum ging, Reste aufzubrauchen, wiederzuverwerten und vornehmlich Naturmaterial zu nutzen – und das nicht nur beim Stricken, sondern auch beim Kochen. »Sie war enorm gut darin, dafür zu sorgen, dass das Budget für Lebensmittel lange reichte, sie zauberte mit Resten und verwendete Essbares aus der Natur auf durchaus unkonventionelle Weise.« Thibaud erinnerte sich an ein Gericht, das aus Kartoffeln und Löwenzahnblüten bestanden hatte und für leichtes Erstaunen bei seinen gleichaltrigen Freunden gesorgt hatte.

Die Familie hatte in Espergæde, einem kleinen Ort etwas südlich von Helsingør gelebt, in einem alten Haus mit großem Garten, wo sie Hühner gehalten und ökologisches Gemüse angebaut hatten. Innen war das ganze Haus mit farbenfrohen Wandbemalungen dekoriert gewesen. Thibaud beschrieb ein Heim mit vielen Gästen, das sich nach Kommune angefühlt hatte, obwohl nur eine Familie dort gelebt hatte. Grete stimmte ihm zu, sie erinnerte sich an viele schöne Feste im Haus. Kirsten war gut darin gewesen, Feste zu organisieren und Menschen mit starken Ansichten wie Schriftsteller und Journalisten um sich herum zu versammeln.

Sie hatte immer Strickzeug bei sich gehabt und nicht nur pausenlos, sondern auch unglaublich schnell gestrickt. Grete zeigte mir Fotos von Kirsten, auf denen die Hände nur unscharf zu sehen sind, weil sie so schnell strickte. Sie hatte ihre Strickprojekte nicht geplant, sondern improvisiert. Ihre Ideen waren direkt von ihrem Kopf in ihre Hände übertragen worden. Thibaud berichtete, dass sie selbst manchmal Schwierigkeiten gehabt hatte, den Mustern in ihren eigenen Büchern zu folgen. Es war Gunnar Stein, einer ihrer Freunde gewesen, der die Muster anhand ihrer Strickstücke auf kariertem Papier aufgezeichnet hatte. Sie selbst strickte nicht nach Muster. Thibaud erzählte, dass Kirsten oft am

Abend die Maschen zu einem Projekt angeschlagen hatte, weil sie zum Beispiel festgestellt hatte, dass das Küchensofa einen frischeren Look vertragen konnte. Am Morgen, wenn er aufgewacht war, hatte sie einen Überwurf dafür fertiggestellt.

Hønsetryk und Hönsestrik

Kirstens Strickmanifest war als Aufruf an Garnfabrikanten formuliert, die zur damaligen Zeit keine Strickanleitungen verkauften, wenn man nicht gleichzeitig ihre Garne erwarb. Es stellte gleichzeitig eine Abrechnung mit den traditionellen Strickbüchern dar, die den Stricker*innen mit ihren strikten Anleitungen keinen Raum für eigene Phantasie ließen. Und dann beinhaltete es noch ein Aufbegehren gegen die Konsumgesellschaft, die uns zu passiven Konsument*innen macht, die es nicht wagen, an unsere eigene Kreativität zu glauben.

Weil Kirsten politisch aktiv war, wandte sie sich mit ihrer Buchidee an den linksgerichteten Buchverlag Den røde hane (Der rote Hahn), erhielt aber nicht die Rückmeldung, die sie sich erhofft hatte. Also beschloss sie, ihren eigenen Buchverlag zu gründen, den sie »Hønsetryk« (Hühnerdruck) taufte. Der erste von diesem Verlag publizierte Titel war das Buch, das dem Strickstil seinen Namen verleihen sollte: *Hönsestrik*.

Kirsten finanzierte die erste Auflage von 4000 Exemplaren mit ihrem BAföG, und an Weihnachten im Jahr 1973 verkaufte sie das Buch selbst auf dem Markt. Es war innerhalb von sechs Wochen ausverkauft und finanzierte die nächste Auflage, die in Buchcafés, Wollläden, Buchhandlungen und sogar bei »Brugsen«, einer dänischen Supermarktkette, geführt wurde. *Hönsestrik* wurde ein großer Erfolg. Innerhalb von fünf Monaten wurden allein in Dänemark 26000 Exemplare verkauft, später wurde das Buch in sieben Sprachen übersetzt.

Es enthält, gemessen an seiner Zeit, viele Bilder, sowohl in Farbe als auch in Schwarz-Weiß. Die darin vermittelte Einstellung, dass alles leicht von der Hand gehen soll, ist ansteckend: Einfach Maß nehmen und loslegen! Mit den Strickanleitungen selbst ist es ebenso, es handelt sich um einfache Grundmodelle, die meist mit der Rundstricknadel gestrickt werden.

Eine der Grundideen besteht darin, dass es möglich sein sollte, Muster frei zu wählen. Traditionelle Muster aus Südamerika, Norwegen und Afrika stellten zusammen mit Alltagsgegenständen, Texten und Emblemen wie zum Beispiel dem Peacezeichen oder feministischen Symbolen eine große Inspirationsquelle dar, die von der Persönlichkeit, den Werten und den Interessen der Träger*innen erzählten.

Ein Jahr später, 1974, erschien *Hönsestrik 2* mit eigenen Beiträgen der Leser*innen in Form von Bildern und Erzählungen. Und 1975 kam *Hönsestrik 3* zu demselben Thema heraus. Im Jahr 1977 wurde *Kyllingestrik – børnenes egen strikkebog* (Küken stricken – das Strickbuch für Kinder) mit einfacheren Projekten veröffentlicht, die Kinder zum Stricken animieren sollten und deutliche Bilder enthielten, die auf pädagogisch sinnvolle Weise die Grundlagen des Strickens zeigen. Die Bücher wurden in mehreren Ländern publiziert und *Hönsestrik* fand Verbreitung in Norwegen, Schweden, Großbritannien, Holland, Österreich und sogar so weit entfernt wie in Japan, Australien und Südafrika.

Die Einkünfte der *Hönsestrik*-Bücher finanzierten im weiteren Verlauf die übrigen Publikationen des Verlages zu »frauenbezogenen« Themen, also Literatur von und über Frauen und die Situation von Frauen in der Gesellschaft. Kirsten selbst beschrieb Hønsetryk als feministischen Verlag, der sich an alle wandte. Hønsetryk wurde ein Teil der dänischen Frauenbewegung und der erste dezidierte Frauenverlag in Europa. Herausgegeben wurde alles von politischer Literatur bis hin zu Poesie, darunter z. B. ein Buch von Anaïs Nin, das noch nicht ins Dänische übersetzt worden war. Der Verlag Hønsetryk gab nahezu 70 Titel heraus, das letzte Buch erschien 1984 und hieß *Kvinde kend din Computer* (Frau, beherrsche deinen Computer).

Die Hönsestrik-Bewegung

Hönsestrik war ein neues dänisches Phänomen, es war farbenfroh und lustvoll, hatte aber auch eine klare politische Botschaft. Die Initiative Hönsestrik schloss sich der Jugendrevolte Teil im Kampf um Befreiung und Aufstand. Auch wenn der eigenen Phantasie und dem eigenen Geschmack entsprechend gestrickt wurde, so hatte Hönsestrik doch eine gemeinsame Ausdrucksform. Die dänische Hönsestrik-Bewegung wurde geradezu zu einer Schwestern- bzw. Bruderschaft, und man konnte sich auf der Straße leicht erkennen. Aber strickten tatsächlich alle Hönsestrik? Nein, am populärsten war das wohl in bestimmten Kreisen, unter all den Leuten, die ein wenig alternativ waren, sich in der linken Szene politisch engagierten und möglicherweise in einer Kommune lebten. Aber dass zumindest alle in Dänemark Hönsestrik kannten, das ist sicher.

Textilien und der Kampf um Frauenrechte

Obwohl die *Hönsestrik*-Bücher ein großer Erfolg waren, stießen sie auch auf andere Reaktionen. Åse Lund Jensen, eine anerkannte Strick- und Handarbeitsexpertin, schrieb in einem Brief an Hønsetryk, dass sie zwar fand, die Hönsestrik-Initiative sei inspirierend und lustvoll, dass sie sich aber trotzdem wünsche, dass der Respekt vor der Handarbeit gewahrt bliebe. Kirsten lud sie daraufhin ein, sich zu beteiligen, und tatsächlich trug Åse Lund Jensen zu den Folgebüchern viele gute Ratschläge bei.

Innerhalb der Frauenrechtsbewegung bezeichneten wiederum einige am linken Rand die Hönsestrik-Bewegung als reaktionär. Sie wurde dafür kritisiert, dass sie, nostalgisch verpackt, alte weibliche Tugenden verherrliche und idealisiere, und dass es für den politischen Kampf für die Emanzipation der Frau in keiner Weise dienlich sei, wenn Frauen weiter hübsche Sachen für das Heim herstellen.

Für die Frauenrechtsbewegung lag die politische Priorität darauf, Hausarbeit so weit als möglich abzuschaffen, um den Frauen den Zugang zum Arbeitsmarkt zu ermöglichen. In dieser Debatte wurde das Textilhandwerk als »vergeudete Frauenarbeit« abgestempelt, eine Einstellung, die sich leider nur schwer abschaffen ließ. Aber auch, wenn die Hönsestrik-Bewegung für die Frauenrechtsbewegung in gewisser Weise problematisch war, sowohl aus der Perspektive des Klassenkampfes als auch aus frauenpolitischer Sicht, so war sie inhaltlich doch mit dem Protest der 68er-Generation gegen Autoritäten verbunden, und ihre Haltung zu Umwelt, Ökologie und Kritik an der Konsumgesellschaft teilte sie sowohl mit der Frauenrechtsbewegung als auch mit der frühen Umweltbewegung.

Hönsestrik entstaubte das von Tradition erdrückte Stricken, das viele aus dem Schulunterricht kennen, und es zeigte, welch befreiende Wirkung Stricken haben konnte, und wie es uns in der Folge helfen kann, auch andere Dinge in den Griff zu bekommen. In der Einleitung zur schwedischen Ausgabe von *Hönsestrik* werden wir aufgefordert »ehemals notwendige Frauenarbeit neu zu bewerten«, um nicht in einer völlig entfremdeten Gesellschaft zu landen, in der es ausschließlich um Produktion und Profit geht.

Lasst uns die Welt verändern und gleichzeitig etwas Schönes für uns und unsere Kinder stricken! Weil unsere Kreativität zum Erliegen gekommen ist und die Industrialisierung uns dahingehend verunsichert hat, was wir selbst produzieren, werden wir zu perfekten Konsument*innen, die immer etwas Neues möchten. Aber wir müssen mit dem Wergwerfen aufhören.

Das sind Ideale, die immer noch brandaktuell sind: Inklusion, Umweltbewusstsein, Verantwortung für unsere Konsumgewohnheiten ... All das hängt in gewisser Weise zusammen. Wie wir uns zu unserer Kreativität verhalten, beeinflusst unser Empfinden dafür, was wir können und was wir uns zutrauen. Hirn und Hand müssen zusammenarbeiten. Handarbeit verleiht uns in einer digitalisierten Gesellschaft Bodenhaftung, wenn man etwas selbst macht, lernt man den gesamten Prozess kennen, nicht nur einen Teil davon. Dieses Verständnis ist auf so vielen Ebenen wichtig.

Vertrauen wir der Kreativität! Es zu wagen, einer Inspiration zu folgen, ohne genau zu wissen warum, kann ja zu ganz neuen Erkenntnissen führen. Vielleicht erfindest du kein Penicillin, das ist ja schließlich auch schon erfunden, aber möglicherweise hast du aus Zufall plötzlich eine ganz neue Ärmelvariante oder ein Muster, das die Welt noch nicht gesehen hat, gestrickt, oder du hast es endlich einmal geschafft, alles zu durchdenken. Gleichzeitig hast du etwas für dich selbst oder für jemanden, den du magst, gestrickt. Lass das Stricken auch weiterhin ein Ort für Inklusion, Gemeinschaft und Kreativität sein. Wir brauchen ihn!

Kirsten änderte später ihren Namen zu Alma, vielleicht, um ein neues Kapitel in ihrem Leben aufzuschlagen. Vielleicht aber auch, weil sie den Namen Kirsten nie so richtig mochte.

Ich kann einen Besuch in den digitalen Sammlungen der dänischen Museen, wo es massenhaft Hönsestrik-Kleidungsstücke zur Inspiration zu sehen gibt, wirklich nur empfehlen: www.kulturarv.dk/mussam

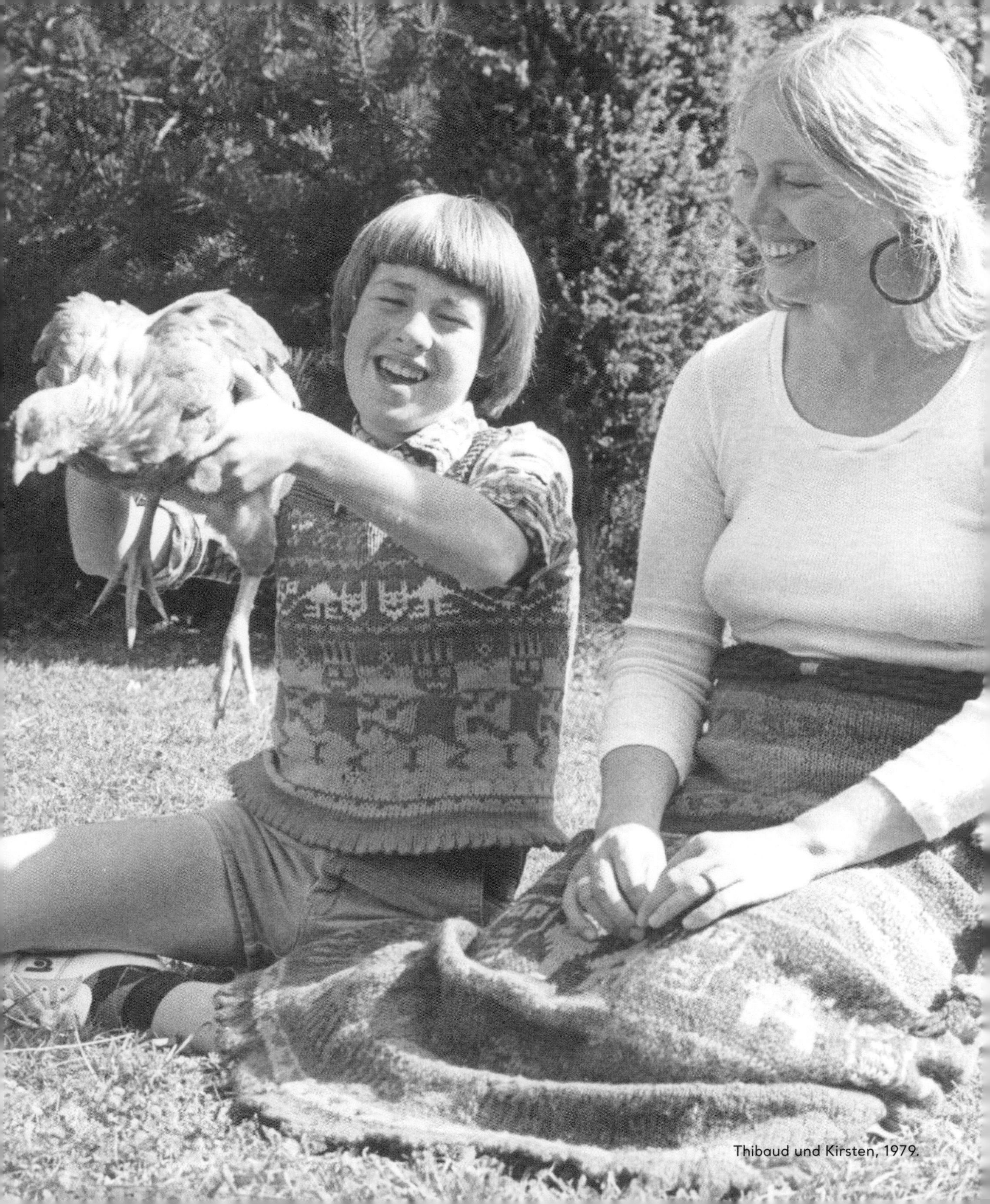

Thibaud und Kirsten, 1979.

Grete Rung med en færdig fællesstriksweater på. Foto: Martin Rung.

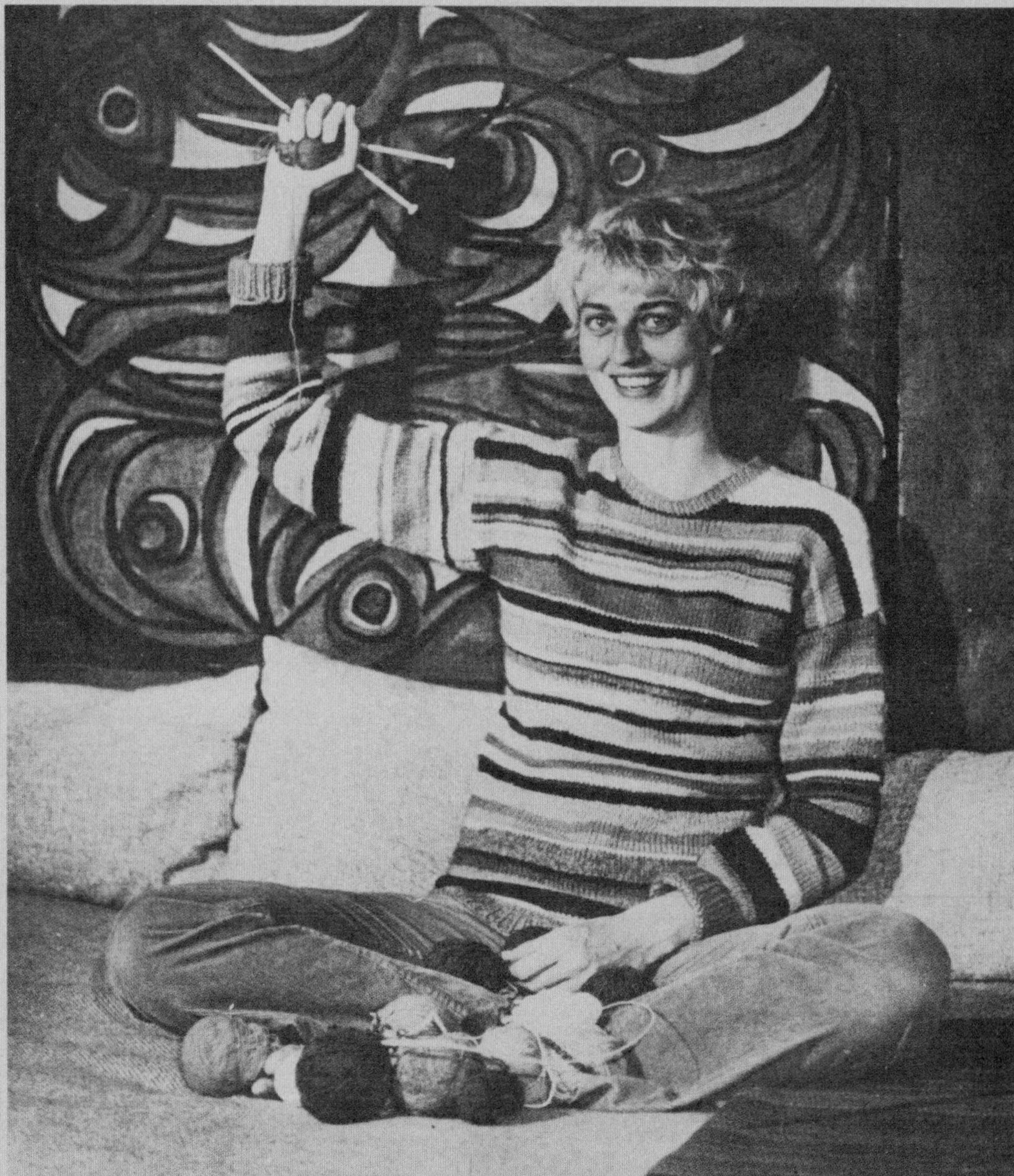

Grete Rung in einem gestreiften, gemeinsam gestrickten Pullover.

Gretes Gemeinschaftsstrickprojekt

– im Wollkorb immer ganz oben

Grete erzählt von dem Gemeinschaftsstrickprojekt, das zu Hause im Wollkorb immer obenauf lag. Alle, die Lust dazu hatten, konnten ein Stück in einer Farbe ihrer Wahl stricken. Dabei ging es nicht um Muster, sondern um Streifen in unterschiedlichen Farben und einfaches Klappern mit der Rundstricknadel, also eine Technik, die einfach genug sein sollte, sodass die meisten sie bewältigen und sich gleichzeitig unterhalten konnten. Resultat waren gestreifte Pullover in überraschenden Farben, die Grete und ihre Freunde häufig trugen.

Der erste dieser gemeinsam gestrickten Streifenpullover ist nun zusammen mit einigen anderen Kleidungsstücken, die in den Hönsestrik-Büchern abgebildet sind, in den Sammlungen des Nationalmuseums in Kopenhagen zu sehen.

Die meisten der von Kirsten gestrickten Stücke befinden sich im Museum Flynderupgård in Espergærde. Außerdem sind Hönsestrik-Teile in den Sammlungen des Museums Den Gamle By in Århus sowie in einigen anderen Museen in ganz Dänemark ausgestellt.

Quellen

Bødker, Agnete (1975). Den hønsestrikkende folkebevægelse, *Politiken*, 19. Oktober.

Dam, Hanne (1978). Hønsestrik banede vejen for en ny kvindelitteratur, *Information*, 25. März.

Engelhardt Mathiassen, Tove (2015). Helles hønsestrikkede nederdel i Den Gamle By, Dragtjournalen, Jahrgang 9, Nr. 12.

Hofstätter, Kirsten (1975). *Hønsestrik 3.*

Hofstätter, Kirsten (1976). *Hønsestrik, ett sätt att sticka fritt.*

Hofstätter, Kirsten (1989). Den eventyrlige historie om Hønsestrik, *Strik for Livet.*

Rung, Grete (2020). Der kom en bog, *Gavstrik 1.*

Rung, Grete (2020). Der kom en bog, *Gavstrik 2.*

Rung, Martin (2019). Martins strikkehistorie, *Gavstrik 2.*

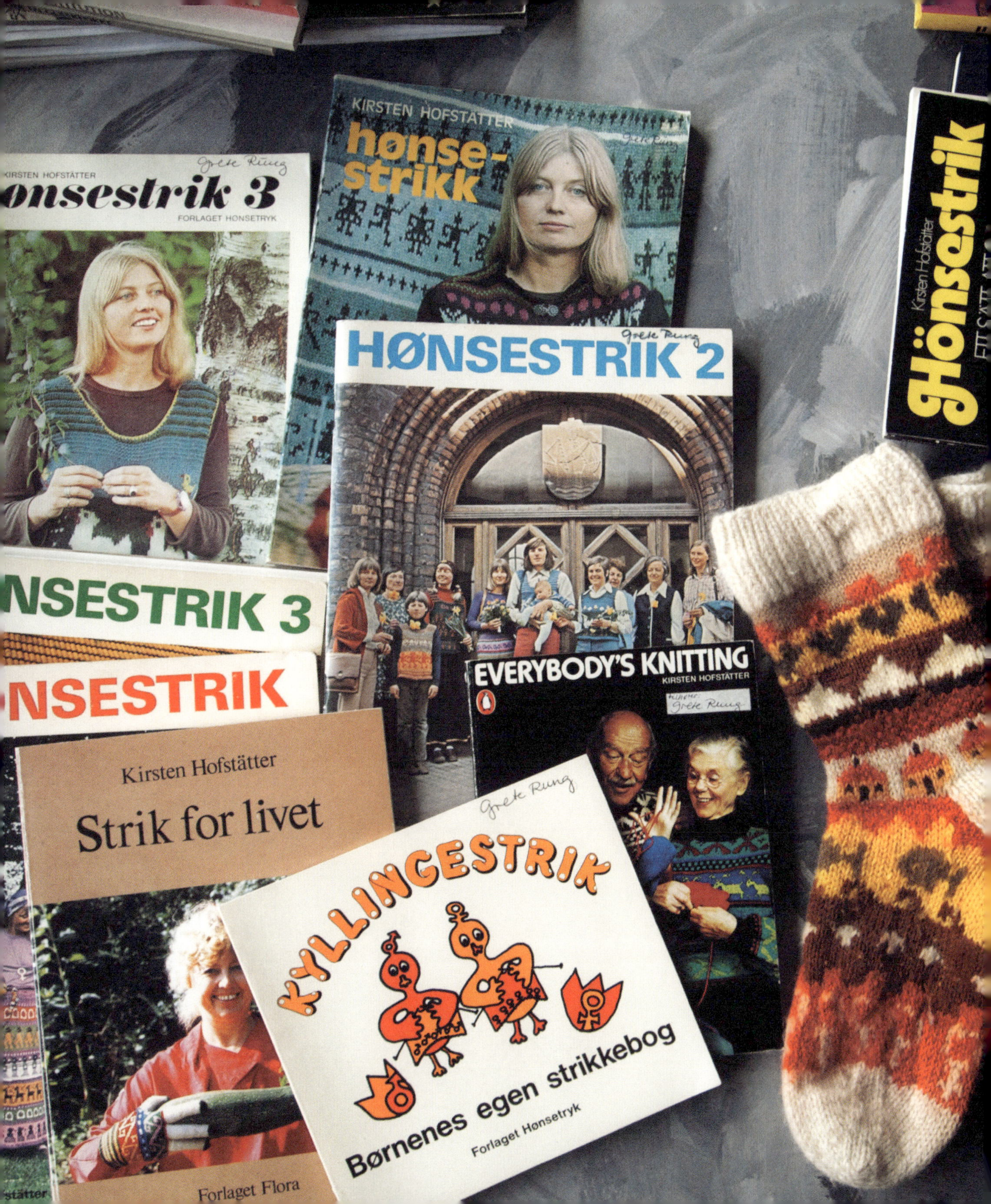
KIRSTEN HOFSTÄTTER
hønse-
strikk
KIRSTEN HOFSTÄTTER
onsestrik 3
FORLAGET HØNSETRYK
HØNSESTRIK 2
NSESTRIK 3
NSESTRIK
EVERYBODY'S KNITTING
KIRSTEN HOFSTÄTTER
Kirsten Hofstätter
Strik for livet
Forlaget Flora
KYLLINGESTRIK
Børnenes egen strikkebog
Forlaget Hønsetryk
Kirsten Hofstätter
Hönsestrik

The Dark Side of Knitting

– wenn du unerwartet Besuch bekommst

Alle, die ihr Leben mit Wolle und gestrickten Kleidungsstücken verbringen, riskieren, früher oder später Besuch zu bekommen. Früher waren übelriechende Mottenkugeln eine Selbstverständlichkeit in jedem Schrank, und Decken und Garne waren oft als »dauerhaft mottensicher« gekennzeichnet, das heißt, sie waren mit Gift präpariert, das das Ungeziefer fernhalten sollte. Heutzutage wissen es die meisten von uns zu schätzen, wenn kein Gift eingesetzt wird, das tun aber leider auch die Schädlinge. Lass uns also unsere Kenntnisse darüber auffrischen, wie wir ungebetene Gäste vermeiden und was wir gegen sie unternehmen können.

Pelzkäfer

Entdeckst du in den Kleidern kleine runde Löcher, am Boden deines Wollbeutels etwas, das hellem Sand ähnelt, oder kleine leere und gestreifte Häute hie und da? Dann hast du es wahrscheinlich mit Pelzkäfern zu tun.

In der Natur ist es Aufgabe der Pelzkäfer, aufzuräumen und Haariges wie zum Beispiel Pelz, Daunen oder die Federn toter Tiere zu beseitigen. Wenn sie nun auf deine Wollvorräte treffen, haben sie also viel zu tun.

Der Pelzkäfer ist ein kleiner schwarzbrauner Käfer, doch man sieht ihn seltener in Form des Käfers als in der der Larve. In diesem Stadium frisst der Pelzkäfer vorzugsweise tierische Fasern wie Wolle, Seide, Pelz und Federn. Er kann sich aber auch von anderen Textilien ernähren, vor allem dann, wenn sie schmutzig sind. Winzige Löcher vorne am Pullover, wo oft gekleckert wird, sind deshalb typisch.

Die Larve ist braun, hat einen leicht gestreiften Körper und ein Büschel Borsten am hinteren Ende. Die ausgewachsene Larve ist 10 mm lang. Sie bewegt sich ruckartig, und wenn man sie antippt, rollt sie sich zusammen. Auch die dünnen Häute, die sie zurücklässt, kann man gut erkennen.

Die Eier des Pelzkäfers sehen wie Klumpen hellen Sandes aus. In der freien Natur legt der Pelzkäfer seine Eier gerne in Vogelnester und im Haus auf Wolle, Pelz oder in Bodenspalten, wo sich gerne Staub, unter anderem von Textilien, ansammelt.

Pelzkäfer sind Nomaden und können sich über recht weite Strecken hinweg fortbewegen. Als Larve lebt der Pelzkäfer, je nach Temperatur und Zugang zu Nahrung, von sechs Monaten bis zu drei Jahren.

Motten

Wenn du kleine, beigefarbene Falter um deine Wollvorräte flattern siehst, hast du ein Problem. Motten sind noch viel gefräßiger als Pelzkäfer und können schnell großen Schaden anrichten. Es gibt viele verschiedene Arten von Motten, doch am üblichsten sind Kleider- und Pelzmotten. Meist erlangen sie Zutritt zu unserem Heim, wenn wir im Frühling lüften. Sie legen Eier, aus welchen dann Larven schlüpfen. Es sind die Larven, die Textilien fressen, während sie gleichzeitig aus dem abgenagten Material einen Kokon um sich herum bauen.

Wie Pelzkäfer lieben auch Motten Garn, Wolle, Federn und Pelz. Sie können auch synthetische Fasern annagen, wenn diese mit Naturmaterialien vermischt oder verschmutzt sind.

Typischerweise sind selten die Kleider, die man am meisten trägt, betroffen, sondern diejenigen, die man ordentlich in den Schrank gelegt hat, oder auch das Wollknäuel, das am weitesten unter das Sofa gerollt ist.

Was also tun, um Pelzkäfer und Motten zu vermeiden bzw. loszuwerden?

Vorbeugung

- Durchforste ab und an deine Garne und Strickjacken, um zu prüfen, ob sie betroffen sind.
- Lege getragene Kleider nicht in den Schrank. Schädlinge lieben verschmutzte Kleidungsstücke ganz besonders.
- Motten und Pelzkäfer verbreiten sich in Kellern und auf Dachböden häufig von Aufbewahrungsbox zu Aufbewahrungsbox. Verpacke Textilien gut, ehe du sie lagerst, und sei vorsichtig, ehe du etwas in deinen Schrank legst, das du vorher gelagert hattest.
- Lagere Garn und Strickkleidung in Plastikkisten mit Deckel oder gut verschlossenen Plastiktaschen.
- Rotzeder (Wacholderholz) wirkt effektiv gegen verschiedene Arten von Schädlingen. Es ist sowohl in Form von Öl als auch von Holzstücken erhältlich, die man in Schränke und Schubladen legen kann. Denke daran, die Holzstücke regelmäßig auszutauschen bzw. aufzufrischen, indem du die Oberfläche mit Sandpapier abschleifst oder frisches Zedernöl darauf träufelst.
- Mottenfallen, meist in Form von klebrigen Streifen, die Pheromone absondern, ziehen die männlichen Falter an und werden von Schädlingsbekämpfern vor allem eingesetzt, um die Motten zu lokalisieren und einschätzen zu können, wie stark der Befall ist. Hast du Motten, die bereits Eier gelegt haben, sind die Streifen nicht mehr von allzu großem Nutzen.

Bekämpfung

Hat es dich erwischt? Dann hilft nur noch Ärmel, die hochzukrempeln und alle Textilien zu Hause zu überprüfen. Ja, ich meine *alle* Textilien!

- Wirf alles weg, was befallen ist, oder behandele es. Im Fall von Motten ist es wichtig, den »Herd« ausfindig zu machen, wo sie ihre Eier gelegt haben. Er sieht möglicherweise wie ein verworrenes Spinnennetz mit Eiern und Larven darin aus.
- Putze alle Schränke und Schubladen aus. Es muss überall staubgesaugt werden. Die Oberflächen müssen mit Wasser und Seife feucht abgewischt werden.
- Gepolsterte Möbel und Teppiche müssen sorgfältig abgesaugt werden. Stecke den Staubsaugerbeutel im Anschluss ins Gefrierfach, wenn du ihn nicht sofort entsorgst.
- Iss die Fischstäbchen und fülle dein Gefrierfach stattdessen mit Wolle. Mindestens –18 °C für mindestens eine Woche sind nötig. Ist es draußen kalt genug, kannst du deine Sachen bzw. deine Wolle natürlich auch dort »einfrieren«.
- Wasche Textilien bei 60 °C (vorausgesetzt, sie halten das aus).
- Wärmebehandlung! Hänge deine Kleidung oder deine Wolle für mindestens eine Stunde bei hoher Temperatur in den Trockenschrank. Wollknäuel können in Stofftaschen im Trockenschrank aufgehängt werden.
- Wird man die ungebetenen Gäste nicht los, kann man einen Kammerjäger kontaktieren, aber man muss dennoch putzen und alle Textilien bei sich zu Hause kontrollieren, ehe er weitere Maßnahmen ergreifen kann.
- Sei immer vorsichtig mit Flohmarktfund- und alten Erbstücken: Wasche sie, friere sie ein oder unterziehe sie einer Wärmebehandlung!

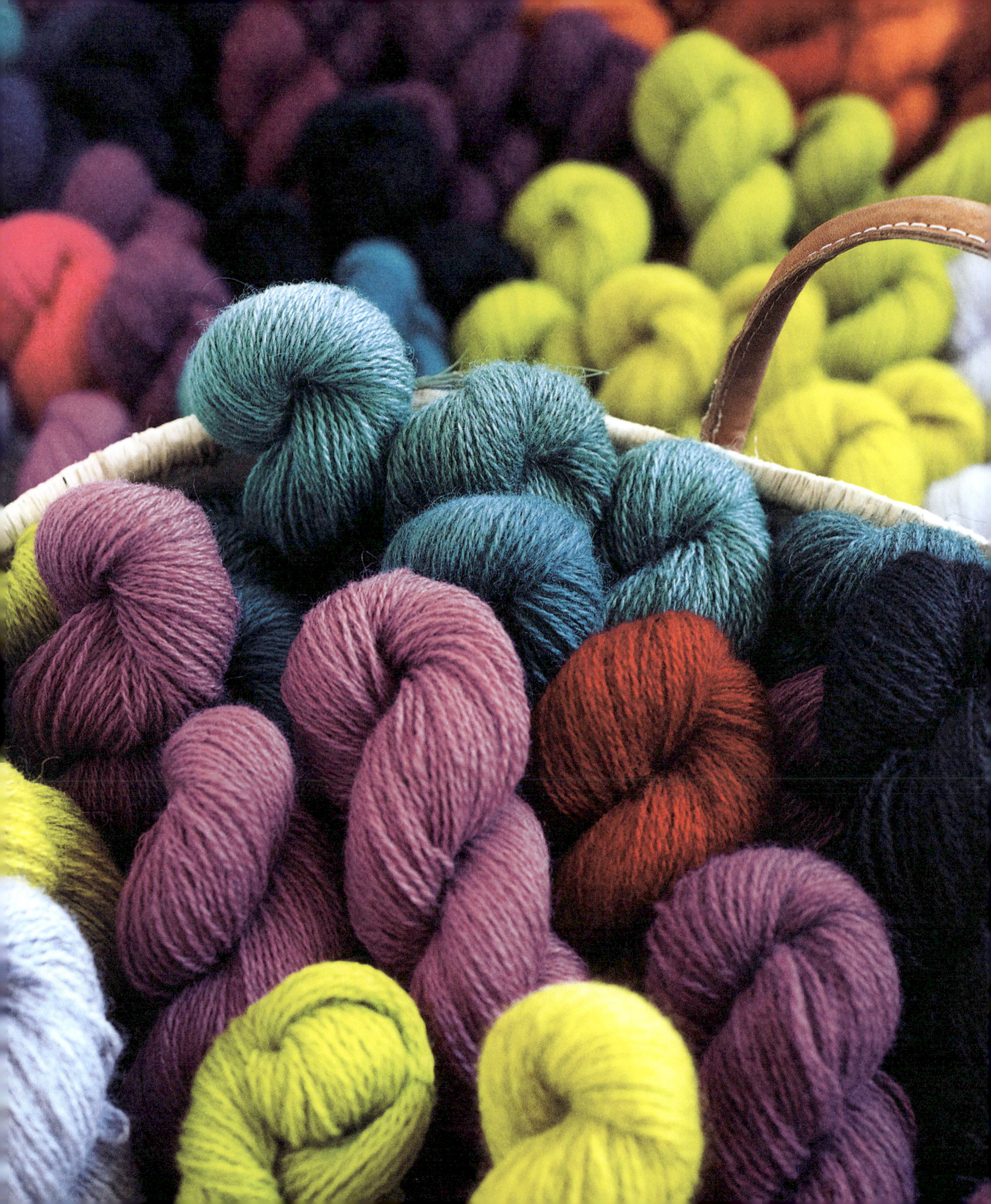

Hallo Garn!

Wähle deine Wolle überlegt, denn du wirst vermutlich recht viel Zeit in dein Strickprojekt investieren. Gönne dir gerne Garn in einer guten Qualität, wenn du es dir leisten kannst, doch beim Hönsetrik ist es auch in Ordnung, Restgarne unterschiedlicher Qualität zu verwenden, solange sie ungefähr gleich dick sind.

Ein Garn, das ich besonders gerne mag, ist Spelsau lammull von Tant Kofta. Es ist ein richtig hochwertiges Garn mit antastischem Schimmer aus von Hand sortierter, extrafeiner Lammwolle von norwegischen Schafen der Rasse Spælsau. Für dieses Buch haben Tant Kofta und ich zusammen eine Farbpalette zusammengestellt, die besonders gut zum Hönsestrik passt. Ich habe meine Ideen zu den einzelnen Farbtönen in Form von Fotos beigetragen: Details von Schallplattenhüllen aus den 70er-Jahren, russische Halstücher, der spezielle Lilaton einer verwitterten Tür in der Dämmerung, der Grünstich im Schwarz einer Lederjacke und manches mehr. Tant Kofta färbte und traf die Töne haargenau. Ich wage zu behaupten, dass sie das absolute Gehör für Farben hat! Dann wählten wir die Farbtöne aus, die uns am besten gefielen und gaben ihnen Namen: Das perfekte Lippenstiftrot sollte »Kussecht« heißen, den hellen, schmutzig türkisen Farbton nannten wir »Straßenkreuzer«, das etwas dunklere Türkis, mit dem wir beide sehr zufrieden waren, erhielt den Namen »Klassenschönste«, und das grünstichige Schwarz sollte natürlich »Lederjacke« heißen, um nur einige zu nennen.

Eine Präsentation der Garne im Buch

Achtung! Die angegebene Maschenprobe entspricht den Angaben auf der Banderole der Garne. In den Anleitungen im Buch kann die vorgeschlagene Maschenprobe abweichen.

DÜNNER

Spelsau lammull
Wird aus handsortierter extrafeiner Lammwolle von norwegischen Schafen der Rasse Spælsau gesponnen. Ein richtig hochwertiges Garn mit hübschem Schimmer.
50 g = 175 m
Nadelstärke: 2,5–3,25 mm
Maschenprobe: 24 Maschen = 10 cm
www.tantkofta.se

Rauma Finull
Ein richtiger Musterstrick-Klassiker, den es in über 130 Farbtönen gibt.
100 % Wolle; 50 g = 175 m
Nadelstärke: 2,5–3 mm
Maschenprobe: 28–26 Maschen = 10 cm

Kampes 2-fädiges Wollgarn
Ein zuverlässiges und preiswertes Garn, das es in vielen Farben gibt. Das Garn wird von der Firma Kampes Spinneriprodukter AB in Mariestad kardiert, gefärbt und gesponnen.
100 % Wolle; 100 g = 300 m
Nadelstärke: 2,5–4 mm
Maschenprobe: 21–29 Maschen = 10 cm

Järbo 2-fädige Wolle
Ein klassisches Wollgarn, das es in vielen Farben gibt.
100 % Wolle; 100 g = 300 m
Nadelstärke: 3,5 mm
Maschenprobe: 21 Maschen = 10 cm
Hergestellt von der Wollfirma Klippan.
www.jarbo.se

Yaku 4/16
Ein Merino-Kammgarn. Leicht zu stricken und superweich. Perfekt für Kinderkleidung, weil es superwashbehandelt ist und in der Maschine gewaschen werden kann. Hält die Form, kein Pilling. Hergestellt in Peru.
100 % Merinowolle von Schafen, die nicht Mulesing ausgesetzt wurden; 50 g = 200 m
Nadelstärke: 2,5–3 mm
Maschenprobe: 26–32 Maschen (= 10 cm)
www.tantkofta.com

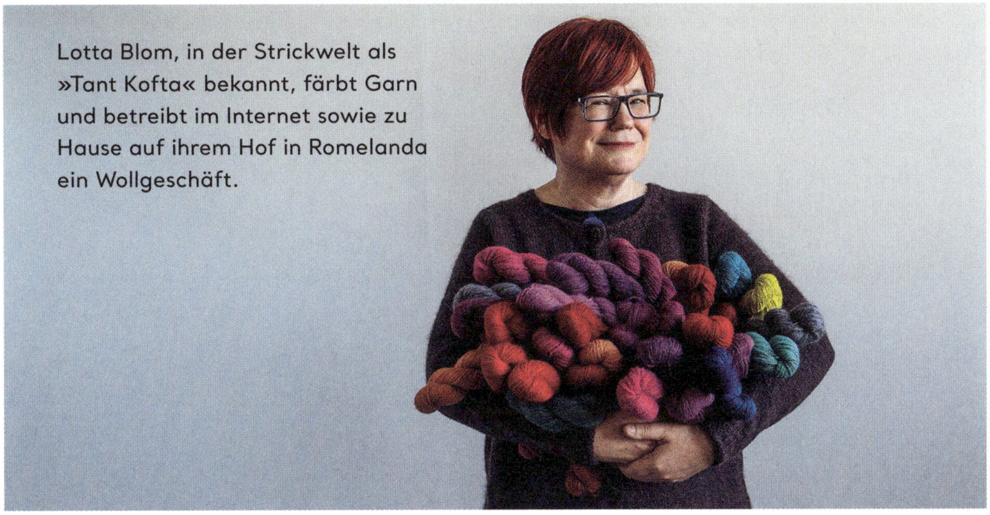

DICKER

Kampes 3-fädiges Wollgarn
Ein etwas dickeres Wollgarn, zuverlässig und preiswert. Das Garn wird von Kampes Spinneriprodukter AB in Mariestad kardiert, gefärbt und gesponnen.
100 % Wolle; 100 g = 200 m
Nadelstärke: 4–5 mm
Maschenprobe: 18–21 Maschen = 10 cm

Álafosslopi
Ein herrliches und richtig dickes isländisches Garn, das in der isländischen Spinnerei Ístex gesponnen wird.
100 % isländische Wolle; 100 g = 100 m
Nadelstärke: 6 mm
Maschenprobe: 13 Maschen = 10 cm
www.jarbo.se

SOCKENWOLLE

Mellanraggi
Ein Garn der Firma Järbo. Oeko-Tex-zertifiziert.
Geeignet für Socken und Strümpfe.
75 % Wolle (Superwash), 25 % Nylon/Polyamid; 100 g = 260 m; 100 g = 260 m
Nadelstärke: 3–4 mm
Maschenprobe: 25 Maschen = 10 cm
www.jarbo.se

Trekking
Das Garn Trekking wird in Deutschland vom Qualitätsunternehmen Atelier Zitron gesponnen. Oeko-Tex-zertifiziert. Reißfest und sehr angenehm zu stricken.
75 % Wolle, 25 % Polyester; 50 g = 210 m; 50 g (= 210 m)
Nadelstärke: 2,25–2,5 mm
Maschenprobe: 28 Maschen = 10 cm
www.tantkofta.se

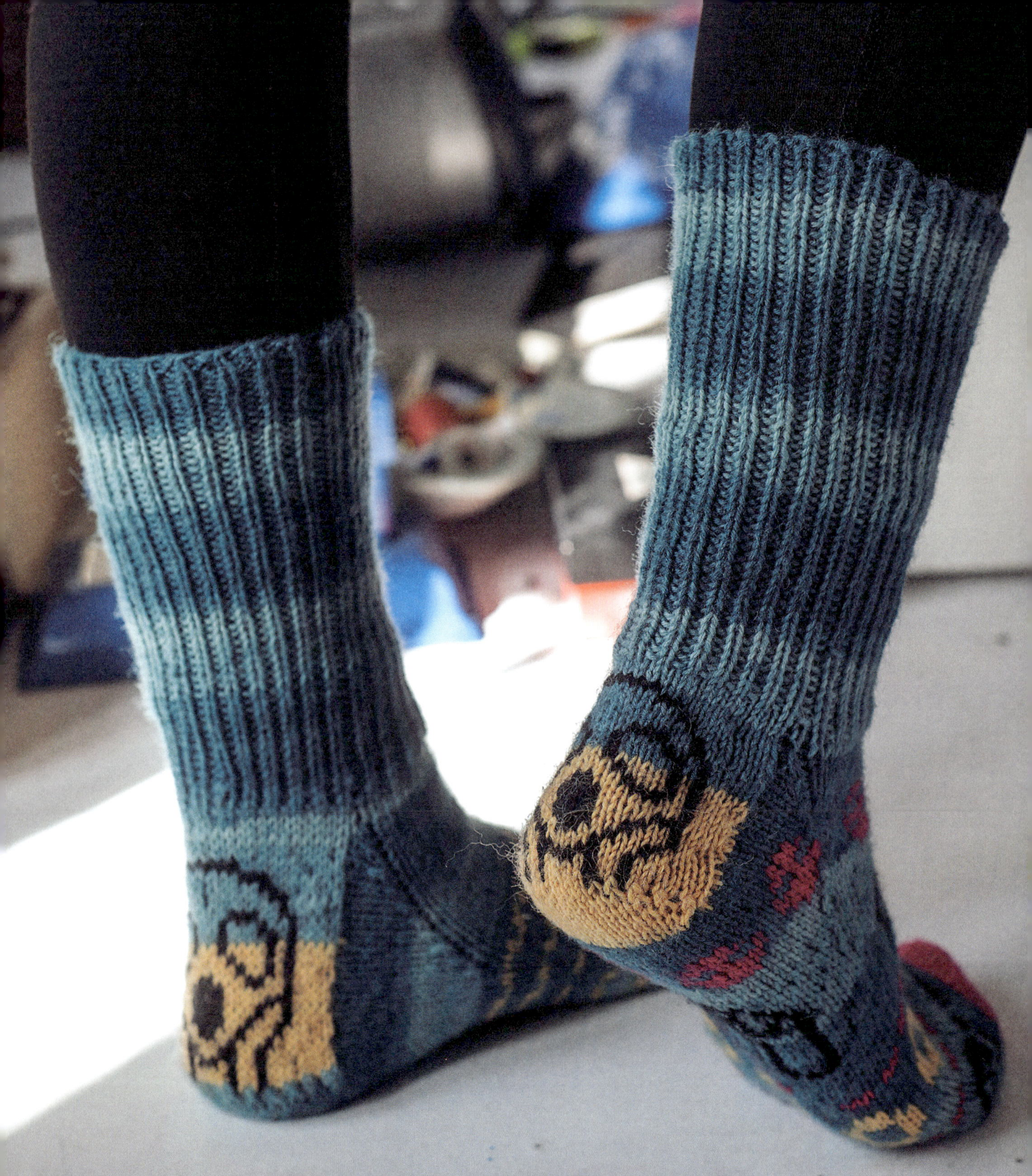

Die Anleitung für diese Holzschuh-Strümpfe findest du auf Seite 77.

Muster-bibliothek

Die Muster in der Musterbibliothek bestehen aus Bordüren und rapportierten Jacquardmustern. Ich habe sie danach sortiert, wie viele Maschen die Rapporte in der Breite haben. Ein Rapport ist der kleinste Bestandteil eines Musters, eine Anzahl von Kästchen, Pixeln oder Maschen, die wieder und wieder wiederholt werden und so ein Muster bilden. Eine Bordüre wird nur seitwärts wiederholt, während ein rapportiertes Muster sowohl seitwärts als auch in die Höhe wiederholt wird. Ein Kästchen entspricht einer Masche.

In manchen Anleitungen – bei denen, die Größenangaben enthalten – habe ich notiert, welche Bordüren zu welcher Maschenanzahl passen. Aber in den Anleitungen, die nach persönlichen Maßen gestrickt werden, musst du selbst zählen oder es eben darauf ankommen lassen. Häufig ist es ja gerade das Unvorhergesehene, das am Ende den besonderen Clou ausmacht!

Als ich die Muster gesammelt habe, habe ich versucht, sowohl Traditionelles als auch Unerwartetes mitaufzunehmen, verlässliche Klassiker und neue Ideen also.

Alle Muster lassen sich mit jeweils nur zwei Farben stricken, nach oben sind der Anzahl der Farben, die du insgesamt verwenden möchtest, allerdings keine Grenzen gesetzt!

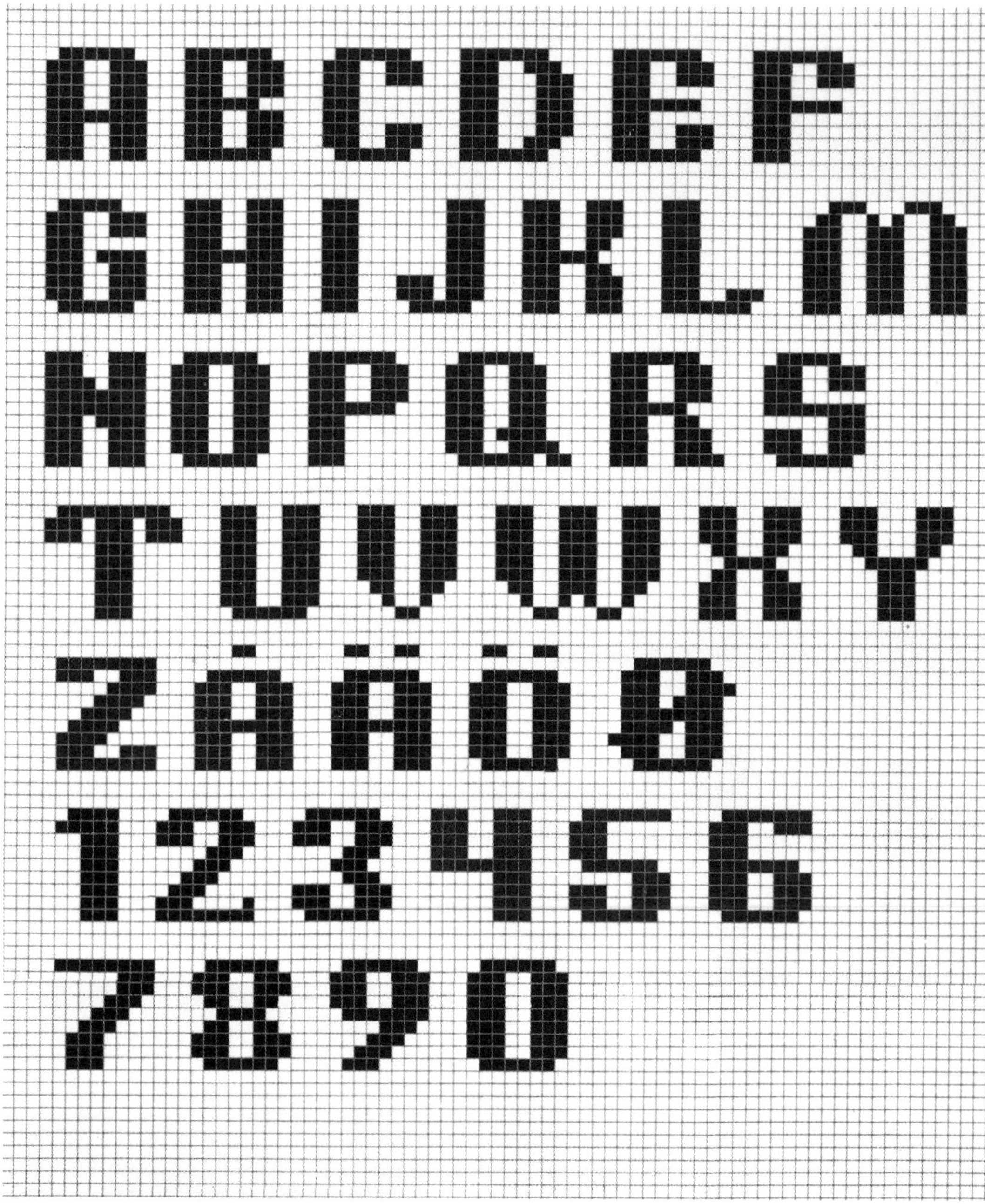

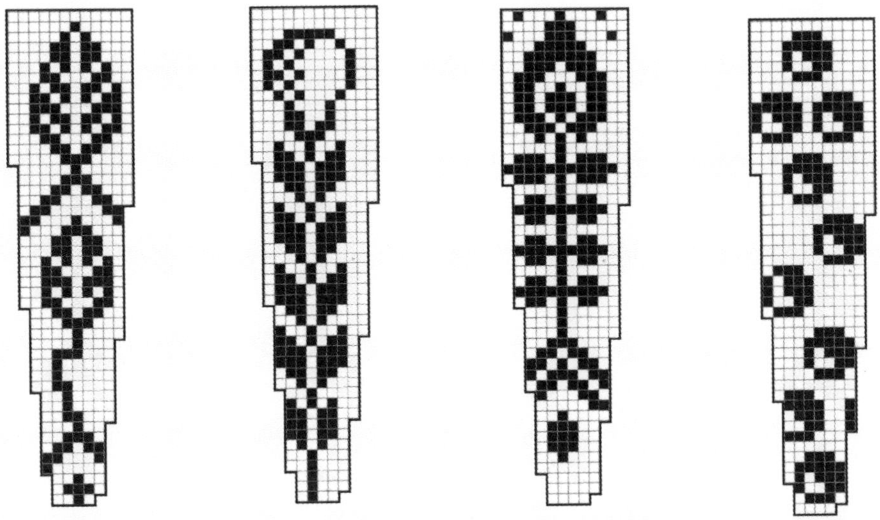

Vorlage 1

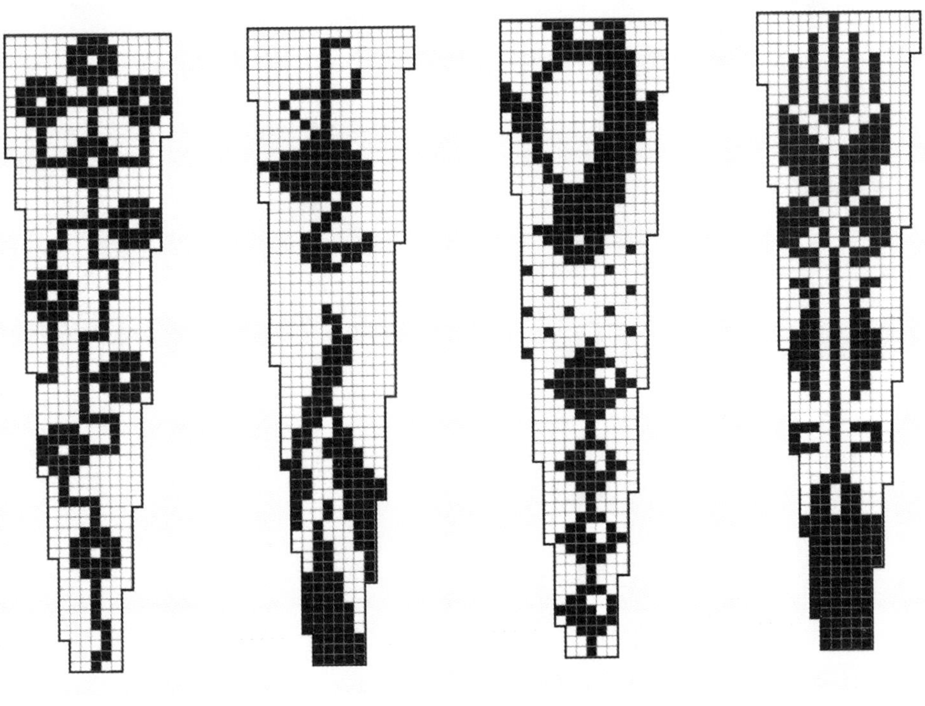

Vorlage 2

Die Zunahmen für die einzelnen Segmente wurden an manchen Stellen leicht angepasst, sodass sie besser zu den entsprechenden Mustern passen. Leere Vorlagen zum Selbstausfüllen sind auf Seite 48 zu finden.

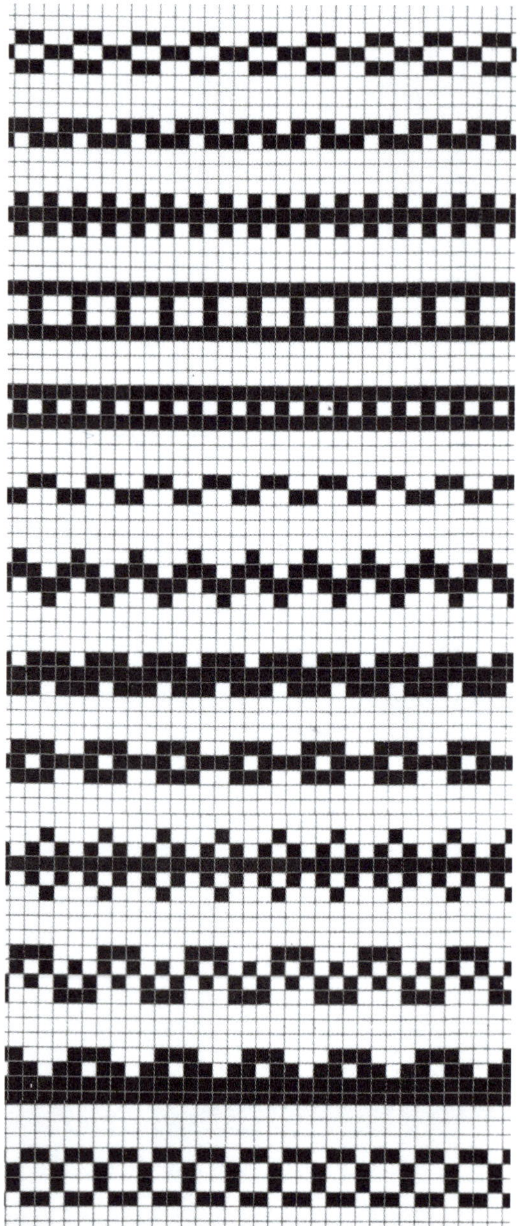

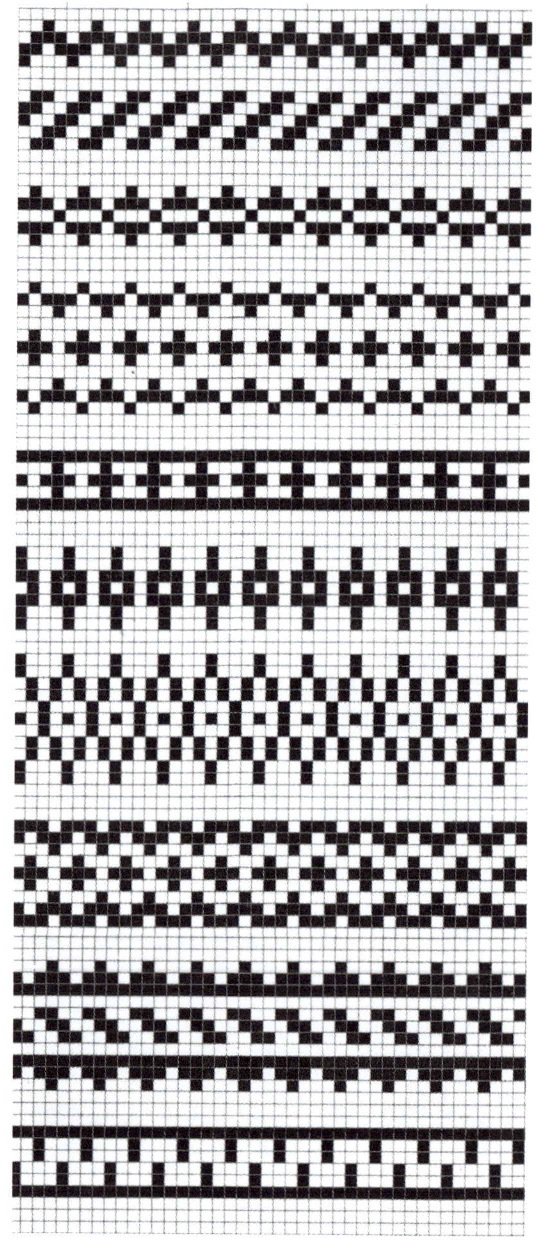

Schmale Bordüren für Übergänge zwischen farbigen Partien.

2–6 MASCHEN/KÄSTCHEN

4 MASCHEN/KÄSTCHEN

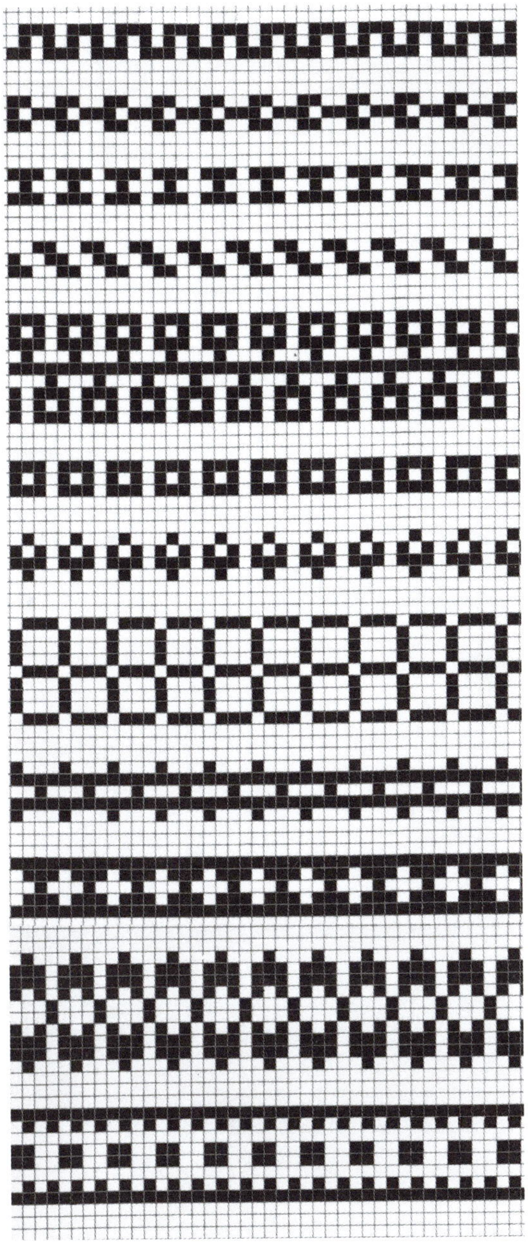

MASCHEN/KÄSTCHEN **4**

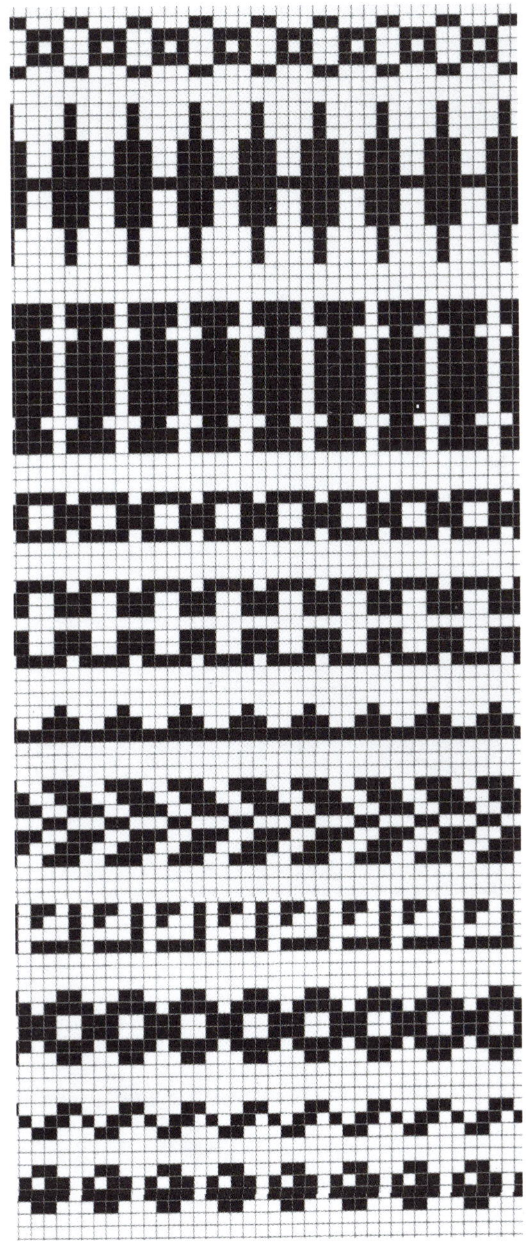

MASCHEN/KÄSTCHEN **5**

6 MASCHEN/KÄSTCHEN

6 MASCHEN/KÄSTCHEN

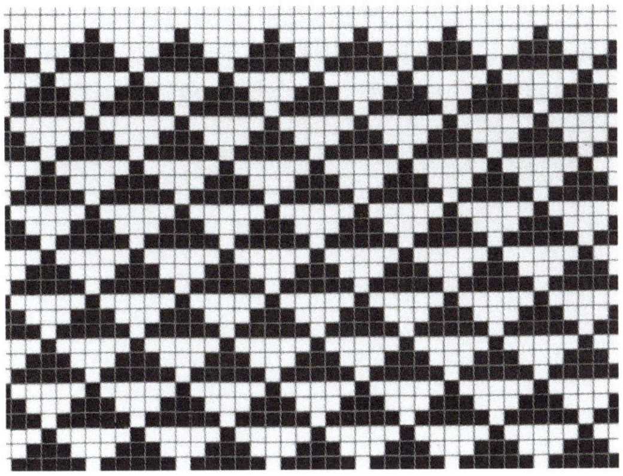

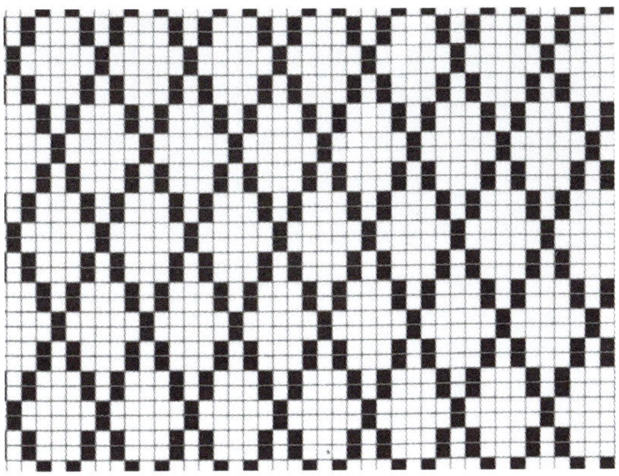

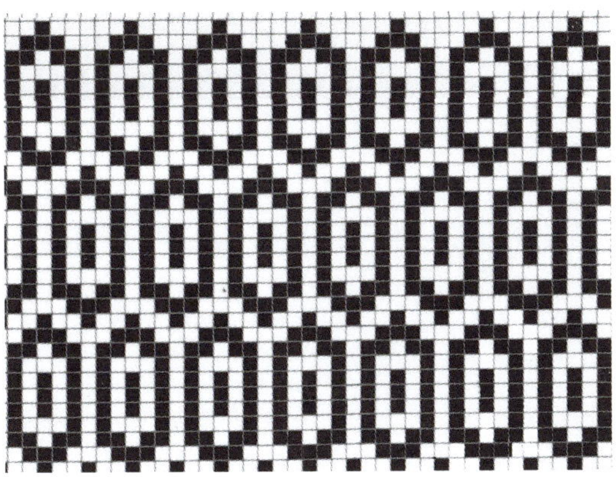

MASCHEN/KÄSTCHEN **6**

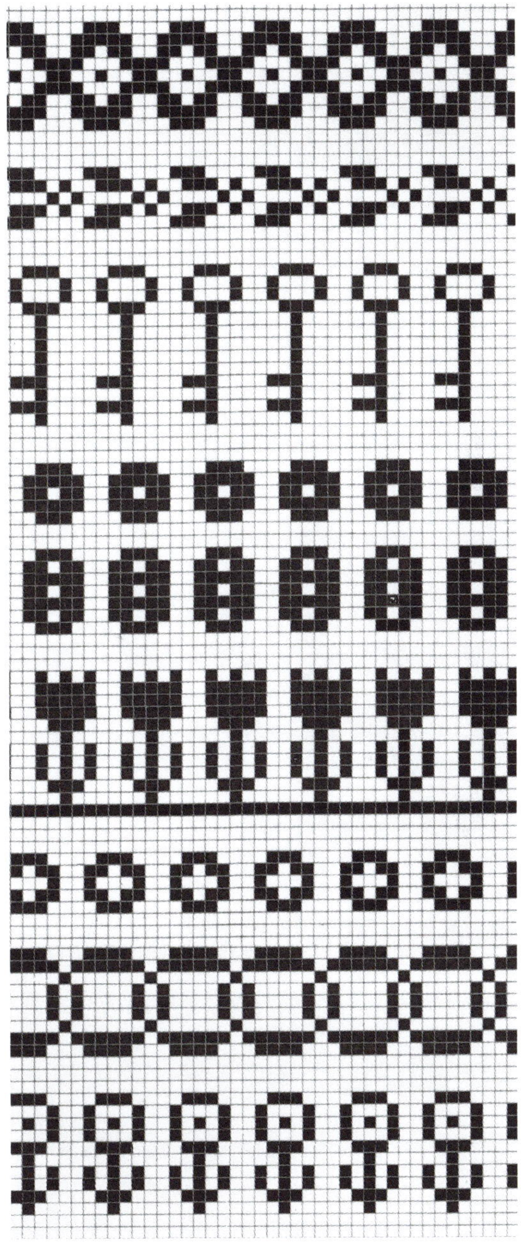

MASCHEN/KÄSTCHEN **6**

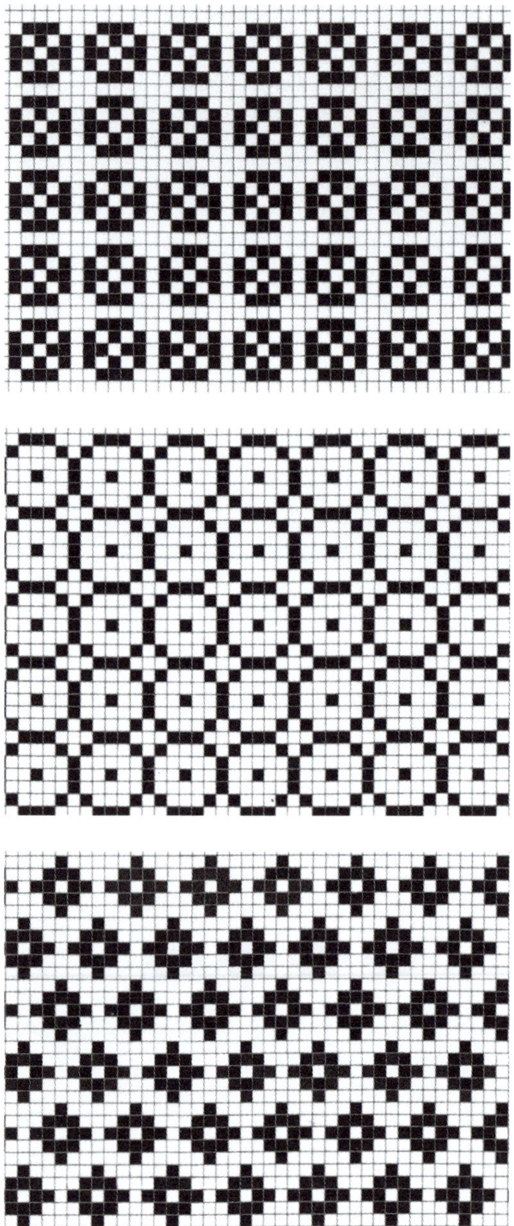

6 MASCHEN/KÄSTCHEN

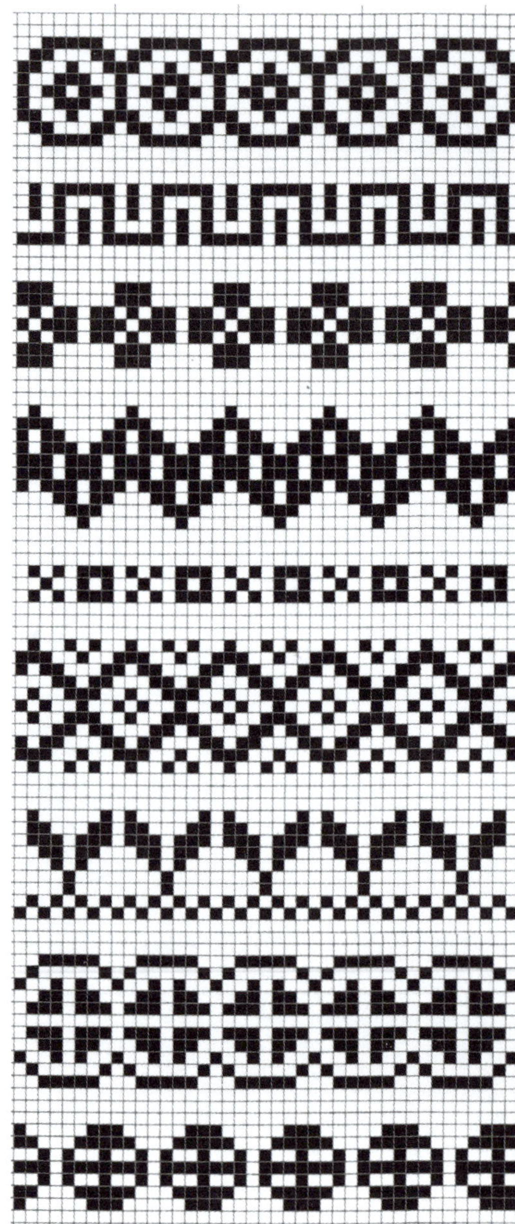

8 MASCHEN/KÄSTCHEN

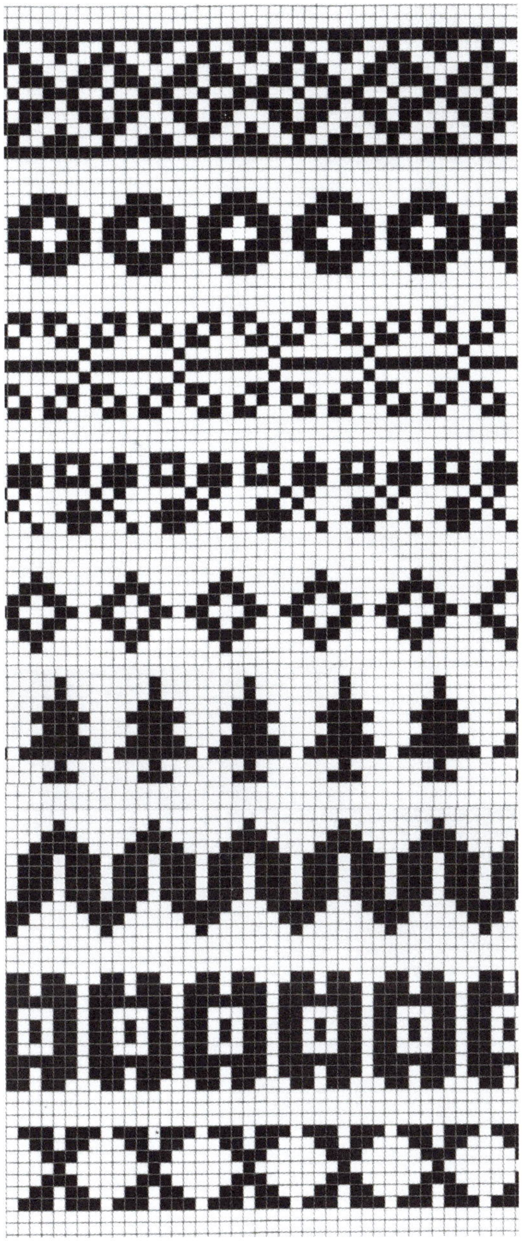

MASCHEN/KÄSTCHEN **8**

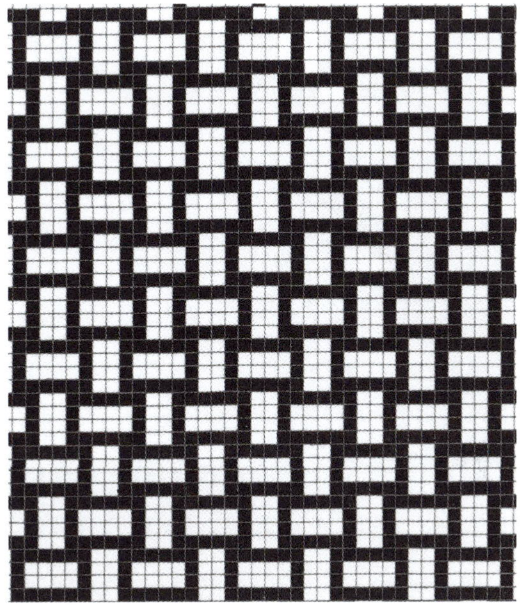

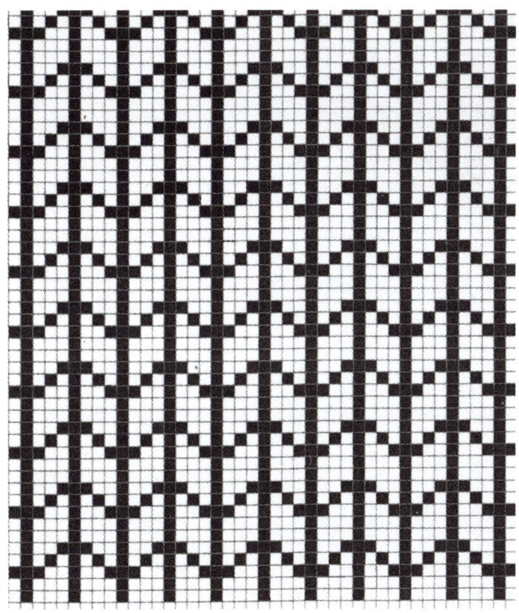

MASCHEN/KÄSTCHEN **8**

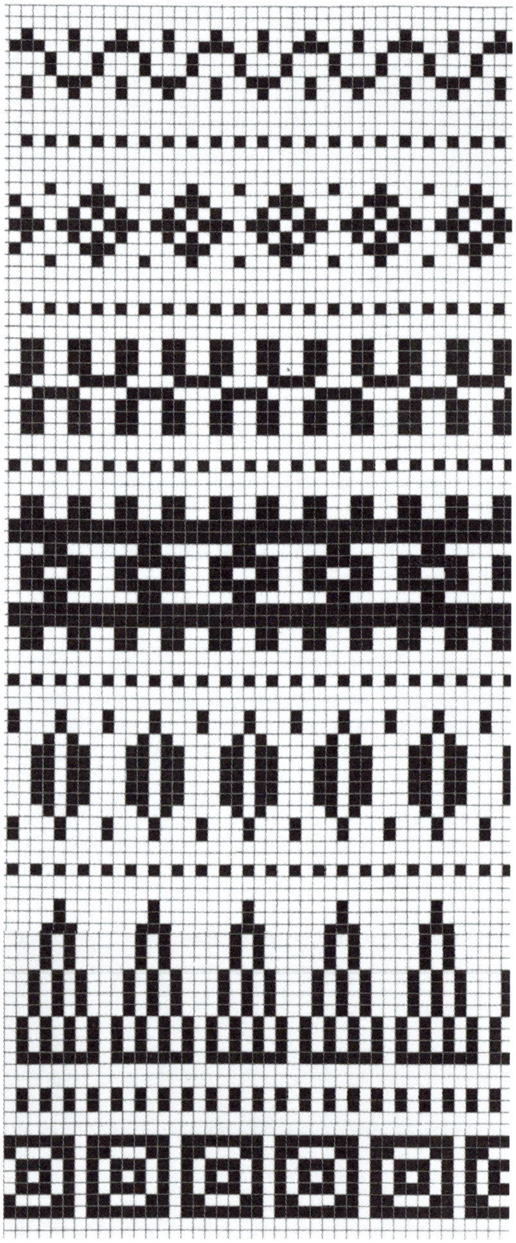

8 MASCHEN/KÄSTCHEN

8 MASCHEN/KÄSTCHEN

MASCHEN/KÄSTCHEN 8

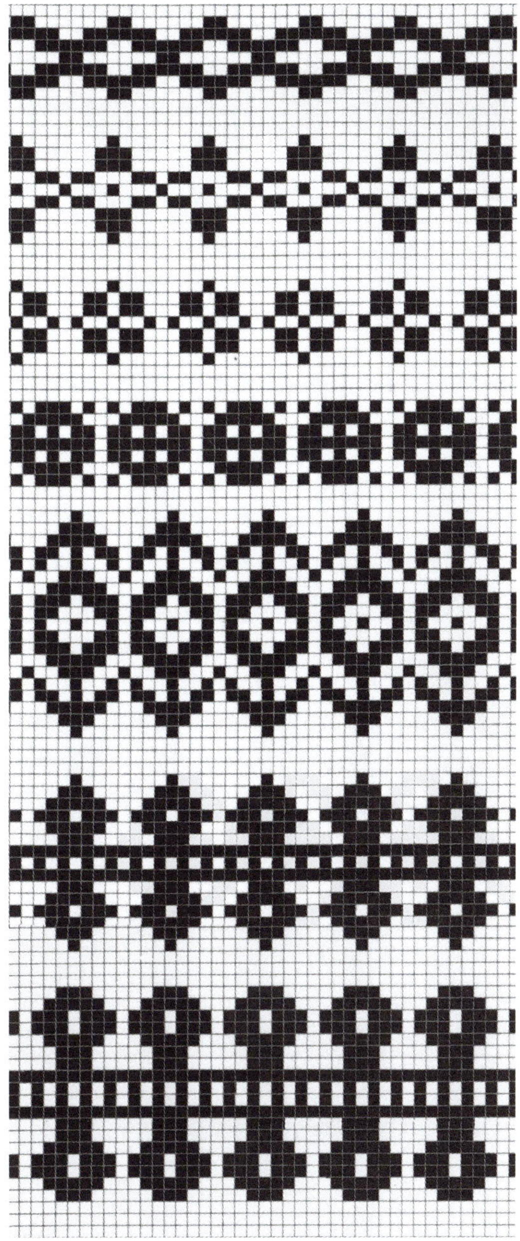

MASCHEN/KÄSTCHEN 8

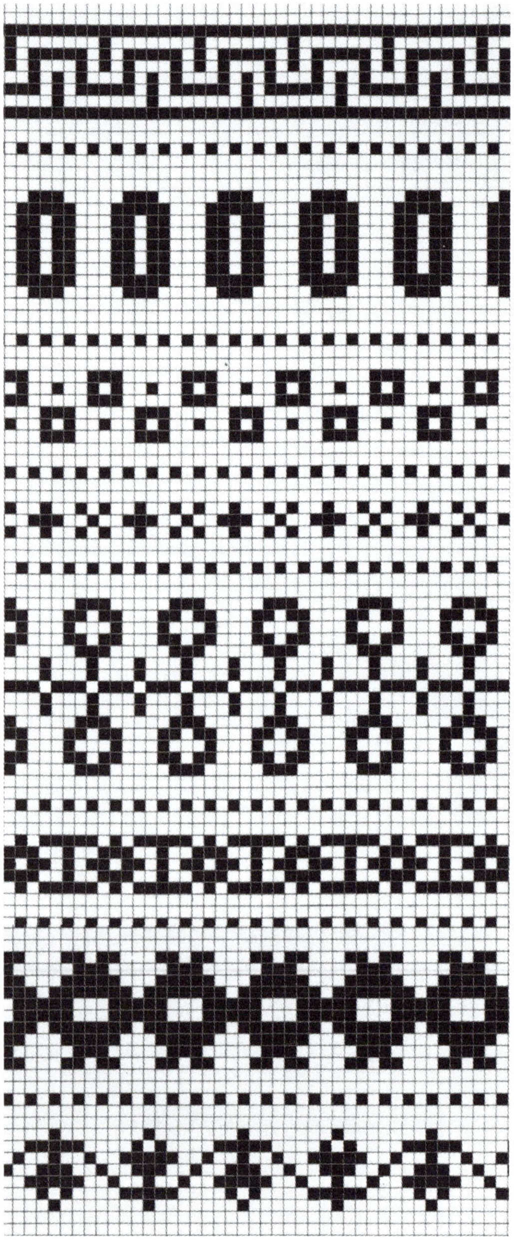

8 MASCHEN/KÄSTCHEN

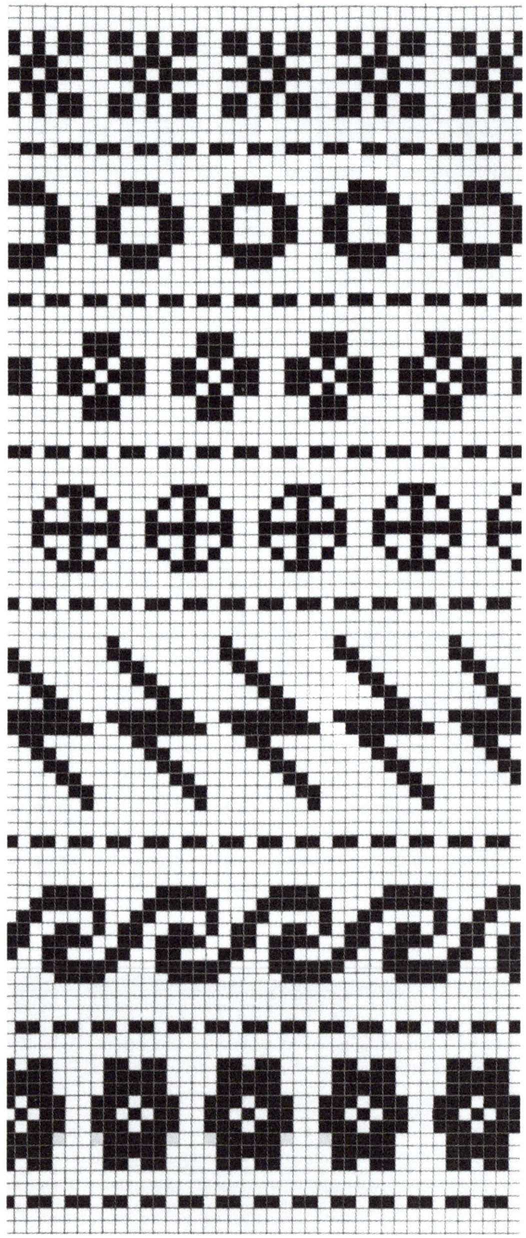

9 MASCHEN/KÄSTCHEN

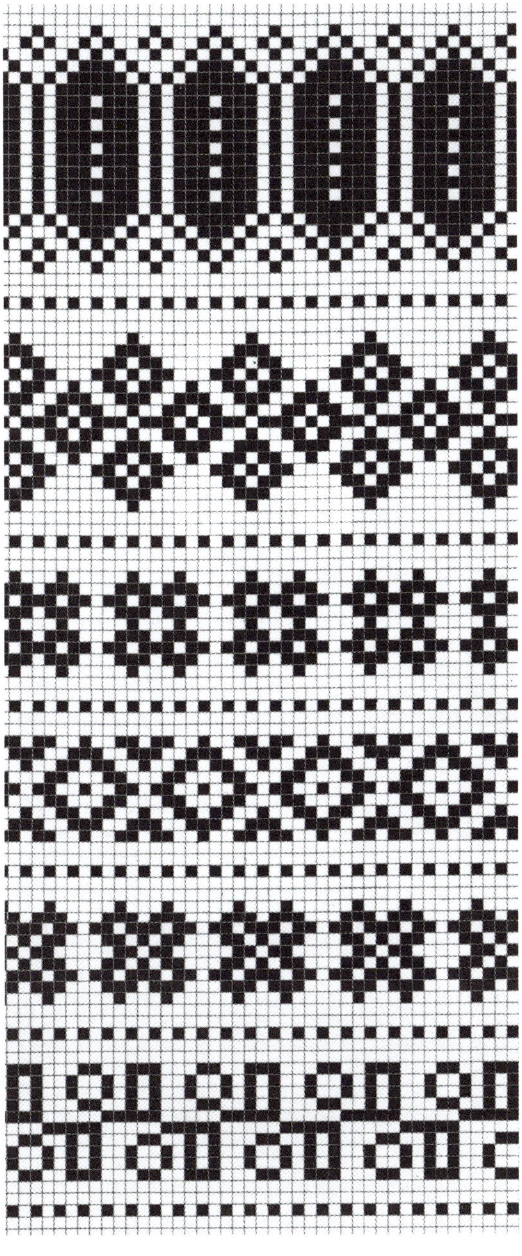

MASCHEN/KÄSTCHEN **10**

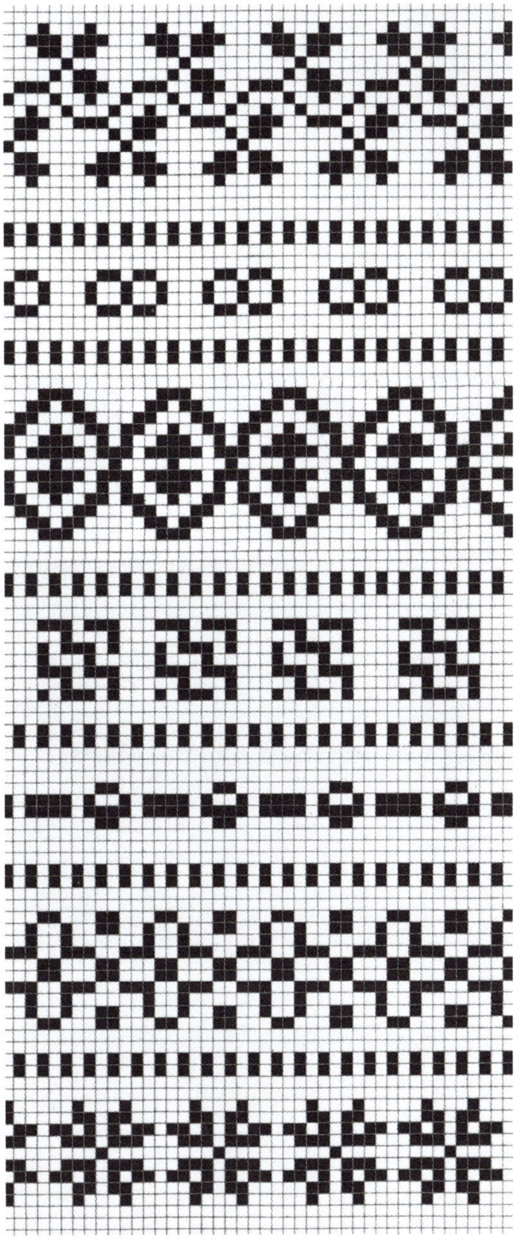

MASCHEN/KÄSTCHEN **10**

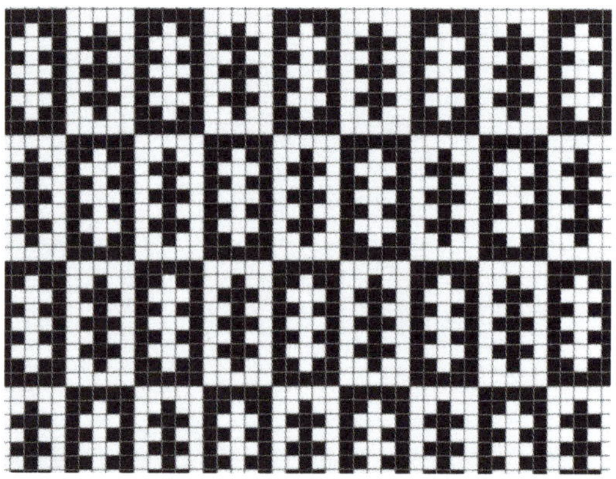

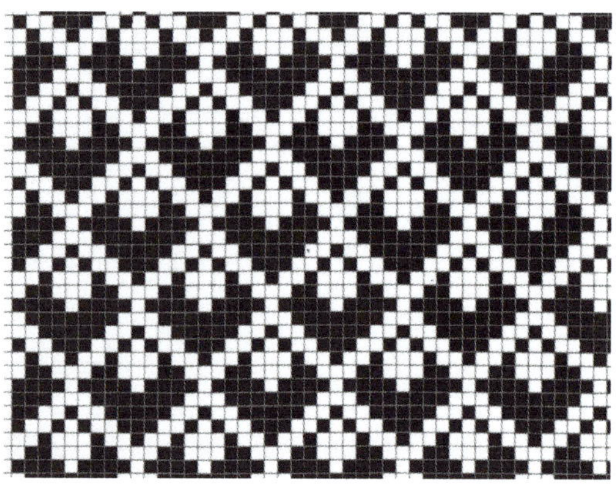

10 MASCHEN/KÄSTCHEN

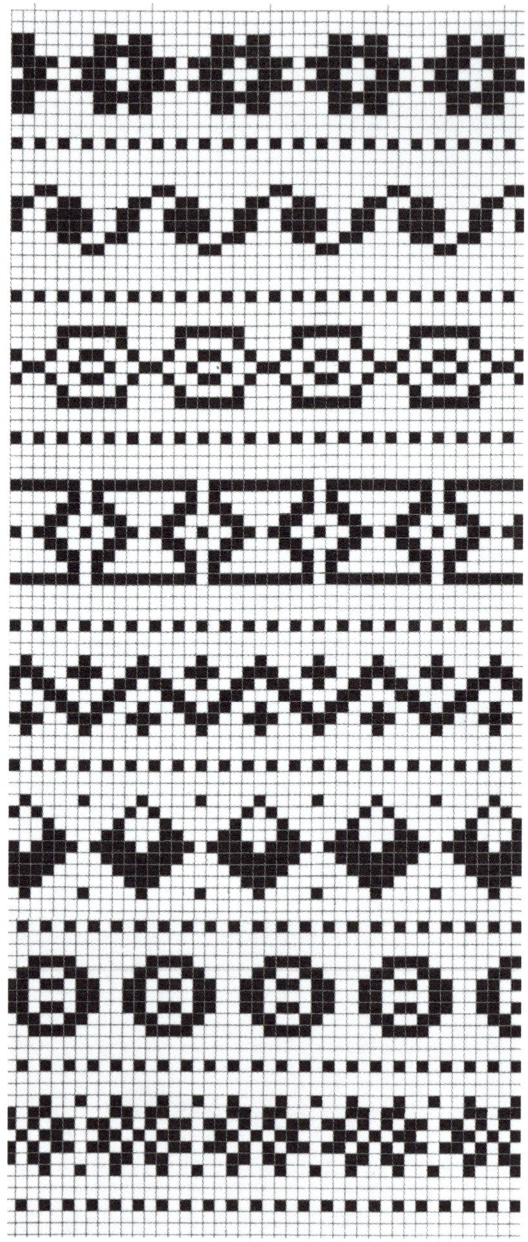

10 MASCHEN/KÄSTCHEN

MASCHEN/KÄSTCHEN **10**

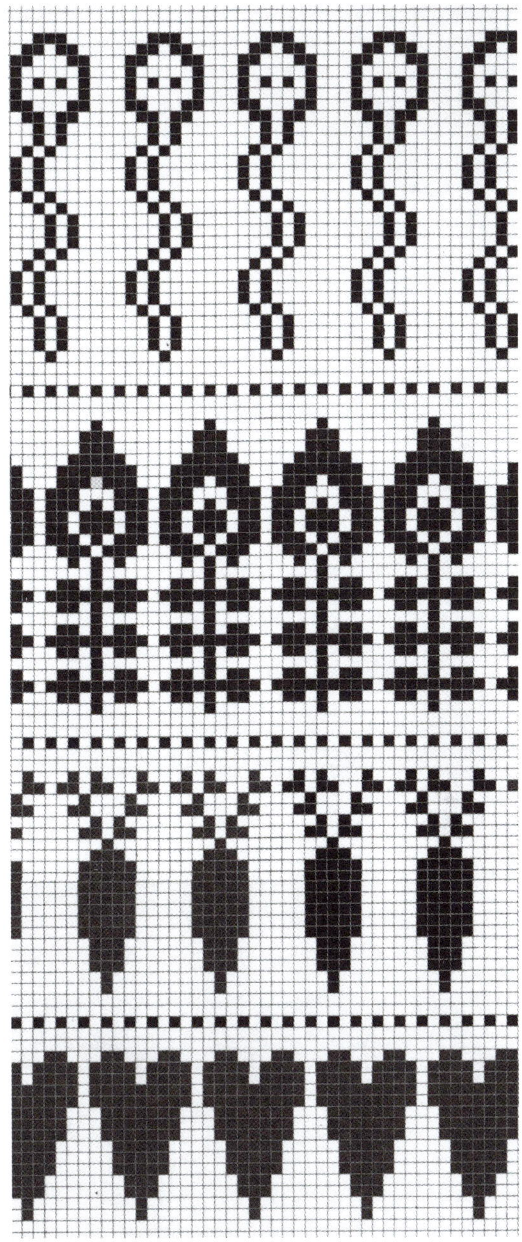

MASCHEN/KÄSTCHEN **10**

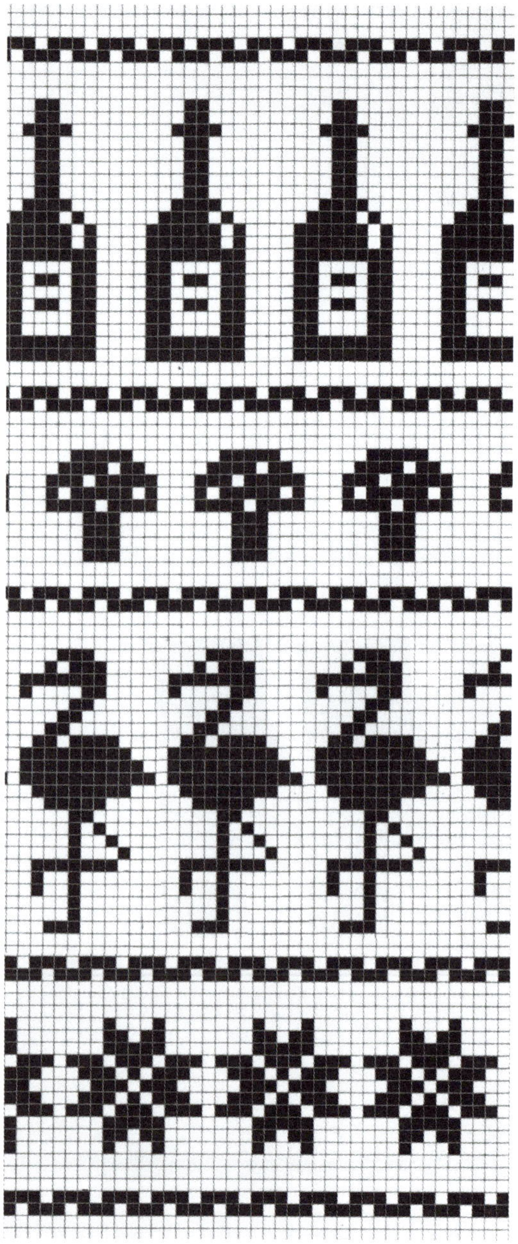

12 MASCHEN/KÄSTCHEN

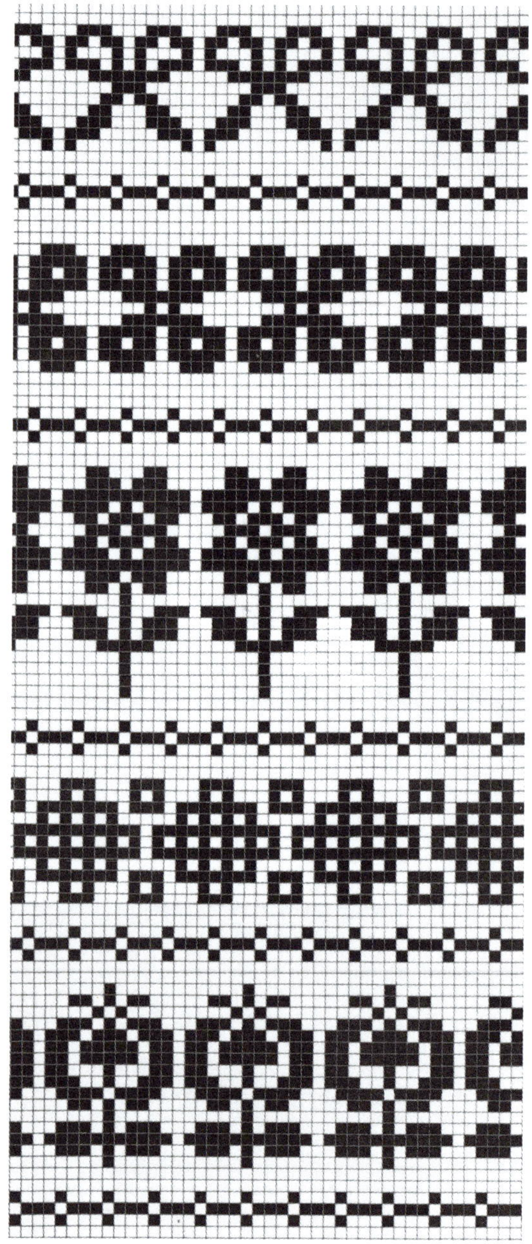

12 MASCHEN/KÄSTCHEN

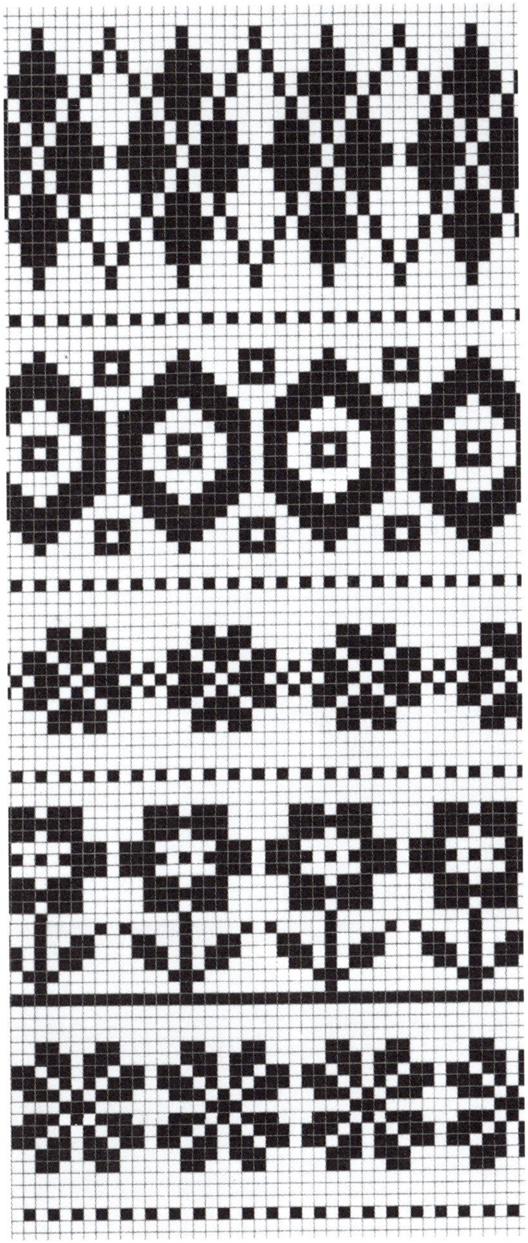

MASCHEN/KÄSTCHEN **12**

MASCHEN/KÄSTCHEN **12**

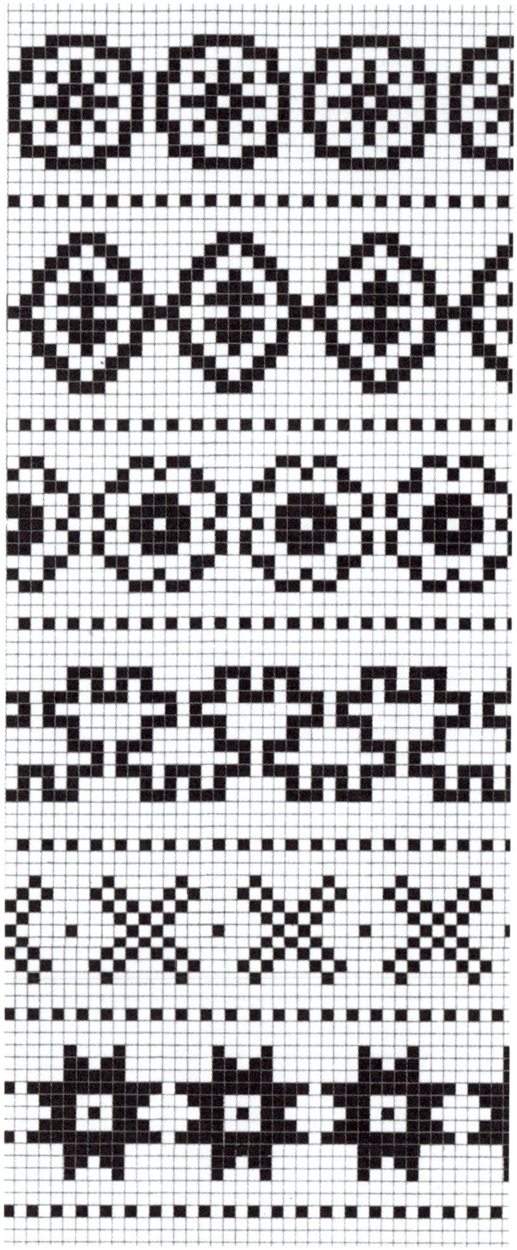

12 MASCHEN/KÄSTCHEN

12 MASCHEN/KÄSTCHEN

MASCHEN/KÄSTCHEN **12**

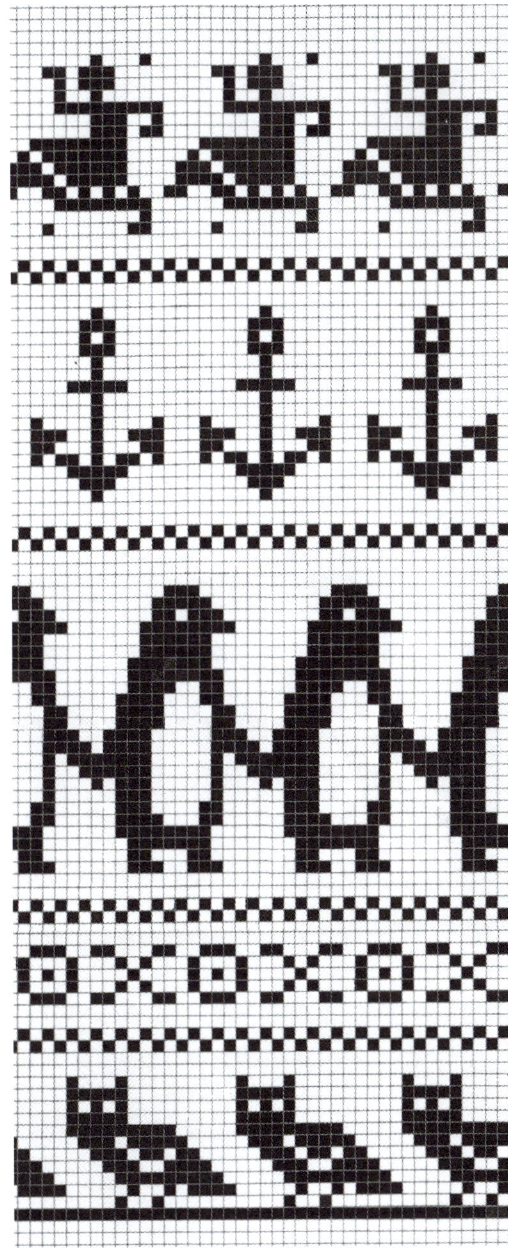

MASCHEN/KÄSTCHEN **14**

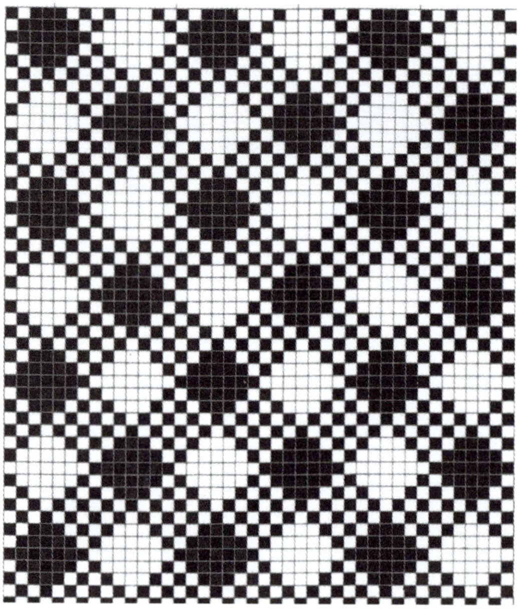

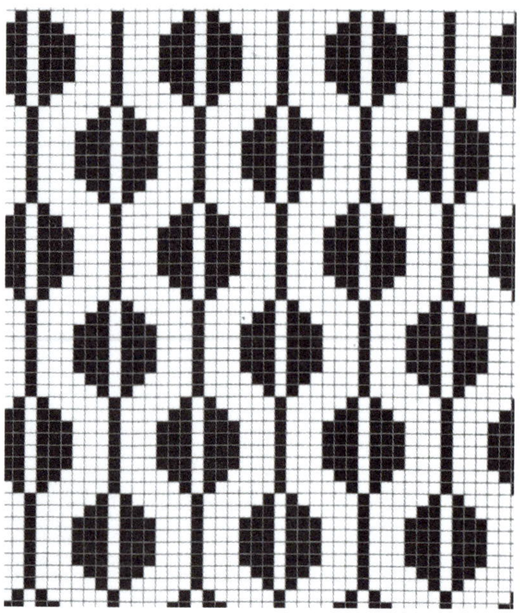

14 MASCHEN/KÄSTCHEN

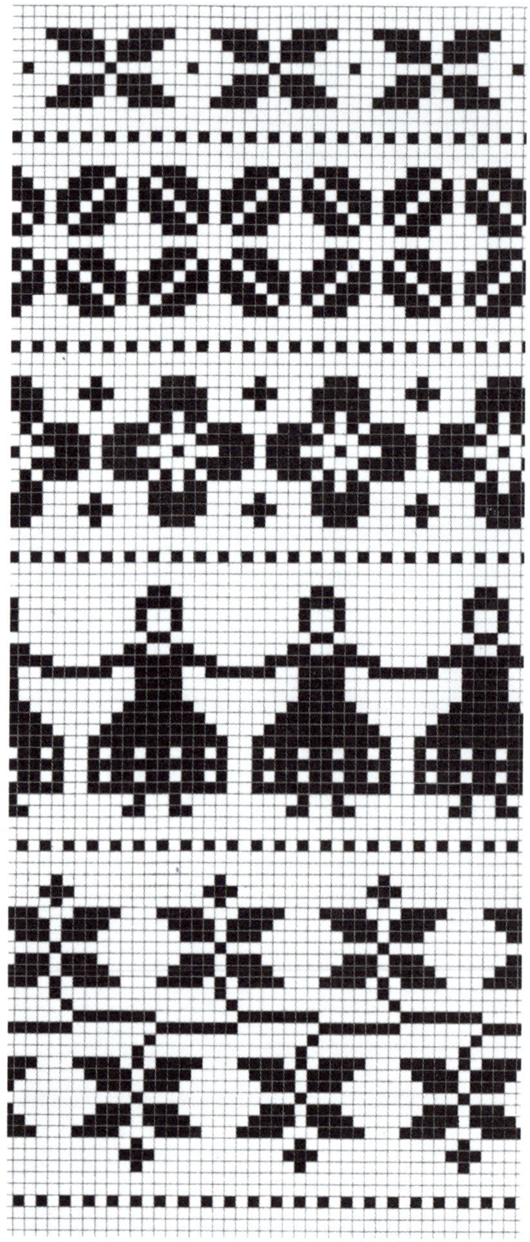

14 MASCHEN/KÄSTCHEN

MASCHEN/KÄSTCHEN **15**

MASCHEN/KÄSTCHEN **15**

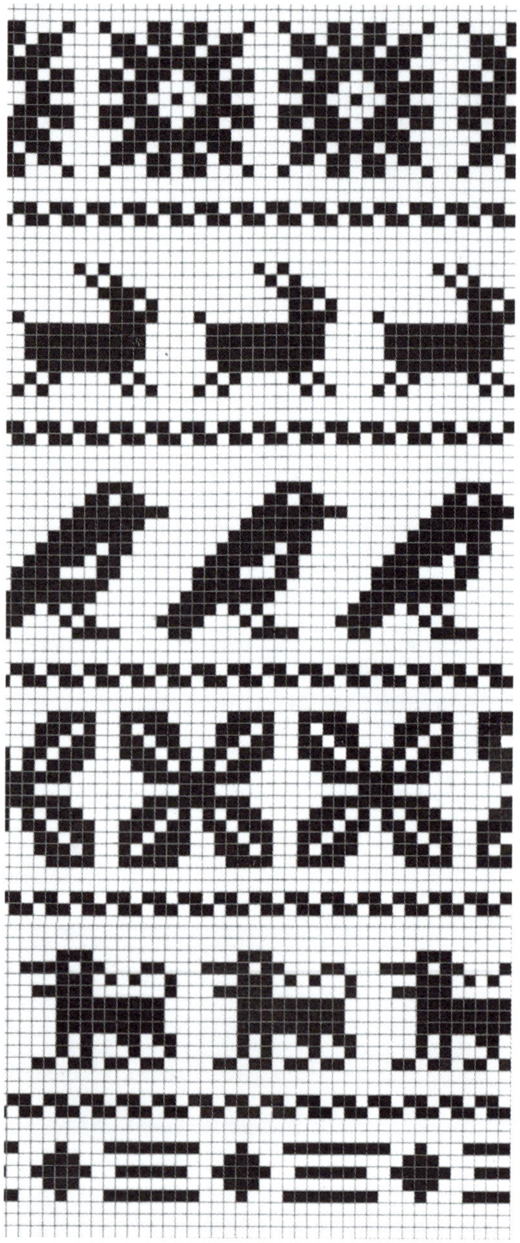

15 MASCHEN/KÄSTCHEN

16 MASCHEN/KÄSTCHEN

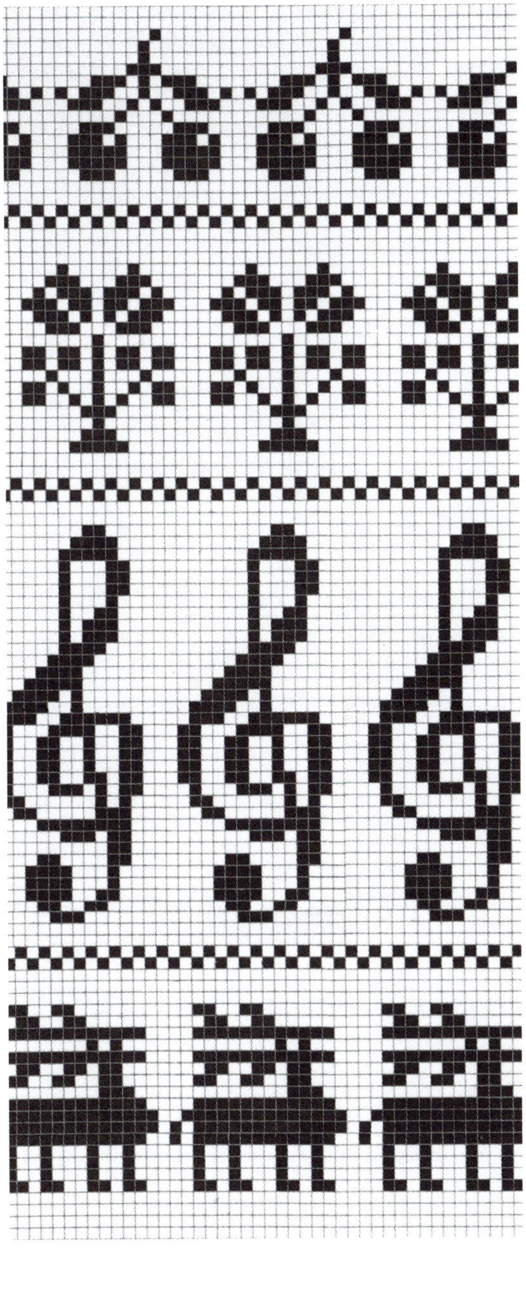

MASCHEN/KÄSTCHEN **16**

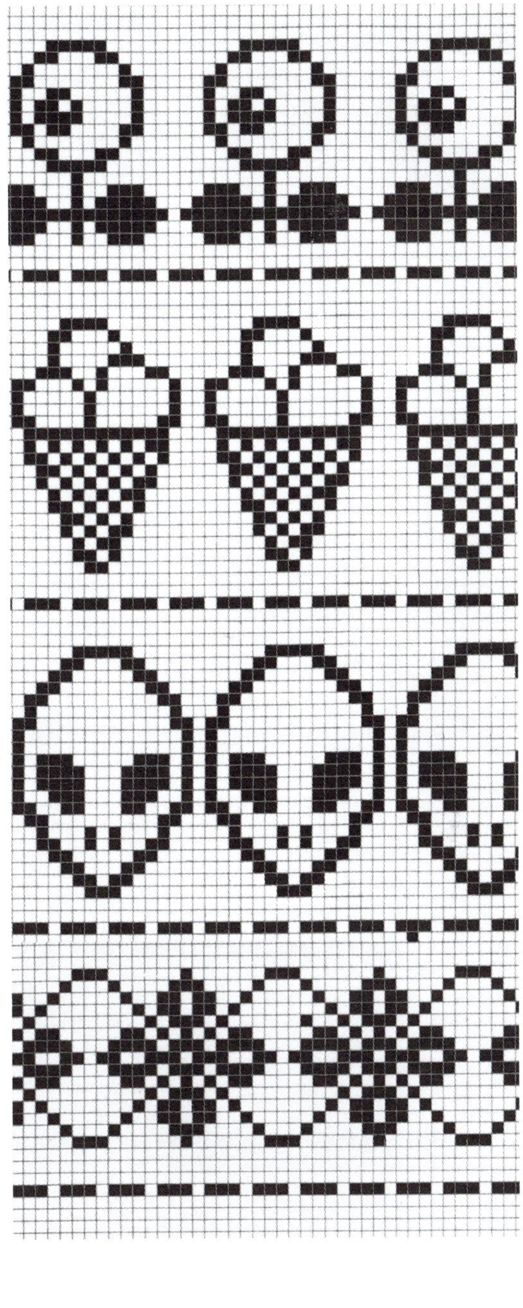

MASCHEN/KÄSTCHEN **16**

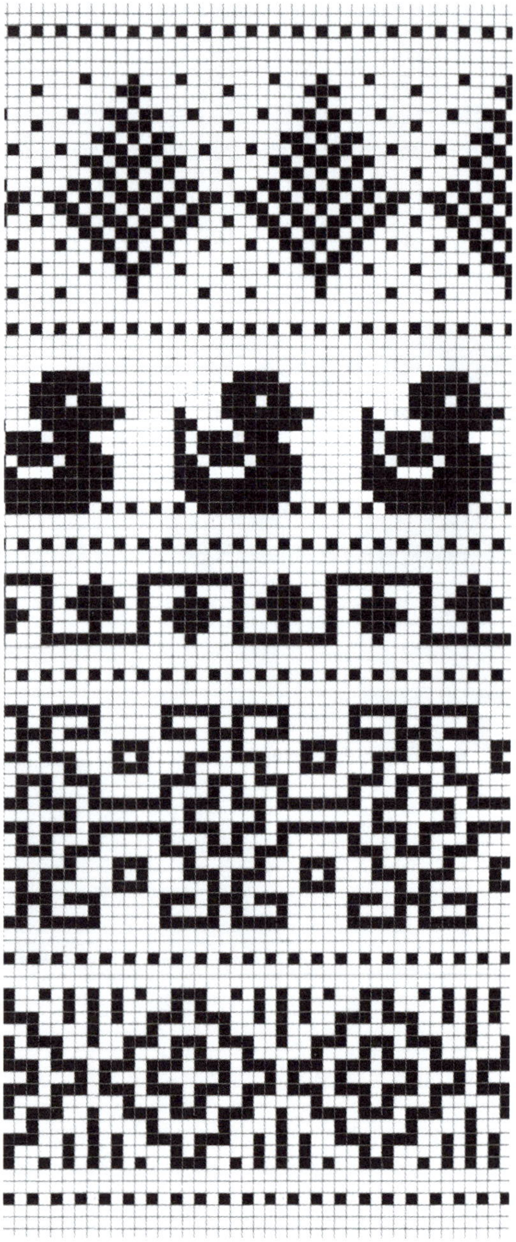

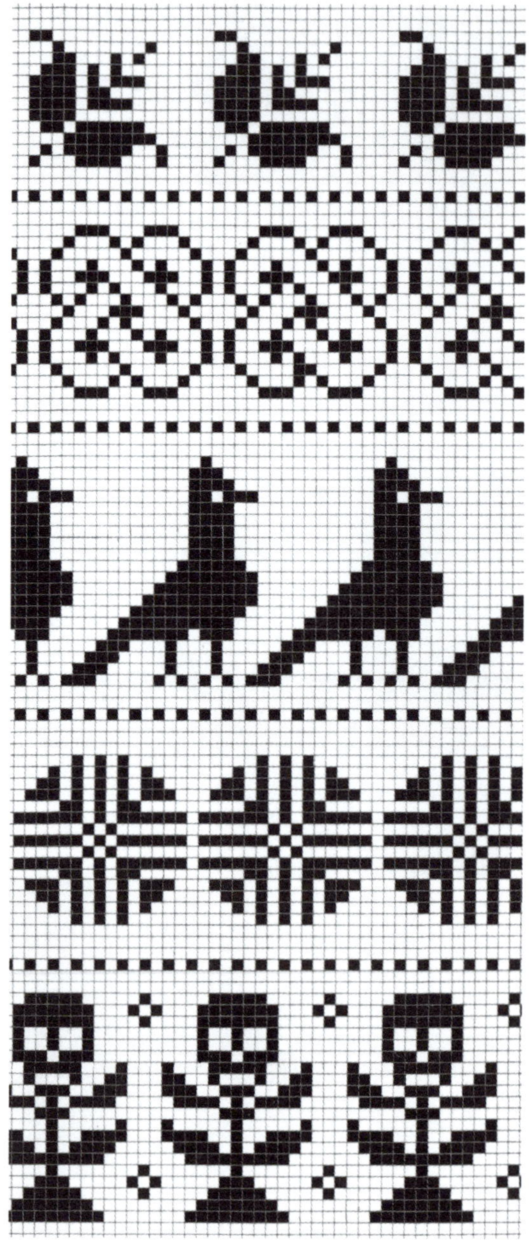

16 MASCHEN/KÄSTCHEN

16 MASCHEN/KÄSTCHEN

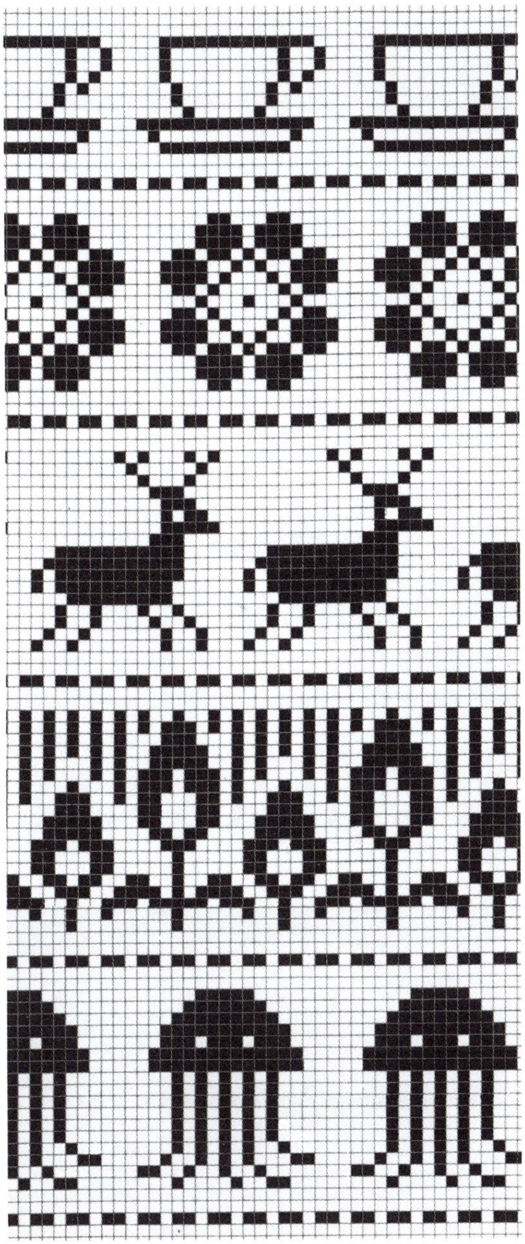

MASCHEN/KÄSTCHEN **18**

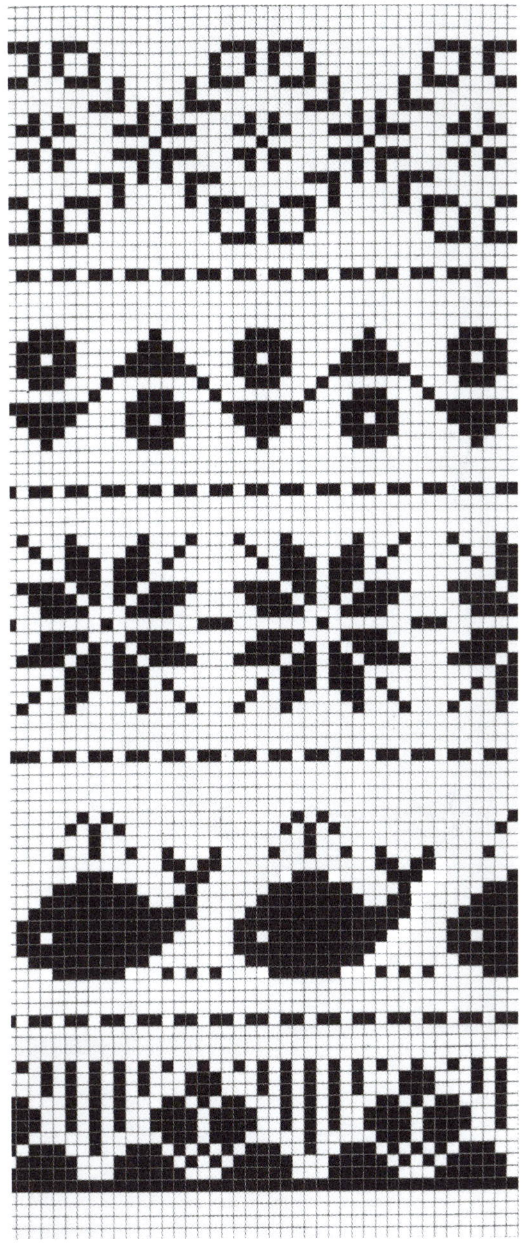

MASCHEN/KÄSTCHEN **18**

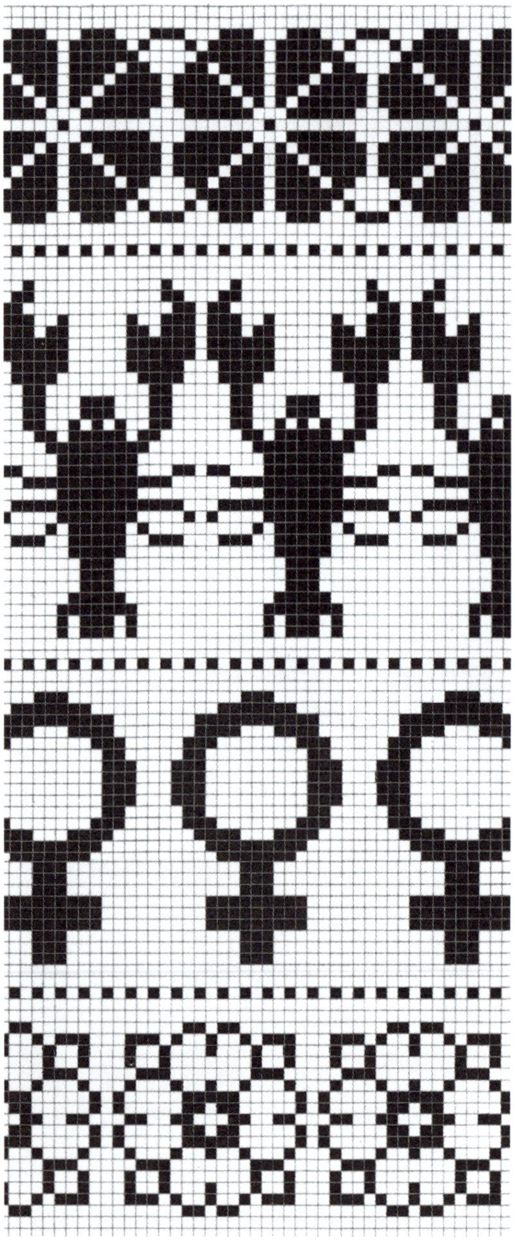

18 MASCHEN/KÄSTCHEN

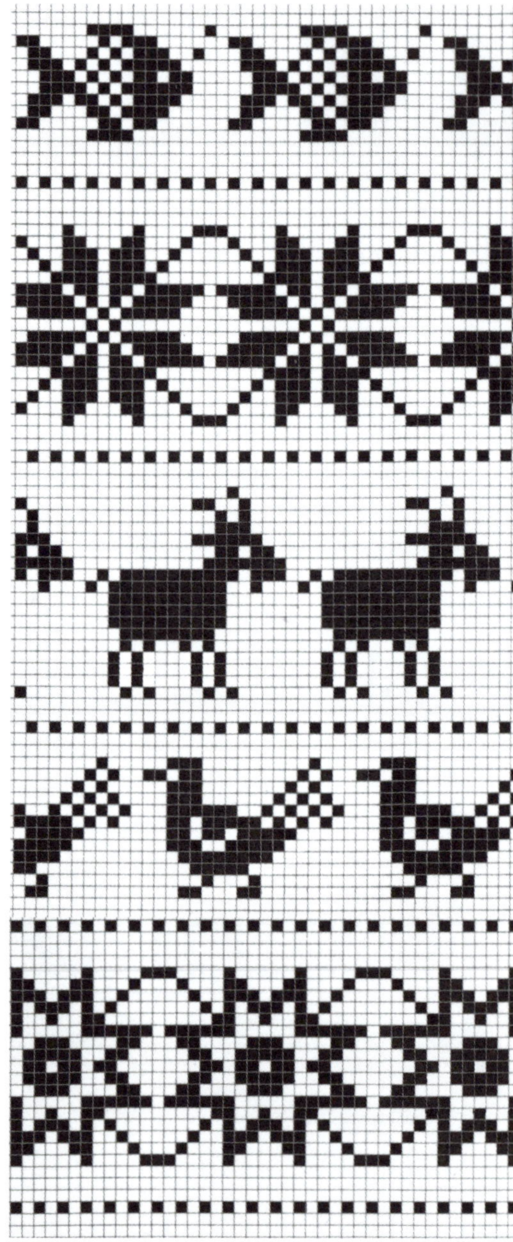

18 MASCHEN/KÄSTCHEN

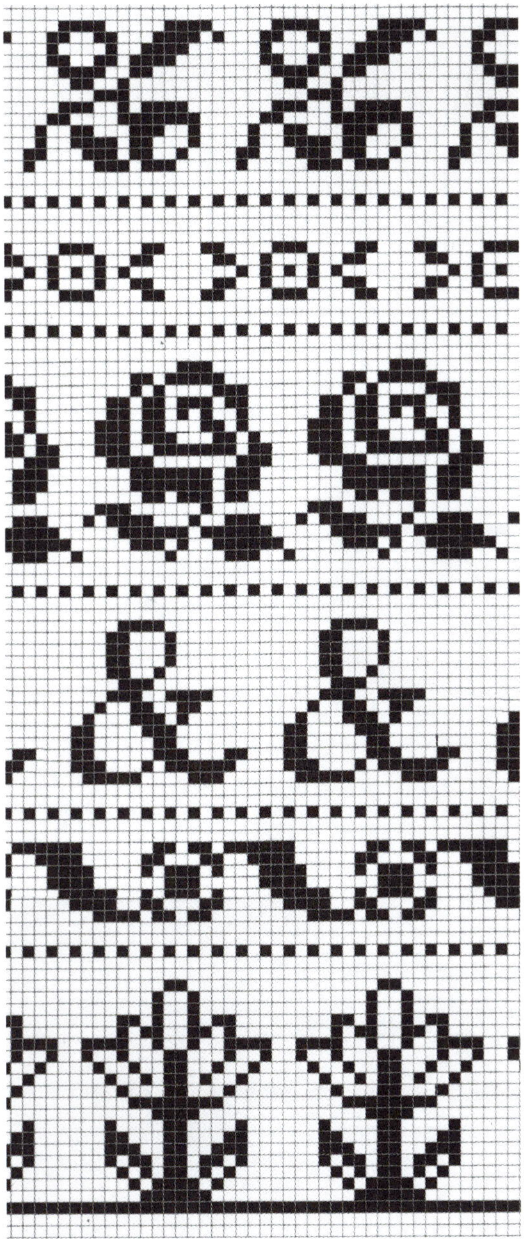

MASCHEN/KÄSTCHEN 18

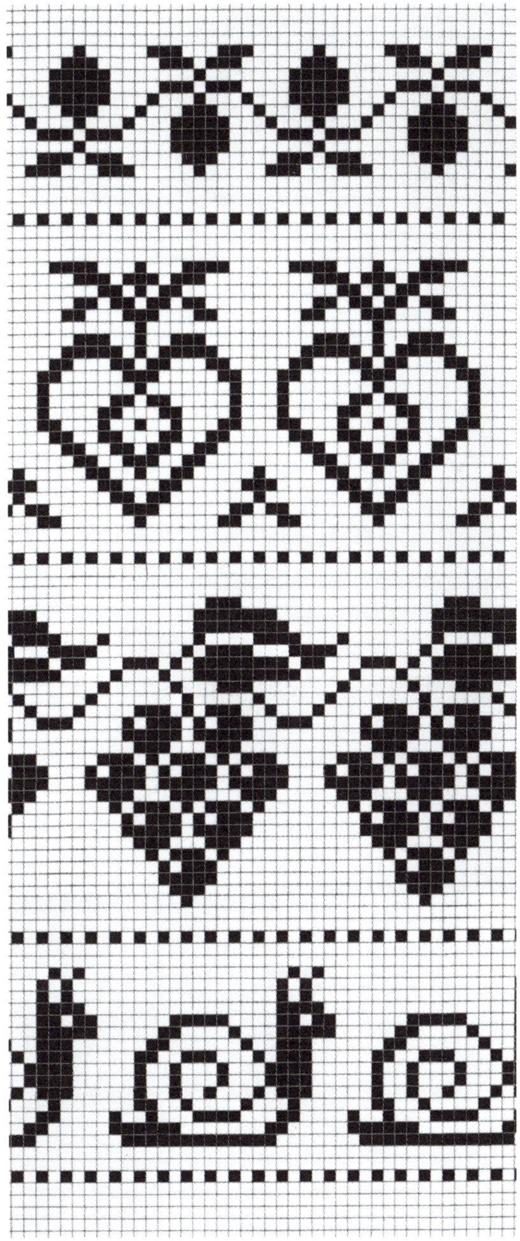

MASCHEN/KÄSTCHEN 18

20 MASCHEN/KÄSTCHEN

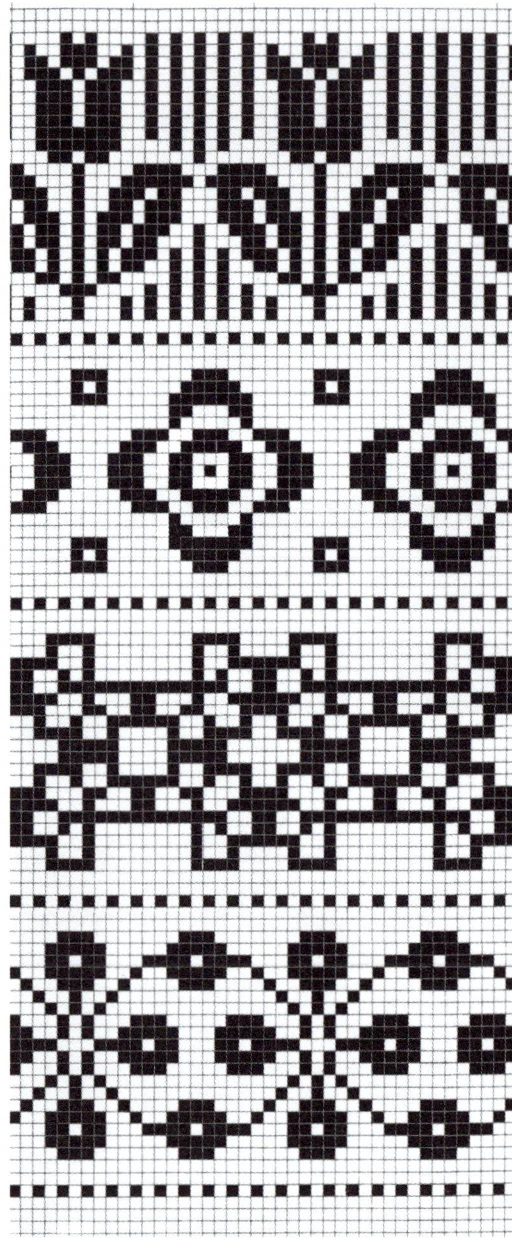

20 MASCHEN/KÄSTCHEN

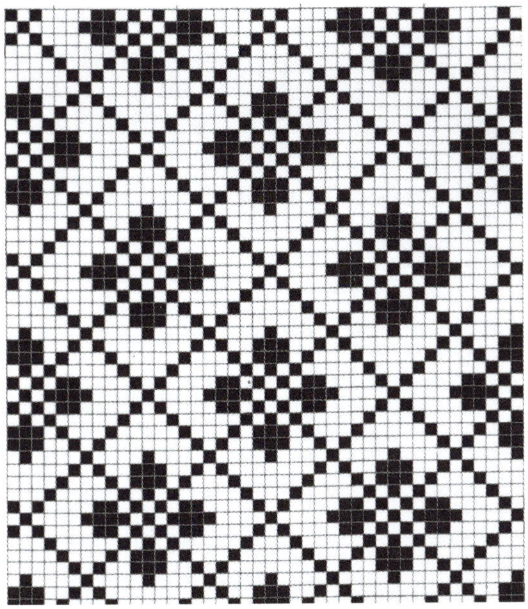

MASCHEN/KÄSTCHEN **20**

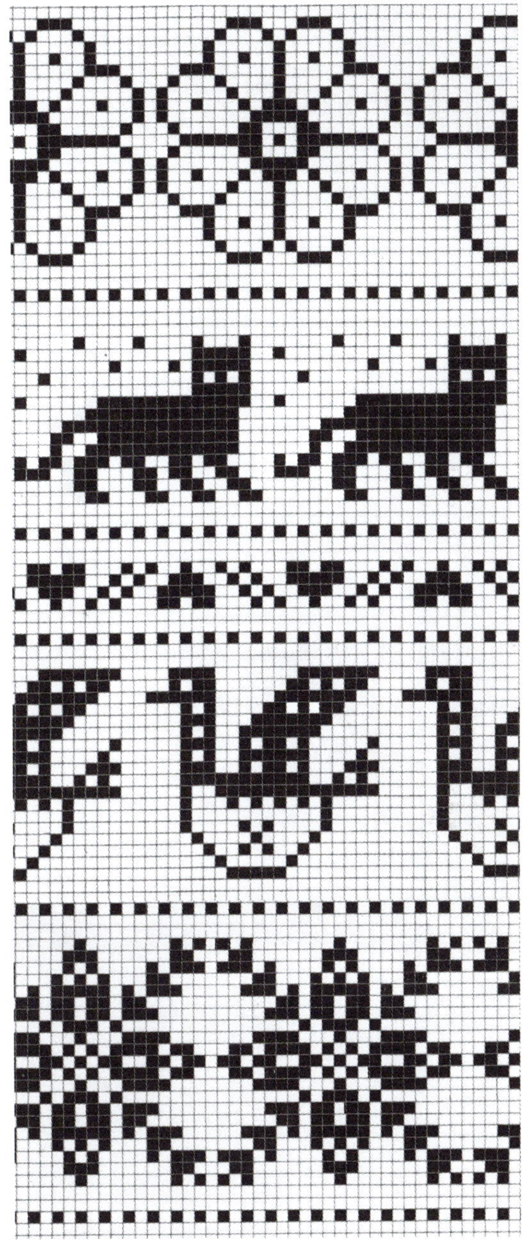

MASCHEN/KÄSTCHEN **22**

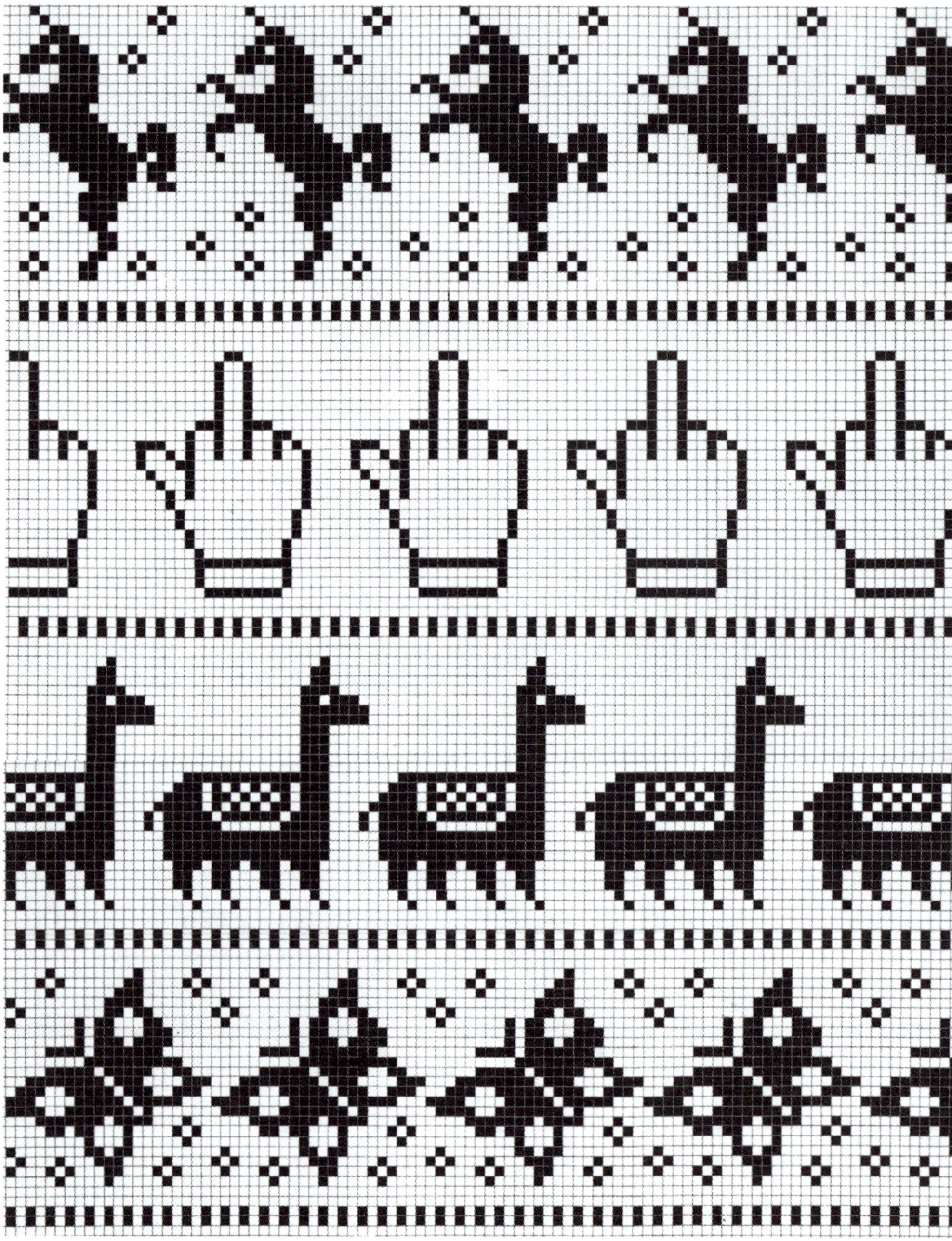

22 MASCHEN/KÄSTCHEN

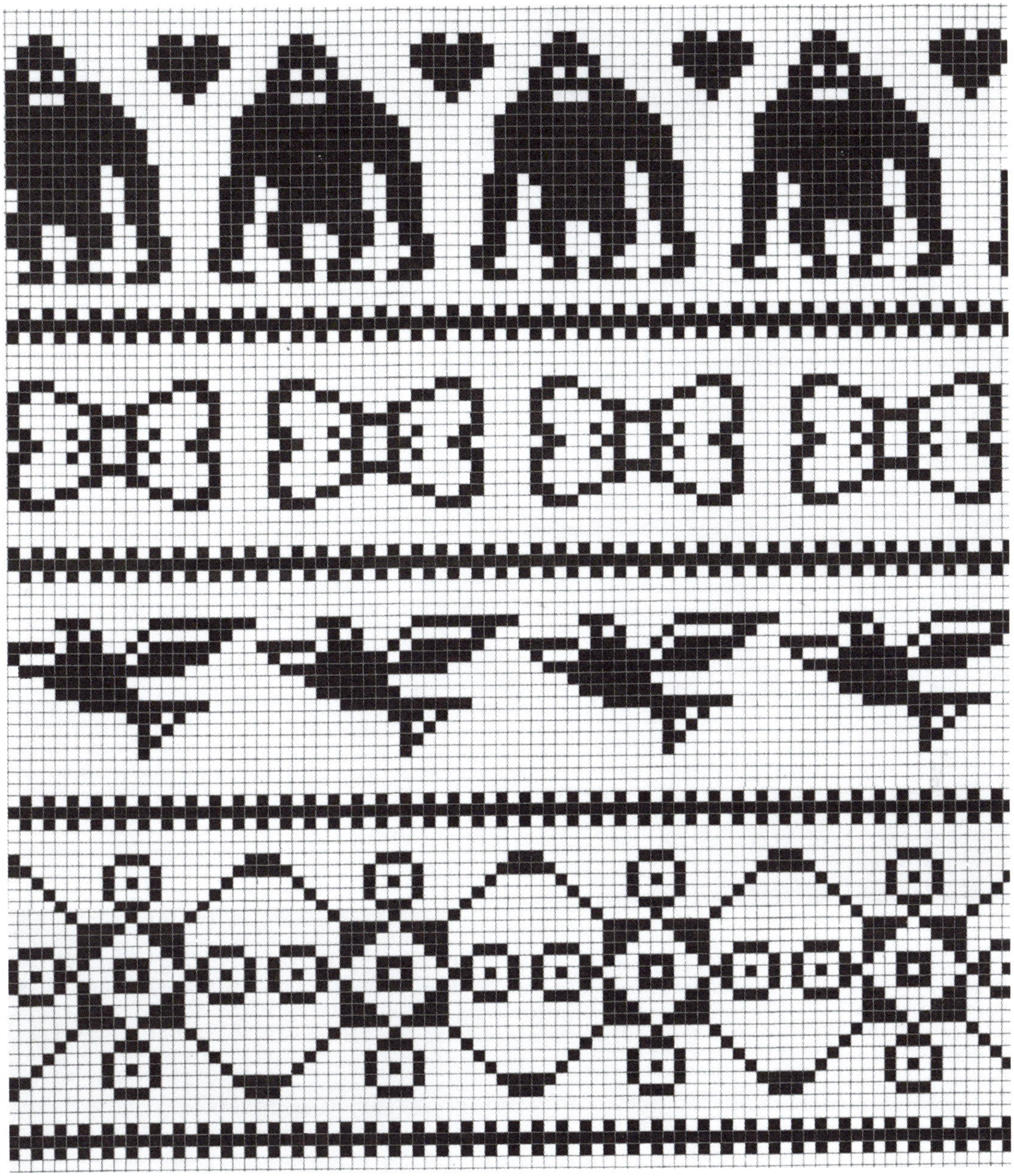

MASCHEN/KÄSTCHEN 22

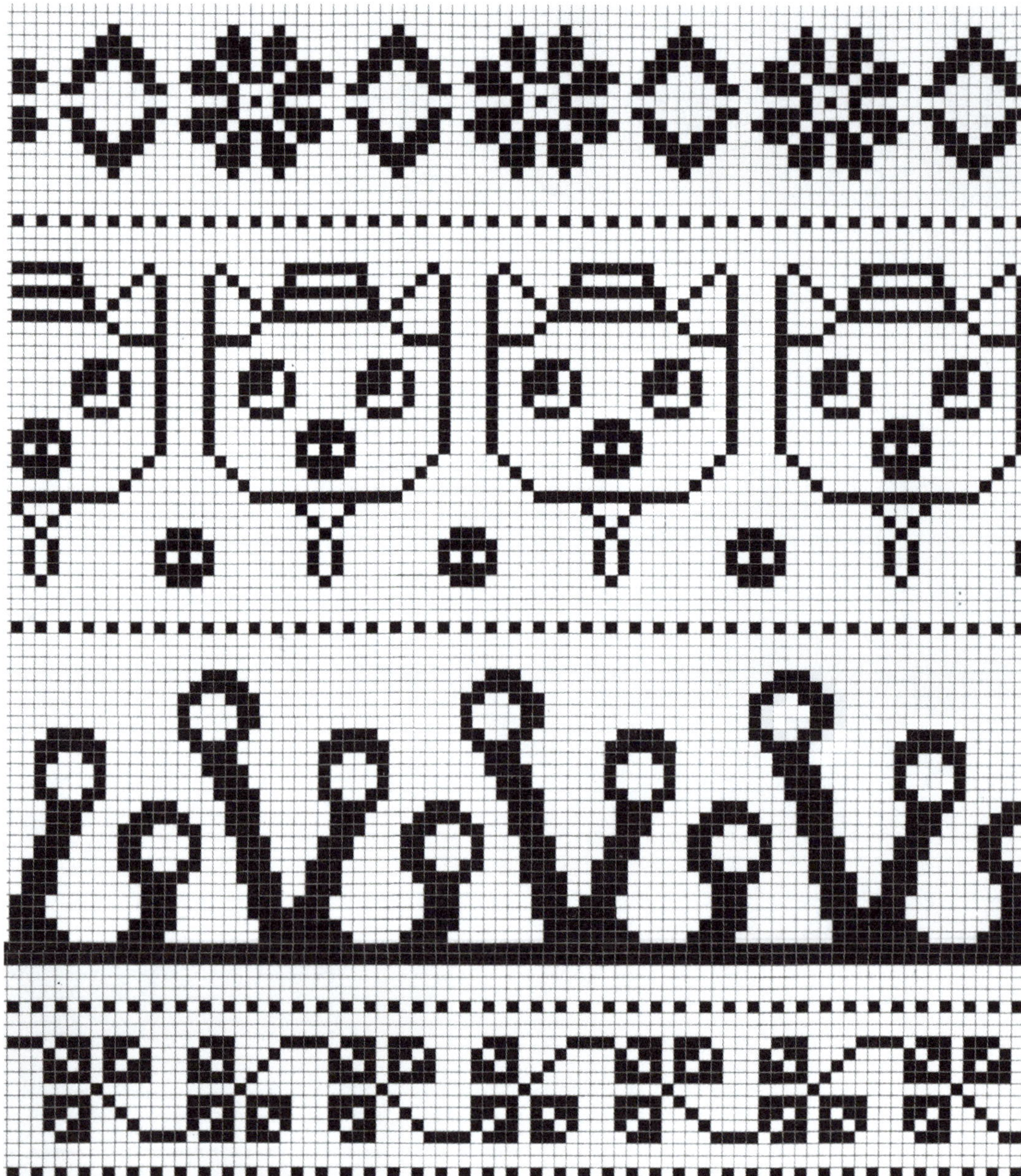

24 MASCHEN/KÄSTCHEN

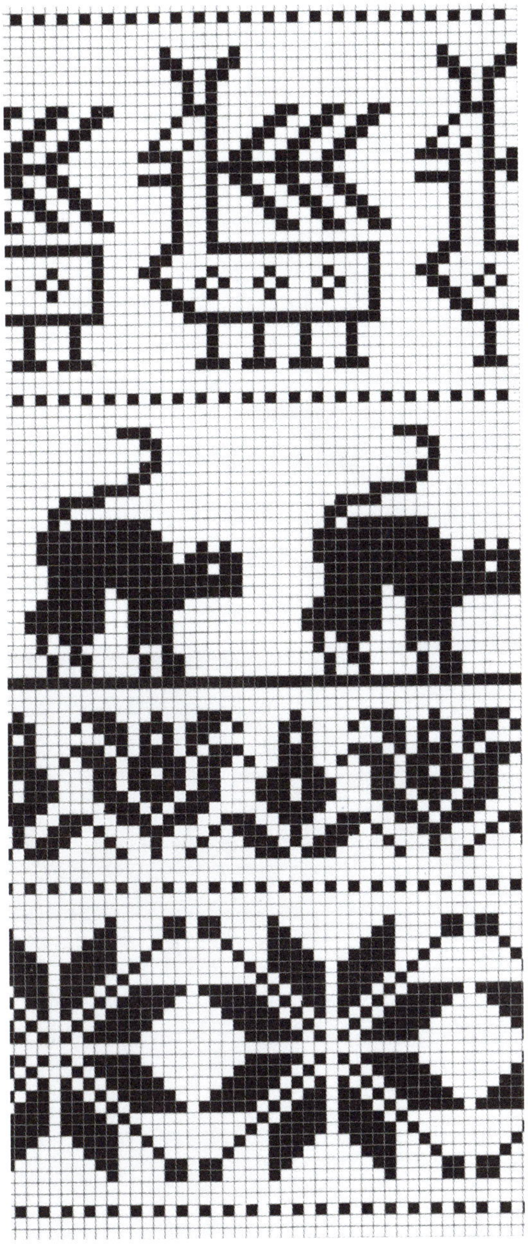

MASCHEN/KÄSTCHEN **24**

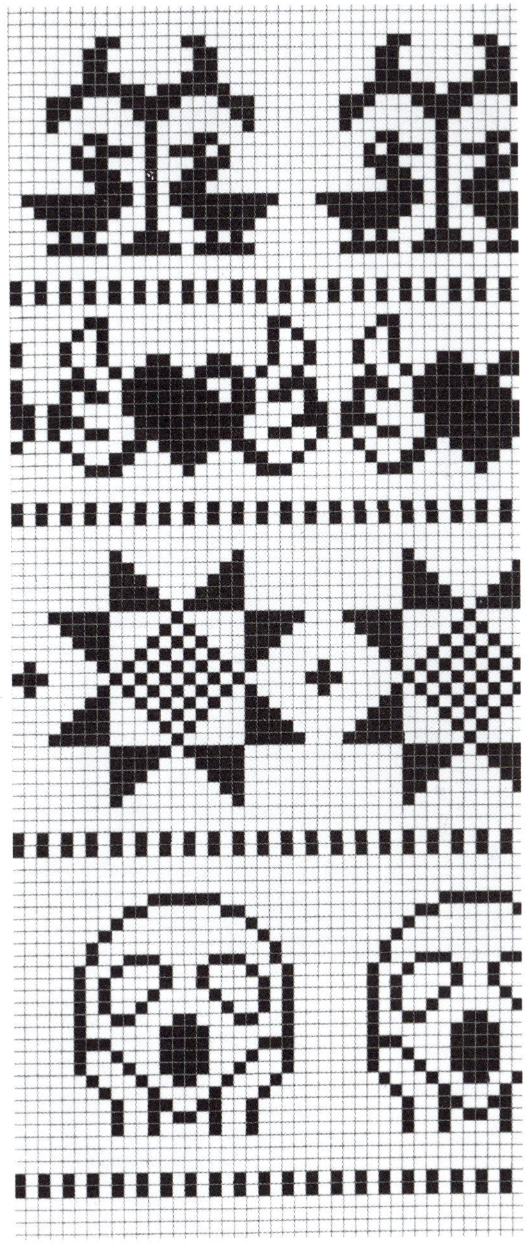

MASCHEN/KÄSTCHEN **24**

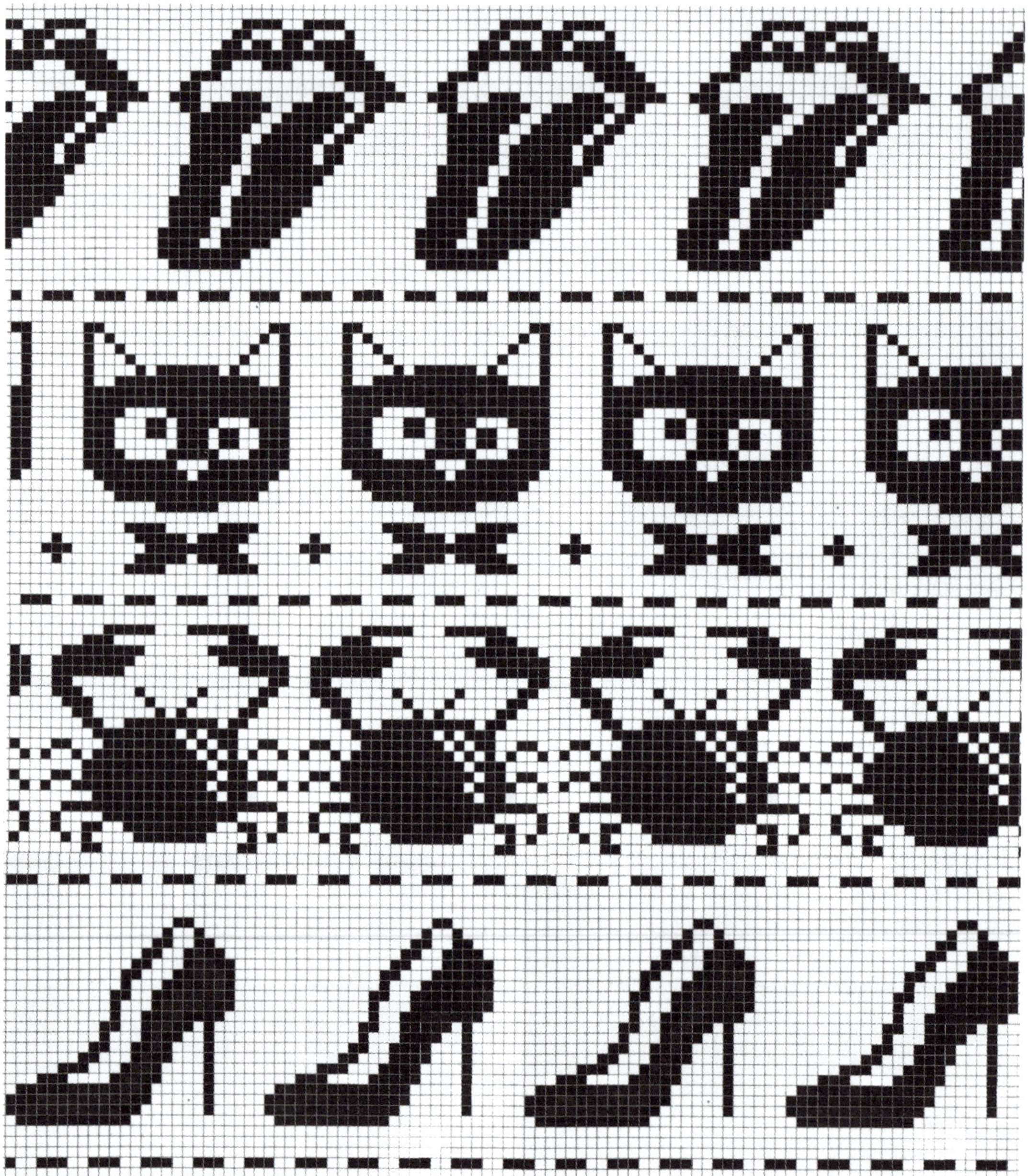

25 MASCHEN/KÄSTCHEN

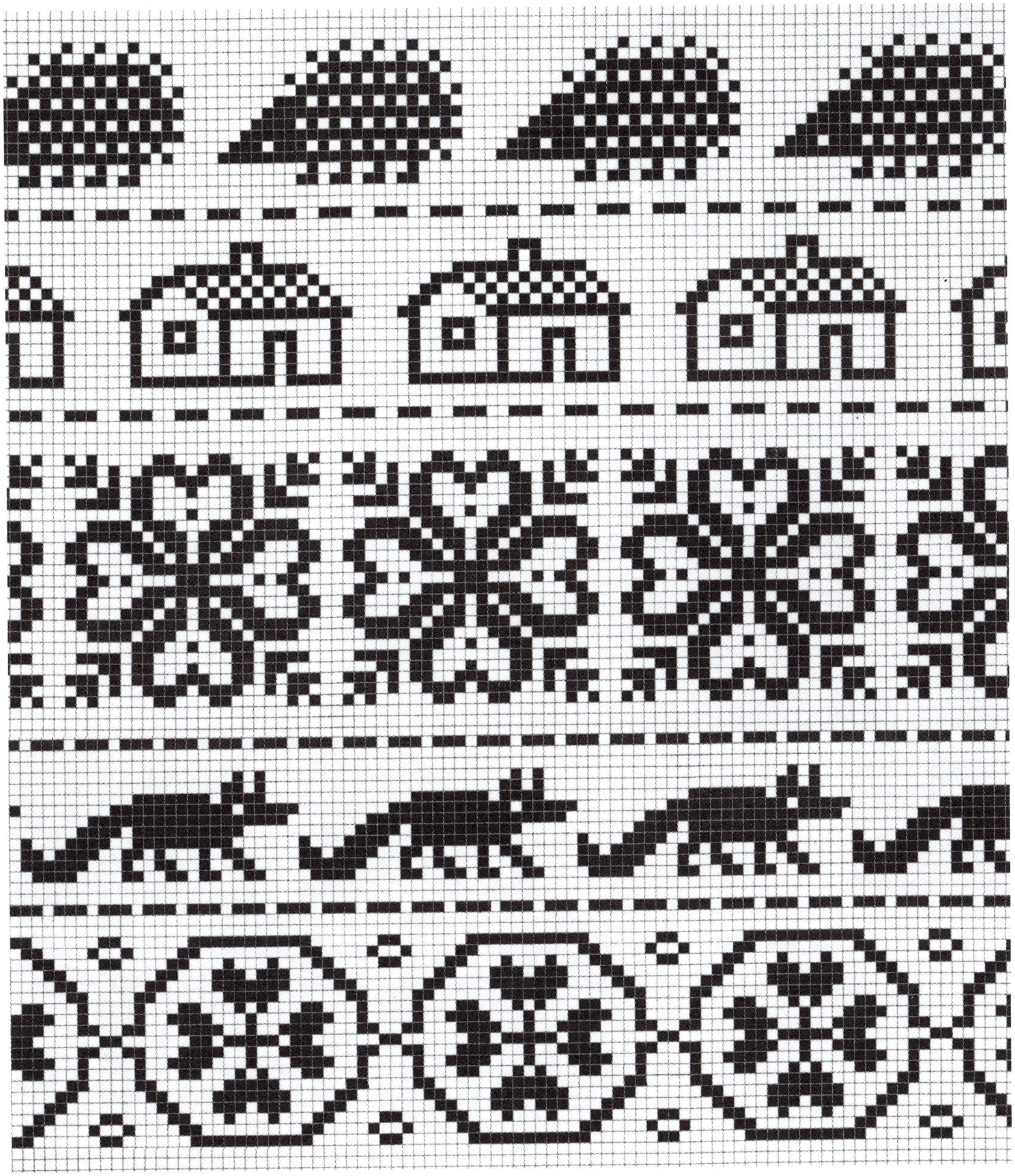

MASCHEN/KÄSTCHEN 25

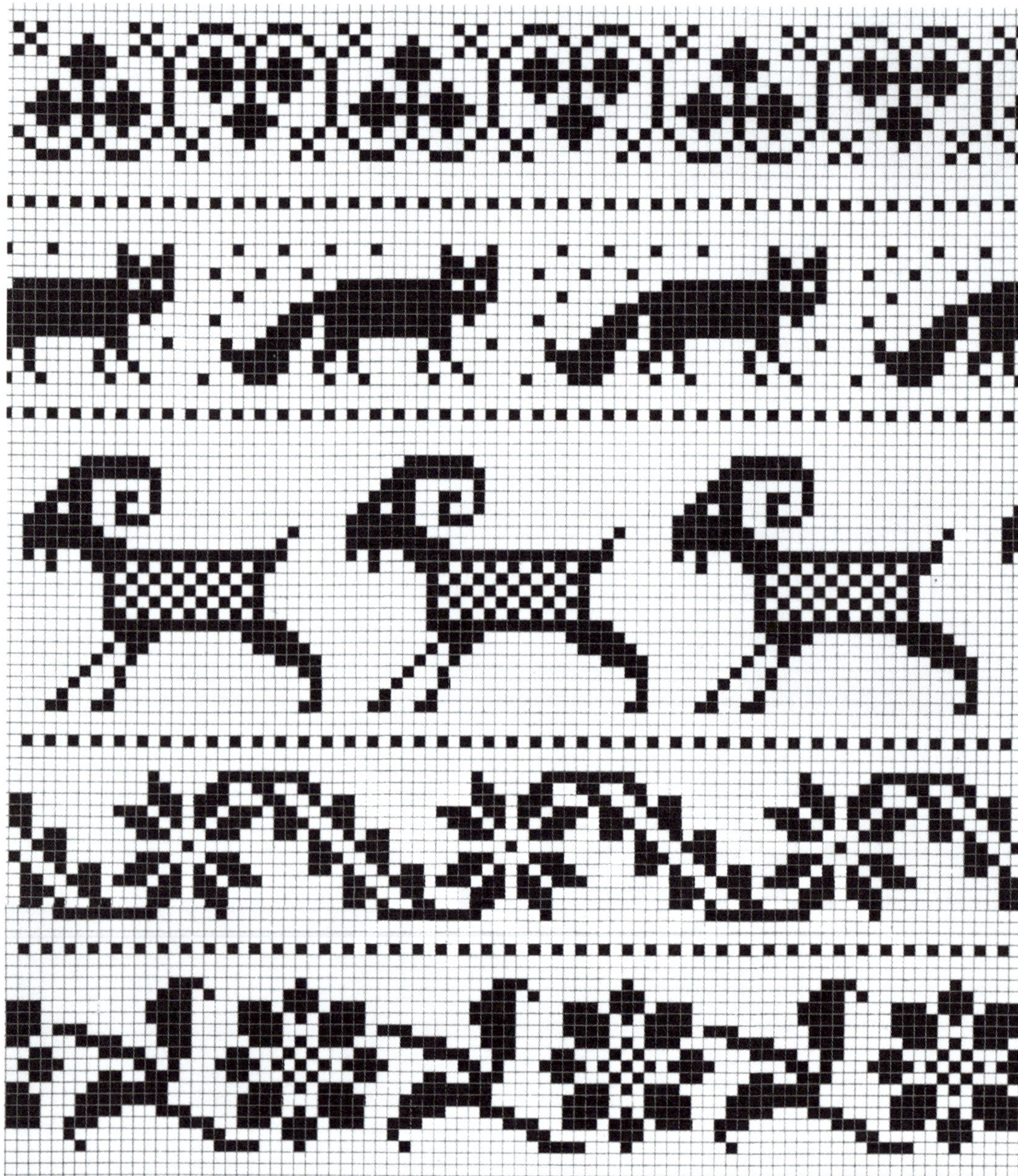

28 MASCHEN/KÄSTCHEN

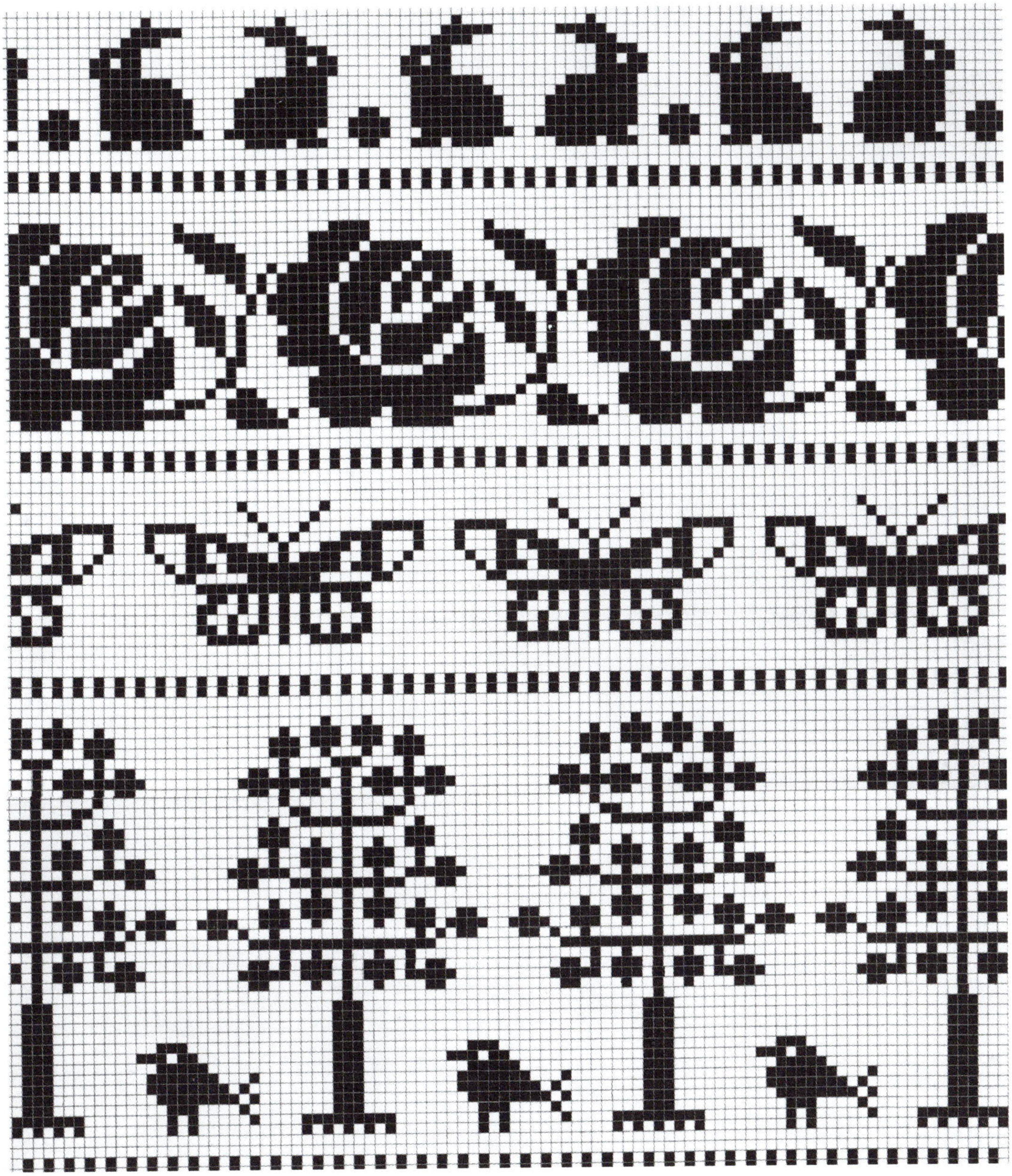

MASCHEN/KÄSTCHEN **30**

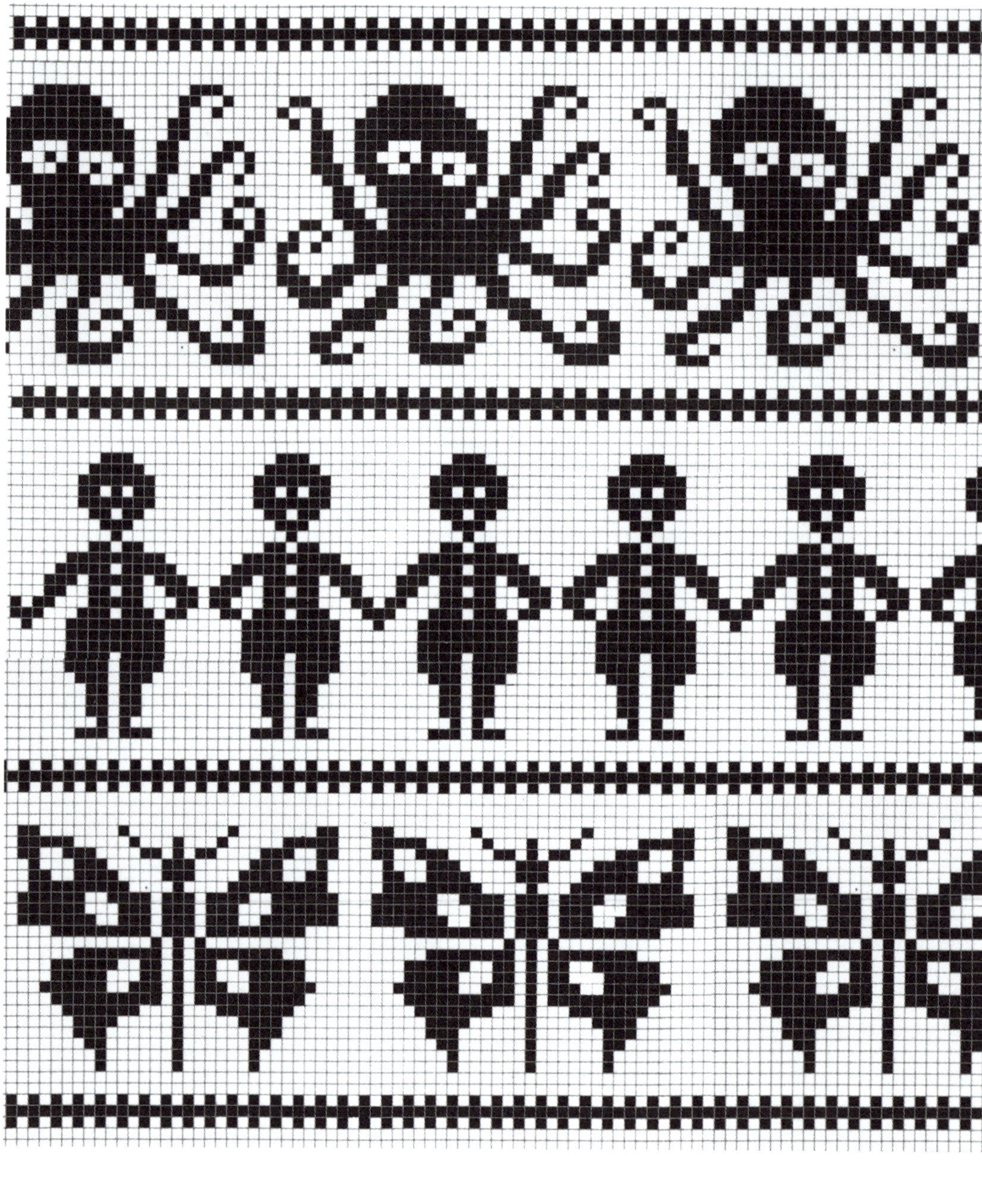

32 MASCHEN/KÄSTCHEN

Ebenfalls erhältlich ...

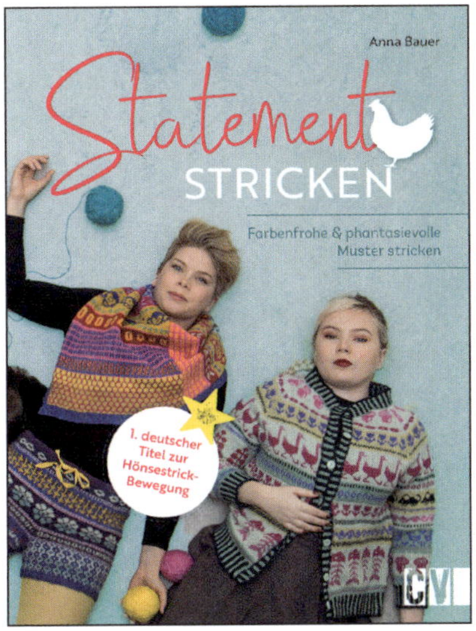

ISBN 978-3-8410-6649-7

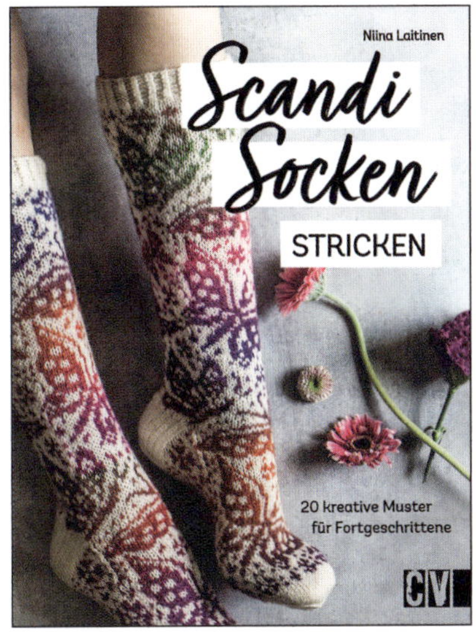

ISBN 978-3-8410-6650-3

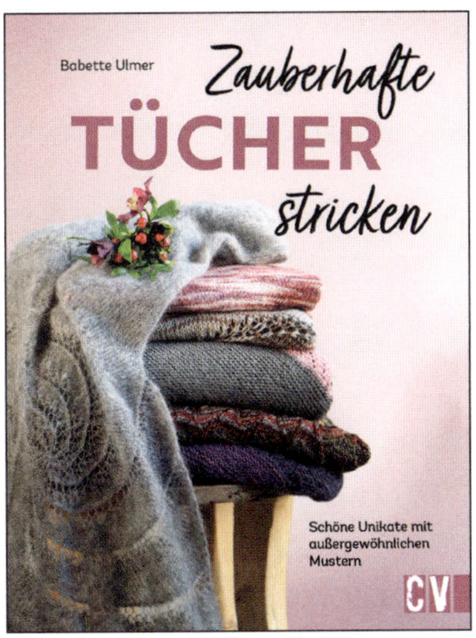

ISBN 978-3-8410-6642-8

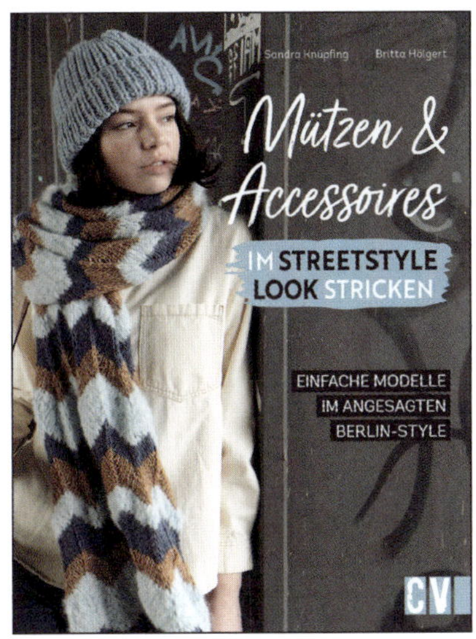

ISBN 978-3-8410-6664-0

www.christophorus-verlag.de

Mein Dank gilt

Grete Rung, **Thibaud Hofstätter** und **Helle Denckert de Visme**, weil ihr Geschichten, Erinnerungen, Artikel und Fotos beigetragen habt.

Mik Eskestad und **Martin Rung**, weil wir eure Fotografien im Kapitel »Auf den Spuren des Hönsestrik« verwenden durften.

Björn Hellström und **Camilla Engman** für Fotos.

Sophia Lundquist, die als Redakteurin alle Fäden zusammengehalten hat.

Lotta Blom alias **Tant Kofta** für die lustige und bereichernde Farbkooperation.

Eva Zethraeus und **Nina Zetterquist** fürs Probestricken.

Agnes Bauer Sjööman, die Musterblätter korrekturgelesen und teilweise gezeichnet, den Troll unten auf Seite 94 gestrickt und sich außerdem als Modell zur Verfügung gestellt hat.

Maria Magnusson für ihre Hilfe beim Einscannen der Fotos.

Järbo Garn für das Bereitstellen von Wolle für die Holzschuh-Strümpfe und den Unisex-Kaftan.

Und zu guter Letzt ein großes Dankeschön an die Modelle:

Klara Espmark

Jon Fredriksson Cho

Brita Huggert

Mariana Diaz Vasquez

Malou Hultman

Nikke Ström

Alfred Landin Haggren

Lucas Landin

Agnes Bauer Sjööman

Camilla Engman